T a k a y u k i I s h i i

石井隆之

著

TOEIC® TEST 990点満点 英単語

これ一冊で

英単語完全制覇

各パート対策・必須重要単語

英語に自信のある人こそ、
単語の力をさらに身につけよう

明日香出版社

ア
明日香出版社

はじめに

英語の初心者にとって，とにかく大切なのは単語力であるということは言うまでもありません。しかし，上級者にとっても最後まで挑戦課題はやはり単語力であることもまた事実です。これは，世の中に英単語関連の本が多く出版されていることからも明らかです。でも，上級者が納得のいく，分かりやすく覚えやすい，上級レベルの単語帳が少ないのが現状です。本書はそうした現状を打開する新しいタイプの英単語増強プログラムを総結集した英単語攻略本です。特に，最近最有力視されているTOEICの900点以上を目指す人達のための英単語本を目指して，私の過去20年の教育・研究の成果を盛り込んで書きました。本書は前著である『TOEIC TEST 990点満点英文法』の姉妹編でもあります。本書と共に前著を併用されると，上級者の目の前に立ちはだかる高度英単語と高度英文法の山を乗り越えることが可能になると私は確信しています。

本書は英語上級者なら，どなたにでも役に立ちますが，特に次のような方々に適しているでしょう。

①TOEIC900点以上，990点を悲願とする英語学習者

②英語を専門とするスペシャリストや英語教師や英語学者

③英語検定１級・通訳ガイド試験他を目指す資格取得マニア

私もかつて英単語マニアとして「花より単語」「論より熟語」「棚からボキャブラリ」等の標語を胸に，英単語をこよなく愛してきましたが，読者の方々に次の言葉を贈りたいと思います。

「一語一会」(いちごいちえ)

この言葉は茶道の「一期一会」をもじったものですが，英語学習では一語との出会いを大切にすることが，能力向上につながることを言い表しています。ある単語との出会いが人生を大きく左右するかもしれません。単語との出会いに感動しましょう。私は次の単語を用いたスローガンを座右の銘としています。

NOWHEREと思うものはすべてNOW／HEREにある！

英語能力なんてない（no・where）と思うべきではない。実は能力は「今・ここ」（now・here）にあるのです。NOW/HEREの精神で，険しい英単語道を力強く歩んでいってください。私は，そんな読者の皆さんの触媒でありたいと思っています。無理せず頑張りましょう。

――・――――・――――・――――・――

本書の出版に際して，多くの方々にお世話になりました。国際コミュニケーション研究所長の喜多尊史氏には有意義な助言と励ましをいただきました。カットはTAC言語文化研究所専属デザイナーの久保田悠子氏，校正は同研究所研究員の勝山純子氏，巻末の索引は，私が講師を務める近畿大学の学生である藤井規代さん，木下裕子さんにお願いしまし

た。最後に，編集の立場から多大なご尽力をいただいた明日香出版社の小野田幸子氏をはじめ，本書の出版でお世話になったすべての方々に感謝の意を表したいと思います。

本書の6大特長

①単語を次の5つの手法で列挙し，覚えやすさと忘れにくさを追求しています。
⑴フレーズ型　⑵長文型　⑶対比型　⑷語源中心型　⑸ジャンル別列挙
→⑴〜⑸は，各章に対応しています。
②上記5手法に対し，以下の7つの技法（英単語増強技術の7C）を必要に応じて導入し，さらに語彙増殖を図っています。
⑴レベル表示（Class）⑵比較法（Comparison）⑶連想法（Connection）
⑷例文付与（Composition）⑸連語付与（Collocation）⑹図表付与（Chart）
⑺一口コメント付与（Comment）
③注意すべき英単語や語法，連語は太字で示しています。
④英単語の意味や覚え方の原則を随所で示しています。
⑤単語の前の□印（2つ）で，単語の記憶度をチェックできます。
⑥巻末の日英の索引で単語が自由に検索可能です。

もうちょっと説明すると

①⑴フレーズ型：フレーズの中に重要単語や高レベル単語を組み入れる方式。
⑵長文型：長文を読み，その文中の重要単語を取り上げる形式。TOEICのリーディング対策にも有効。
⑶対比型：単語を対にして覚える法。
⑷語源中心型：接頭辞や接尾辞，語根を利用して単語力を増強する法。
⑸ジャンル別列挙：同じジャンルの単語を厳選して整理する法。
②⑴レベル表示：単語のレベルを[基礎]，[A]，[B]，[C]または[D]で表示する。
⑵比較法：反対語や同義語，派生語等と比較させる方法。
⑶連想法：その単語から連想できる単語を順次並べる方法。
⑷例文付与：重要語に関して例文を挙げる方法。
⑸連語付与：単語の使い方を句のレベルで示す方法。
⑹図表付与：図表を用いて単語を説明する方法。
⑺一口コメント付与：その単語についてコメントを簡単に添える方法。

＊＊＊＊＊＊＊＊＊＊＊本書のコンセプト＊＊＊＊＊＊＊＊＊＊＊

◆「そんな細かい単語なんか覚えなくてもいいよ」と覚えてから言おう

当たり前のことですが，世の単語集は，重要だと著者が思う単語を集めています。しかし元来，単語は重要なものとそうでないものに分けることはできません。というより，単語はどんなものでも重要だと私は考えています。

例えば，一見誰にも重要でないと思われそうな単語である nit について考えてみましょう。nit は「シラミの卵」の意味ですが，これを表現するには，この単語が最も効率的ですね。他の単語で表現すると an egg of a small bug which ... と説明的にならざるを得ません。ここにこの単語の重要性（＝存在意義）があるのです。

普段の英語の勉強の過程で出てきた単語でも，「これは重要ではないな」などと思わず，縁あって出会った単語ですから大切にするとよいでしょう。単語に対するこのような思いやりが，全体的な単語力を向上させます。本書は，TOEIC を縁として出てくる単語であれば，見かけの重要度に左右されず，自由に紹介しています。

本書を学習していて，これは難し過ぎると感じても，気楽に読み流して下さい。試験等の時に自然に役に立つことでしょう。単語がマニアックかな？と思っても必ず意味がある形で配列しています。安心して勉強して下さい。

◆英語の学習は，単語に始まり単語に終わる！

聖書は「はじめに言葉ありき」と明記していますが，単語学習においては，「はじめに単語ありき，終わりにも単語ありき」と言えます。英語の初級者を悩ませるのは単語で，上級者になっても依然，挑戦すべき対象は単語ですね。

そこで，私は次のように激励したいと考えています。

- 英語に自信のない人は，単語の力を身につけよう。上級者を超えるための最短距離は単語です。少しでも単語が身につけば，自信が湧いてきます。
- 英語に自信のある人こそ，単語の力をさらに身につけよう。上級者を最後まで悩ますのも単語です。上級者同士の競争では単語力がものを言います。

本書は，高度な単語に対するハングリー精神の強烈な上級者のみならず，普段から英語があまりできないという謙虚な初級者にも，役に立つと思います。なぜなら，文法や 4 技能等とは異なり，方法論さえきっちりすれば，単語力は，いとも簡単に身につけることができるからです。平たく言えば，単語は覚えてしまえば一気に上級者になれるということです。

英語の初級者でも，向上心と根気強さとほんの少しのプラス思考があれば，本書はきっと英単語力の爆発的増加のための福音書となるでしょう。

＊＊＊＊＊＊＊＊＊＊ 単語レベルについて ＊＊＊＊＊＊＊＊＊＊

本書の幾つかの箇所にある単語レベル表示の基礎～Dについて若干の説明をしておきましょう。A（初級），B（中級），C（上級），D（超上級）の順にレベルが上がります。

表示	どんなレベル？	SV 単語の数	TOEIC	TOEFL	英検	英単語道
基礎	中学校の標準レベル				～3 級	～4 級
		4,500	450			
A	高等学校の標準レベル，簡単な読み物はなんとか読める段階	6,000	500		準 2 級	3 級
		7,500	550	133		
B	大学入試の高水準レベル，英字新聞等がなんとか読める段階	9,000			2 級	準 2 級
		10,500	730	213		
C	社会人の高水準レベル，TIME 誌の一般的な記事が読める段階	12,000			準 1 級	2 級
		13,500	860	250		
D	英語学習者の最高水準レベル，TIME 誌のエッセイ等が自由に読める段階，さらに，専門書をスラスラ読める素地があり，プロとして独立できる	15,000			1 級	準 1 級
			900	280		
		18,000				1 級
		24,000				初段
		30,000				2 段
		34,500				
(専門)	その道の専門レベル	36,000	990	300		3 段

注①：SV 単語とは sight vocabulary（認識語彙）[＝意味がなんとか分かる語]

注②：SV 単語の数の四角枠内の数字は，そのレベルの平均値。

注③：TOEFL のスコアはコンピュータ式のテストの場合の得点。

参考：ネイティブの教養人の平均 SV 数は約 3 万 6 千語で，英単語道では 3 段。

<P.260「英単語道ランキング早見表」参照>

＊＊＊＊＊＊＊＊ 本書における記号の意味 ＊＊＊＊＊＊＊＊

[名]：名詞　→[名]：名詞形
(形)：形容詞　→(形)：形容詞形
〈副〉：副詞　→〈副〉：副詞形
{動}：動詞　→{動}：動詞形
{自}：自動詞　{他}：他動詞
A：6,000語レベルの単語（TOEIC450〜550レベル）
B：9,000語レベルの単語（TOEIC550〜730レベル）
C：12,000語レベルの単語（TOEIC730〜860レベル）
D：24,000語以上レベルの単語（TOEIC860〜990レベル）

同 または（＝単語)：同意語
反 または（↔単語)：反意語

参考：参考にすべきことを表す
注意：注意すべきことを表す
用例：用例として重要なものを表す
one's：主語と同じ人称の所有格を表す
a person's：主語と異なる人称の所有格を表す

◆：補足説明を表す
★：法則性，問題の答えを簡単に示す
【口】：口語表現　【米口】：アメリカの口語表現　【英口】：イギリスの口語表現
【俗】：俗語表現　【米俗】：アメリカの俗語表現　【英俗】：イギリスの俗語表現
【米】：アメリカ語法
【英】：イギリス語法
[医]：医学用語　[化]：化学用語　[物]：物理学用語
[生]：生物学用語　[動]：動物学用語　[植]：植物学用語
[鉱]：鉱物学用語　[聖]：聖書用語　[心]：心理学用語
[天]：天文学用語　[法]：法律用語　[経]：経済用語
[理]：理科用語　[数]：数学用語　[音]：音楽用語
[生理]：生理学用語　[解剖]：解剖学用語　[写真]：写真用語
[建築]：建築学用語　[修辞]：修辞学用語　[文法]：文法用語
[料理]：料理用語　[電算]：コンピュータ用語

☞ P.　：参照すべきページ
×：文法や語法上間違いであることを示す
△：文法や語法上不自然であることを示す
◯：文法や語法上正しいことを示す（特に強調したい場合。通常は無印）

A(B)：　Aまたは AB　　→つまり丸括弧内は省略可能であることを示す
A[B]：　AまたはB　　→つまりAとBは交換可能であることを示す
A[B/C]：AまたはBまたはC→つまりAとBとCは交換可能であることを示す

英語(日本語)：(　)内は英語の日本語訳
日本語(英語)：(　)内は日本語の英語訳
英単語[記号]：[　]内は英単語の発音記号

特記事項

★視覚的に訴えて覚えやすく忘れにくい単語記憶システムを採用しています。
→例えば，動詞を{動}，名詞を[名]，形容詞を(形)，副詞を〈副〉のように違った括弧で表しています。動詞は形がなく動きのあるダイナミックな性質を感じさせる{　}の括弧で，名詞は石のように安定したイメージの[　]の括弧で，形容詞はいかなる名詞にも水のごとく対応できる雰囲気の(　)の括弧で，副詞は形容詞を強調する力強さを彷彿とさせる〈　〉の括弧で示しています。

★ TOEIC の全 Part に出題される単語を系統的に分類整理しています。
→あまりにも難しいので TOEIC には出ないのでは？と思う単語もあるかもしれませんが，Part 7で出てくる可能性があります。難関な単語自体は問われなくても，その単語が分かれば，その単語が出ている問題を解きやすくなるのは事実です。さらに，上級者ともなれば，TOEIC を意識しないで，とにかく語彙力増強に集中することも大切です。TOEIC を意識しないで研鑽を重ねることが，TOEIC 制覇に見合う実力の自然な涵養につながるでしょう。

目　次

序章　英単語の特徴を悟る …… 11

第1章　究極の重要高度単語集

1－1　重要高度名詞を巡って …… 18
1－2　重要高度形容詞を巡って …… 23
1－3　重要高度動詞を巡って …… 28
1－4　重要高度複合語集 …… 37
1－5　重要高度口語単語表現集 …… 48
1－6　重要高度派生語集 …… 52

第2章　各パート対策重要単語集

2－1　写真描写問題（Part 1）用単語集 …… 62
2－2　応答問題（Part 2）／会話問題（Part 3）用単語集 …… 69
2－3　説明文問題（Part 4）用単語集 …… 77
2－4　文法・語彙問題（Part 5）用単語集 …… 83
2－5　誤文訂正問題（Part 6）用単語集 …… 90
2－6　読解問題（Part 7）用単語集 …… 94

第3章　対比型分類重要単語集

3－1　音声の視点から分類する …… 104
3－2　形態の視点から分類する …… 109
3－3　意味の視点から分類する …… 115
3－4　カタカナ語の視点から分類する …… 126
3－5　漢字の視点から分類する …… 130
3－6　ユニークな視点から分類する …… 134

第4章　語形別分類重要単語集

4－1　連結形で覚える …… 146
4－2　語根で覚える …… 160
4－3　接頭辞で覚える …… 164
4－4　否定辞で覚える …… 177
4－5　接尾辞で覚える …… 183
4－6　最初の2文字の形で覚える …… 191

第５章　分野別分類高度単語集

５－１　自然科学用語 ……202
５－２　文化関連用語 ……207
５－３　生活関連用語 ……213
５－４　時事関連用語 ……224
５－５　ビジネス用語 ……234
５－６　マスメディア・広告・書類に関する用語 ……237

IT 関連基本用語集……241
終章　究極の英単語力増強法 ……246
英語語彙問題・超難問12 ……251

推薦参考文献22 ……256
英単語力即席チェック表 ……257
英単語原則36 ……261
英語索引＋日本語索引 ……263

各章が TOEIC のどのパートの対策に有効であるか

第１章→ Part 1, Part 5
第２章→ Part 1～Part 7
第３章→ Part 2, Part 3
第４章→ Part 5, Part 6
第５章→ Part 4, Part 7

カバーデザイン：竹内　雄二
本文イラスト：久保田悠子
（TAC 言語文化研究所）

序　　章

英単語の特徴を悟る

◆英単語原子論――語は「言子（げんし）」，句は「文子（ぶんし）」

次の（　　）内に入れるのに最も適当な表現はどれでしょう。

He brought（　　　）that she had got well.

(A) word
(B) words
(C) the word
(D) his word

答えは(A)ですね。意味は「彼女は良くなったと彼から知らせがあった」です。

「単語」という意味で知られている語である word は，冠詞や複数形または代名詞の有無で意味が異なってきます。この問題の場合，word が無冠詞単数で用いられて「知らせ，便り，伝言」の意味として機能しています。

他の用法も見ておきましょう。

① He was too angry for words at that time though he was a man of many words.
（彼はお喋りであったが，その時は口で言えないほど腹を立てていた）

② I give you my word that I won't tell it to others; I'm a man of my word.
（そのことを他人に漏らさないことを保証するよ。僕は約束を守る人間だよ）

③ The moment the chairperson gave the word to debate, high words surged up.
（議長が討論の合図をした途端，激論が起こった）

①における words は「（口から発する）言葉」の意味，②における one's word は「約束，保証」の意味，③の the word は「（言葉による）指図，合図」の意味，high words (＝warm words, sharp words) は「激論」の意味です。複数形は，たくさんの言葉を交わすこと，すなわち口論を暗示するんですね。(例→ come to words［口論になる］／have words with ～［～と口論する］)

上記の例で言いたかったのは，簡単な単語でも使い方によって意味が異なってくるということです。単語をどういう形で使うかがポイントなんですね。

単語は文を構成する重要な単位と考えられていますが，本当にその文の中で機能するのは句の状態です。上記の例で言えば，冠詞や数が決まって安定するんです。何もつかない形で機能している最初の問題文中の例 word も「ゼロ冠詞」がついていると言語学では判断します。これも句なんですよ。まとめてみましょう。

<「WORD という単語」の原子論>

語（原子）	句（分子）	意味
word	ゼロ冠詞＋word	知らせ，便り，伝言
	a word / words	（口から発する）言葉
	one's word	約束，保証
	the word	（言葉による）指図，合図
	words	議論，文句

語は文の構成単位だから「原子」に似ています。句は原子からなる安定した形だから「分子」に似ていますね。私は，語を「言子（げんし）」，句を「文子（ぶんし）」のようにとらえています。句はまさに文の子と言えますね。とにかく，語彙の制覇は句（文子）の制覇にかかっていると言っても過言ではありません。

◆ REDUCE の意味は10個ある！――「多義性（polysemy）」

先の word という単語で検証したように，英単語の特徴の１つはその多義性です。word の場合は，その句の形により意味が異なりましたが，その単語自体に意味が複数存在する場合も多く見られます。例えば，動詞の reduce について考えてみましょう。この単語の意味は少なくとも10あります。いくつ言えますか。６つ以上の意味が言えた人は英単語道有段者です。（英単語道については，P.260参照）

REDUCE の意味→① 減少する，減少させる，縮小する，弱める，薄める
② （ある形や状態に）変える，移す，まとめる
③ ［be ～ed］する羽目になる，（無理に）～の状態にされる
④ ［医］（脱臼等を）元通りに直す
⑤ ［数］（分数を）約分する，通分する
⑥ ［化］還元する（↔酸化する［oxydize］）
⑦ ［生］減数分裂する
⑧ ［天］（観測誤差を）調整する
⑨ ［写真］（ネガの濃度を）薄くする，減力する
⑩ 【米口】（人が節食等で）体重を減らす

ついでながら，重要かつ注意すべき例文を挙げておきましょう。

・②の意味の例文

Her arguments can be reduced into four points.
(彼女の論旨は4点にまとめられる)

・③の意味の例文

1. The captain was reduced to the ranks.
(その大佐は兵卒に降格された)

2. He was reduced to giving in to them.
(彼は彼らの言いなりになる羽目になった)
×He was reduced to give ...

◆「曖昧な」は18の言い方がある！――「同義性（synonymy）」

英単語にはもう1つ大きな特徴があります。それは，同じことを意味する単語が比較的多いということです。例えば，「曖昧な」という意味の英単語は少なくとも18個存在します。この意味の単語を10個以上書けると有段者です。さて，結びつく可能性のある単語を（　）に1つ挙げながら，すべてを列挙してみましょう。

「曖昧な」の意味の単語18

① vague（statement）	② ambiguous（wording）
③ obscure（sound）	④ equivocal（expression）
⑤ evasive（answer）	⑥ dubious（argument）
⑦ doubtful（phrase）	⑧ questionable（business）
⑨ shady（transaction）	⑩ hazy（idea）
⑪ indefinite（reply）	⑫ noncommittal（way）
⑬ uncertain（attitude）	⑭ unclear（method）
⑮ weasel（words）	⑯ double（meaning）
⑰ Delphic（locution）	⑱ two-edged（compliment）

代表的な単語は①～⑤の5つです。⑥～⑯は「曖昧な」以外の意味で有名な単語で，先に述べた英単語の多義性により「曖昧な」の意味も出るのです。⑰と⑱は「曖昧な」の意味を持つ少々マニアックな単語です。⑰は地名 Delphi［delfai］（デルフィ：ギリシアの古代都市。神託で有名な Apollo 神殿があった）に由来する単語で，「Delphi の神託のように曖昧な」という意味です。⑱は英単語の同義性（同じ意味の単語が多いという特徴）を高めている要因の1つである複合語です。実際，英語は複合語を創る能力が旺盛で，実に多くの複合語が存在します。しかも口語表現が充実しています。重要な複合語は，本書の1－4にまとめてありますのでごらん下さい。

ここまで，英語の特徴として多義性と同義性の2つを挙げましたが，このことは英単語の数が非常に多いのを証明します。というのは，1つの単語に意味が多い（＝多義性）のに，さらにその１つの意味を表す単語が多い（＝同義性）からです。科学技術の専門語等も英語でどんどん生み出されている現状もあわせて考えると，英単語の総数は100万語ぐらいでしょう。ギネスブックには世界で最も語彙の多い言語として堂々１位にランクインしているようです。

◆ UPは５つの品詞を持つ！――「多品詞性（multifunctionality）」

英単語の特徴の３つ目として，１つの単語が色々な品詞として機能する点を挙げることができるでしょう。特に，これはラテン系の単語ではなく，元来英語に存在している単語に見られます。先に挙げたdoubleについて見てみましょう。doubleは形容詞，副詞，名詞と動詞という４大品詞をカバーします。形容詞以外の例を挙げておきましょう。

①副詞として：He is double my age.（彼は私の倍の年だ）
②名詞として：You're your father's double.（君はお父さんにそっくりだね）
③動詞として：Double the paper in two.（その紙を２つに折りなさい）

UPという単語が５つの品詞の機能を持つことを知っていますか？　知っているなら，あなたは英単語道初段です。使い方を実際示すことができれば２段以上の実力でしょう。

①副詞として：He is up for murder.（彼は殺人罪で訴えられている）
②前置詞として：It is up the road.（それは道をずっと行ったところにある）
③形容詞として：He talked with an up glance.（彼は上目使いに話した）
④名詞として：She is on the up and up.（【米口】彼女は信頼できる）
⑤動詞として：She upped and married him.（【口】彼女は彼と電撃結婚した）

よって，今後ある英単語を勉強（研究）する時は，次の３点に注目すべきであることが分かります。

その１：その単語にどんな意味があるか？
その２：その単語と同じ意味の単語がどれだけあるか？
その３：その単語はどんな品詞として機能するか？

◆ニュアンスの違いとつながりの強さ

さらに，単語を確実に自分のものにするには，次の２つのことに着目する必要があると言えます。

着眼点１：ニュアンスの違い
着眼点２：つながりの強さ

具体的に説明します。まず，同じ意味の単語でもニュアンスが異なる場合が多いということに着目しましょう。例えば，先ほどの「曖昧な」の表現の中で，vagueとambiguousのニュアンスが異なるのはご存じですね。一応確認しておきましょう。

vague ---- ただ漠然としているために曖昧であるというニュアンスがある。
ambiguous ---- ２つの意味にとれるために曖昧であるというニュアンスがある。

さらに，equivocal は「2つの意味にとれる」を表す点で ambiguous と共通していますが，やはりニュアンスが異なるのはご存じでしょうか？

ambiguous ---- 曖昧にしようという意図を含まない。

equivocal ---- 曖昧にしようという意図を含む。

また，ついでながら，dubious と doubtful（共に中心的な意味は「疑わしい」）もニュアンスが違うことに注意しておきましょう。

dubious ---- ただ漠然と疑わしく思っているというニュアンスがある。

doubtful ---- はっきりと疑わしく思っているというニュアンスがある。

次に，単語と単語のつながりの強さ（コロケーション）にも注目しておく必要があります。例えば，先ほど挙げたリストの中の表現，weasel words における weasel と words は結びつきが強いんですよ。そして意味は「曖昧な逃げ口上」になります。

また，例えば「跳ねる」（代表語は jump）でも，主語が何であるかによって動詞がある程度決まってきます。

frog（蛙）→ jump	bug（虫）→ jiggle
rabbit（兎）→ hop	horse（馬）→ clop
deer（鹿）→ leap	puppy（子犬）→ bounce

つながりの強さは，語法とも深い関係があります。例えば，dubious，doubtful，さらに uncertain は叙述用法があり，後に続く前置詞は of または about が好まれるという傾向があります。このような法則は語法と言われますが，これは形容詞と前置詞の結びつきの強さを示すものに他なりません。大げさに言うと，単語のつながりの強さを観察するのが語法で，科学するのが言語学です。単語と単語のつながりの強さに常に着目することが大切です。

さあ，TOEIC で高得点を目指すための「石井式単語習得プログラム」を第1章よりスタートさせて下さい。応援していますよ。

〜 〜 〜 〜 〜 〜 〜 〜 〜 〜 〜 〜 〜 〜

ユニークな発想と徹底した努力とほんの少しのプラス思考が

あなたの英単語力を爆発的に増殖させる

第 1 章

究極の重要高度単語集

Eternity is the amount of time
to know everything !

「永遠とはすべてを知るための時間の量だ」つまりすべてを知ることは不可能ということです。だからこそ，ある程度の教養，つまり，something about everything を身に付けつつ，ある程度の専門知識，つまり everything about something を習得した人は強い。everything about everything は挑戦しがいがありそうですが，無理をしない方がいいでしょう。少なくとも，本書の読者の方々は nothing about anything ではないと思います。

1－1　重要高度名詞を巡って　CD-1

[1] This expatiation is empirically adequate and theoretically elegant.
①expatiation ②empirically ③theoretically

訳→この詳説は経験的に適切で，理論的に鮮やかである。
①詳説 ②経験的に ③理論的に

□□1. expatiation C
[ekspeiʃiéiʃən]

［名］詳細な説明，詳説，敷衍（ふえん）
同 **detailed explanation**
→{動} expatiate（詳述する）[on]
同 **explain in full**；give a full account of

英単語原則(1)「詳述する」意味の動詞に ON がつく。
〈例〉B **elaborate on ～**　B expand on ～
B **enlarge on ～**　C dilate on ～

□□2. **empirically** C
[impírikəli]

〈副〉**経験的に**
→(形) empirical（経験的な，経験的に立証できる）
同 experiential C　→［名］experience A（経験）
experimental B　→［名］experiment A（実験）

ひとこと experimental には 2 つの意味がある。
1つは，もちろん「実験の，実験に基づく」で，もう1つが，あまり知られていない「経験の，経験に基づく」。

□□3. **theoretically** B
[θiərétikəli]

〈副〉**理論的に**　反 practically（実用的に，実際的に）
→(形) theoretical（理論の，理論上の，**仮説の**）
反 practical（実用的な，実際的な）

[重要文例]

[1] This is a proposal with little practical value.
（これはほとんど実践的価値のない提案だ）

[2] The advent① of the Internet is a mixed blessing for religious esotericism②, because IT's efflorescence③ may *unmask* its arcana④.

訳→インターネットの出現①は宗教上の秘密主義②にとっては痛し痒し(かゆ)の面があるが，それは情報技術の隆盛③がその宗教の奥義④を暴くかもしれないからである。

□□4. **advent** B [ǽdvent]	[名] (1) [the〜]（大事件・大人物等の）**到来** (2) [A--] キリストの降誕 キリストの再臨（＝Second Coming）
□□5. esotericism C [esətérəsizm]	[名] 秘密主義 →（形）esoteric（[教義が] 秘密の） 参考 esoteric Buddhism（密教） 反 exotericism
□□6. **efflorescence** D [eflərésns] （＝florescence）	[名]（花の）開花／（文芸等の）**開花，隆盛（期）** **英単語原則(2)　-SCENCE で終わる名詞は科学的専門語** 〈例〉adolescence　①**青年期**　②年ごろ **juvenescence**　①**青少年期**　②若返り delitescence　（病気の）潜伏期 convalescence（病気の）回復期 excrescence　①[医] 贅肉　②無用の長物 **alkalescence**　**弱アルカリ性**
□□7. arcana D [ɑːrkéinə]	[名]（pl）(1)奥義，秘法　(2)秘薬　◆単数形は arcanum **英単語原則(3)　-UM で終わる外来名詞の複数形は-A** 〈例〉datum--data / curriculum--curricula

unmask：暴く［←マスクを剝がす］
　↔ mask（隠す）：mask one's real character（猫をかぶる）

◆「UN＋動詞」の形の単語は，その動詞の反対の行為を示す。動詞の具体例☞ P.178

[3] The glutton's parsimonious meal caused a paroxysm of laughter. ① glutton ② parsimonious ③ a paroxysm of laughter
訳→その食いしん坊が極度に節約的な食べ方をしたので爆笑が起こった。 ① 食いしん坊 ② 極度に節約的な ③ 爆笑

□□8. glutton C [glʌtn]	[名] 大食漢 → (形) gluttonous ◆ gluttony (大食漢であること) 同 a gourmand ; a gourmandizer ; a gross feeder ; a stout trenchman
□□9. **parsimonious** C [pɑːrsəmóuniəs]	(形) 極度にけちな → [名] **parsimony** (**吝嗇**(りんしょく)) 同 (けちな) stingy ; miserly ; niggardly ; **close-fisted** ;【俗】**screwy** ;【米俗】**pinchpenny** 参考 吝嗇家 (=極度にけちな人) a miser ; a niggard ; a screw ; a scrooge ; a curmudgeon ; **a skinflint** ; a scrapepenny ;【米俗】**a penny pincher** ;【米俗】**cheapskate**
□□10. paroxysm D [pǽrəksizm]	[名] (病気の一過性の) 発作 [=sudden attack]

[重要文例]

[2] She **had a square meal.**
(彼女は**たっぷりと食事をとった**)

[3] Hearing this, the boy **burst into laughter.** [=burst into a laugh]
(このことを聞いて，その少年は**わっと笑い出した**)

[4] Laughter is the best medicine.
(笑いは最良の薬→笑いは大変健康に良い)

参考 (1) Honesty is the best policy. (正直は最善の策→正直なのが一番)
(2) Hunger is the best sauce. (空腹は最上のソース→空腹にまずいものなし)

[4] The amphibian① left a thin and long vapor trail② across the azure③ sky.
訳→その水陸両用飛行機①は青③空に薄くて長い飛行機雲②を残していった。

□□11. amphibian C [æmfíbiən]	[名] (1)両性類（カエル等）　(2)水陸両用飛行機 (形) 両性（類）の，水陸両用の（＝amphibious） ◆爬虫類は「reptile」。
□□12. **trail** B [treil]	[名] (1)小道　(2)足跡　(3)後に長く残るもの 用例 a trail of smoke left by a ship （船の後に長くたなびく煙） 注意 vapor trail は「飛行機雲」。これを plane cloud とは言わない。 {動} (1)（軽いものを無意識に）引きずる (2)（埃，煙，雲等を）**たなびかせる** (3) のろのろ歩く (4)（植物等が）**這う**，絡み付く (5)（話題等が）**本筋からそれる** **ひとこと** 重いものを意識的に引きずるのは tow。trail や tow は地上で引きずるだけではなく，空中や水中で引っ張る場合にも使える。地面を引きずる意味を持つ単語は drag である。
□□13. azure C [ǽʒər]	[名] 青色 (形) 青色の，空色の

[重要文例]

[5] The pickup truck left a trail of dust.
（その小型トラックは一筋のほこりを残していった）

[6] Her dress was trailing on the ground.
（彼女のドレスが地面を引きずっていた）

[7] The ivies **trailed over the walls.**
（ツタが**塀を這っていた**）

[5] The literature① about Cyprus② I got from the travel agency is in the top drawer③ of the bureau④.
訳→旅行代理店からもらったキプロス②についてのパンフレット①はタンス④の一番上の引き出し③にあります。

□□14. **literature** A [lítərətʃər]	[名] (1)文学 (2)文学研究 (3)**文献，論文** (4)【口】印刷物 用例 **polite literature（純文学）** **popular literature（大衆文学）** literature on Japan（日本に関する文献） literature about Japan（日本に関するパンフ） **ひとこと 「〜に関する」の on と about** on は専門性，about は一般性を暗示する。
□□15. Cyprus C [sáiprəs] 〈発音注意〉	[名] キプロス（トルコ南の地中海にある共和国） 参考 発音に注意すべき国名 4 つ 〈1〉Jamaica [dʒəméikə] ジャマイカ 〈2〉Haiti [héitʃi] ハイチ 〈3〉Niger [náidʒər] ニジェール 〈4〉Maldives [mɔ́:ldaivz] モルジブ
□□16. drawer B [drɔ:ər]	[名](1)引き出し (2)[-s]タンス (3)製図家 (4)**手形振出人** 用例 **a chest of drawers（タンス一棹（さお））**
□□17. bureau A [bjúərou]	[名](1)案内所 (2)局，事務所 (3)**（鏡付きの）ドレッサー**

[重要文例]

[8] The lady **follows literature.**
（その婦人は**文筆を生業としている**）

[9] The literature on the subject is very **scanty**.
（その問題に関する文献は非常に**少ない**）

1－2　重要高度形容詞を巡って　CD-2

[1] Roads are narrow and bumpy①, railways slow and squalid②.

訳→道は狭くでこぼこ①で，鉄道は活気なく汚らしい②。

□□18. bumpy C
[bʌ́mpi]

[形] (1)（道が）でこぼこの
(2)（車が）ガタガタはねる
(3)（空気が）乱れて，乱気流の

← bump（こぶ）+y

英単語原則 (4)　短い名詞（X）+y は，「X がいっぱい」の意味の形容詞を作る。

〈例〉woody 木が多い / leafy 葉が多い
grassy 草が多い / flowery 花が多い
watery 水っぽい / oily 油っこい　☞ P.56

□□19. **squalid** D
[skwɔ́lid]

[形] (1)不潔な，**むさ苦しい**
(2)卑しい，下劣な

英単語原則 (5)　-ID で終わる形容詞には高レベルなものが多い。[t で始まるものが特に多い]

〈例〉tepid 生温かい / timid 臆病な / torrid 熱烈な
torpid 不活発な / tumid 腫れた，大袈裟な
turbid よどんだ / turgid 腫れた，誇張した
☞次ページ

[重要文例]

[10] The purse-proud braggart was extraordinarily **timid of** snakes.
（財産を鼻に掛けている自慢家は極端にヘビ**嫌いである**）

[中級～上級] ID 語尾の形容詞・厳選 28

高度 ID 語尾形容詞	意味	ひとくち重要コメント
□□20. acid	酸性の，辛辣な	反 alkaline（アルカリ性の）
□□21. acrid	鼻をさす，辛辣な	同 pungent
□□22. fervid	熱烈な，激しい	（熱烈な＝ardent；fervent；vehement）
□□23. fetid	悪臭を放つ，臭い	同 stinking；stenchy；malodorous
□□24. **flaccid**	**筋肉がたるんだ**	同 limp
□□25. **placid**	**静かな**，穏やかな	用例 a placid lake（穏やかな湖）
□□26. pellucid	透明な，明白な	同 transparent；diaphanous；limpid
□□27. pallid	青ざめた，青白い	同 pale；wan；sallow
□□28. putrid	腐敗した，イヤな	（腐敗した＝addled；tainted；decomposed）
□□29. **horrid**	**【口】実にイヤな**	同 horrible
□□30. torrid	熱烈な，炎熱の	（炎熱の＝sultry；sweltering）
□□31. torpid	不活発な，鈍い	（不活発な＝stagnant；languid；inert）
□□32. turbid	濁った，混乱した	用例 turbid cloud（濃い雲）
□□33. turgid	腫れた，誇張した	同 tumid
□□34. **tepid**	**生温かい**，生半可な	（生温かい＝**lukewarm**）
□□35. vapid	気の抜けた	同 insipid；flat；stale
□□36. rabid	狂暴な，狂犬病の	用例 a rabid dog（狂犬）
□□37. rancid	臭い，不愉快な	用例 go rancid（腐敗する）
□□38. **lucid**	**明快な**，正気の	（正気の＝sane）
□□39. **lurid**	**不気味な**，ものすごい	（不気味な＝**uncanny**；weird；eerie）
□□40. livid	青ざめた，怒った	（青ざめた＝pale；wan；sallow；pallid）
□□41. limpid	透明な，澄んだ	用例 a limpid style（明晰な文体）
□□42. sapid	味の良い，楽しい	反 insipid（味がまずい，面白みがない）
□□43. sordid	汚い，浅ましい	用例 sordid methods（下劣な方法）
□□44. squalid	汚い，むさ苦しい	用例 a squalid room（むさ苦しい部屋）
□□45. stolid	鈍感な，無感動の	用例 in stolid silence（ぼんやり黙りこくって）
□□46. **morbid**	**病的な**，不健全な	用例 morbid anatomy（病理解剖学）
□□47. **intrepid**	**大胆不敵な**	反 timid；white-livered（臆病な）

◆ malodorous（悪臭を放つ）← mal（悪）＋odor（臭）＋ous（の）

◆腐る → addle（卵が）；taint（肉が）；turn sour（牛乳が）

[2] "Waiter, there is a pachydermatous① scamp on this sumptuous② table."

"Typographical error③, sir. I is supposed to be ..."

"Syntactical④ mistake, waiter. You should start with 'I am ...'"

"OK, I am supposed to be at the end. I mean *scamp* should be *scampi* !"

訳→「ウェイター，豪華な②テーブルの上に厚顔無恥な①いたずら小僧が乗ってるじゃないか。」

「申し訳ございません，誤植③です。I（私）が…。」

「統語論上の④ミスをしてるぞ。'I am' で始めないといけないだろう。」

「そうですね，私（I）は後にくるべきですね。つまり，scamp が scampi であるべきですね。」

□□48. pachydermatous D [pækidə́ːrmətəs]	(形) (1)厚皮動物［象，犀，河馬等の動物］の (2)**厚顔無恥な** →［名］pachyderm（厚皮動物）
□□49. **sumptuous** C [sʌ́mptʃuəs]	(形) 高価な，**豪華な** 用例 give a sumptuous banquet（豪勢な宴会を催す）
□□50. **typographical** C [taipəgrǽfikl]	(形) 印刷上の →［名］**typography**（**植字術**，印刷の具合） 参考 **typology**（**類型論**，印刷学） **topography**（**地形［図］**）
□□51. syntactical C [sintǽktikl]	(形) 統語論上の（＝syntactic）→［名］syntax（統語論）

scamp：［名］ならず者，【口】いたずらっ子／｛動｝（仕事等を）ぞんざいにする

◆ウェイターの "I is ..." は「I という文字が…」の意味だから正しかった。

★英単語を遊んで覚える法

ある単語に文字を付けたりとったりして別の単語ができる場合がある。

scamp に i を加えて → scampi：［名］【英】大きなクルマエビ（のフライ料理）

scamp から p をとって → scam：［名］【米俗】詐欺

問題 startling という単語から1文字ずつ減らして単語を作っていくと，最後にどんな単語が残るでしょうか？ ［答えは P.27］

[中級〜上級] OUS 語尾の形容詞・厳選 48

高度 OUS 語尾形容詞	意味	ひとくち重要コメント
□□52. adventitious	偶然の	同 accidental；haphazard；fortuitous
□□53. anomalous	異常な	注意 anonymous（匿名の），unanimous（満場一致の）
□□54. **atrocious**	**極悪な**	同 heinous；nefarious；villainous
□□55. **audacious**	**大胆な**	同 fearless；dauntless；undaunted；daredevil；bold-faced
□□56. cantankerous	変人の	「怒りっぽい，論争好きの」の意味もある。
□□57. censorious	批判的な	同 captious；scolding；nagging；carping
□□58. contiguous	隣接の	同 adjacent；adjoining
□□59. **curvaceous**	**曲線美の**	同 curvesome
□□60. **delirious**	**興奮した**	be delirious with joy（狂喜して）
□□61. discourteous	無礼な	同 impolite；uncivil；impertinent
□□62. erroneous	誤った	同 fallacious 反 infallible（絶対誤りのない）
□□63. exiguous	貧弱な	同 scanty；meager
□□64. **expeditious**	**迅速な**	同 swift；prompt
□□65. extemporaneous	即席の	同 impromptu；improvised
□□66. fabulous	伝説上の	用例 a fabulous vacation（楽しい休暇）
□□67. facetious	滑稽な	同 jocular；jocose；ludicrous
□□68. **fastidious**	**気難しい**	同 bilious；grouchy；morose；**dour**；**sullen**
□□69. **felicitous**	**適切な**	同 adequate；pertinent；**apposite**
□□70. **ferocious**	**残忍な**	同 brutal；truculent；**ruthless**
□□71. **garrulous**	**お喋りな**	同 **loquacious**；gabby；**gossipy**；voluble
□□72. hilarious	陽気な	同 vivacious；cheerful；gleeful；blithe
□□73. **impecunious**	**無一文の**	注意 **penurious（貧乏な）**
□□74. innocuous	無害の	同 innoxious；nonpoisonous
□□75. licentious	放蕩の	同 dissipated；dissolute；profligate；prodigal
□□76. magnanimous	寛大な	同 tolerant；indulgent；lenient
□□77. meritorious	立派な	同 respectable；honorable
□□78. obnoxious	不愉快な	同 unpleasant；uncomfortable
□□79. obstreperous	粗暴な	同 gruff
□□80. oleaginous	油性の	「口先の巧い」の意味もある。
□□81. perspicacious	明敏な	同 sagacious 注意 salacious（好色な）

□□82. **pertinacious**	**頑固な**	同 **tenacious**；obstinate；obdurate；perverse；headstrong；stiff-necked；**hard-nosed**
□□83. precipitous	険しい	同 craggy；rugged　注意 ragged（[衣服が] ぼろぼろの）
□□84. preposterous	馬鹿げた	「理屈に合わない」という意味から。
□□85. **prodigious**	**巨大な**	同 enormous；monstrous；elephantine
□□86. promiscuous	乱交の	同 disordered；cluttered
□□87. punctilious	几帳面な	同 scrupulous；precise；methodical
□□88. rapacious	貪欲な	同 voracious；avaricious；covetous
□□89. sanctimonious	神聖ぶる	→ [名] sanctimony
□□90. sanguineous	楽天的な	同 optimistic；rosy；rose-colored
□□91. **scurrilous**	**毒舌の**	同 foul-tongued；foul-mouthed
□□92. sedulous	勤勉な	同 industrious；arduous；**assiduous**
□□93. simultaneous	同時の	同 concurrent；synchronous
□□94. solicitous	心配する	同 anxious；jittery
□□95. stupendous	驚異的な	同 tremendous；marvelous；miraculous；signal；phenomenal；【米】eye-opening
□□96. surreptitious	内密の	同 secret；confidential；**backdoor**
□□97. tenuous	希薄な	用例 tenuous evidence（内容が乏しい証拠）
□□98. **ubiquitous**	**遍在する**	同 omnipresent
□□99. **veracious**	**正直な**	注意 **voracious（大食いの）**

解答（問題は P.25）

最後に残るのは「私」（=I）です。

1文字ずつ減らして，単語を積み上げて「英単語ピラミッド」を作ってみましょう。

I ……私

IN ……中に

SIN ……宗教上の罪　◆ like sin（【口】猛烈に）

SING ……歌う　◆ sing another song（態度がガラリと変わる）

STING ……刺す,【米口】囮(おとり)捜査（=sting operation　☞ P.231）

STRING ……ひも　◆ have [人] on a string（人を思いのまま操る）

STARING ……けばけばしい　◆ staring colors（目立つ色）

STARTING ……先発の　◆ starting pitcher（先発投手）

STARTLING……驚くべき

1－3　重要高度動詞を巡って　CD-3

[1] He jibbed① at setting about the new job ; he always shilly-shallies② like this ; therefore, his girlfriend doesn't care a jot③ for him these days.

訳→彼はその新しい仕事を始めるのをためらった①。彼は常にこのように優柔不断である②。だから，彼の恋人は最近彼のことをちっとも③気に掛けなくなった。

□□100. jib C [dʒib]	{動} (1)（馬等が）止まって進もうとしない　(2)躊躇する **ひとこと「躊躇（ちゅうちょ）する」の表現は多い。** hesitate to do ; **think twice about** ; **feel shy of** ; be irresolute ; scruple at ; have scruples about ; vacillate between ; waver
□□101. shilly-shally C [ʃili-ʃəli]	{動} ぐずぐずする／[名] **優柔不断** **ひとこと よく似た意味のよく似た形の単語** **dilly-dally**：{動}【口】**ぐずぐずする** willy-nilly：（形）優柔不断の／〈副〉否応なしに wishy-washy：（形）消極的な，（紅茶等が）水っぽい
□□102. jot C [dʒɔt]	[名] [通例否定文で] **少し** {動} 書き留める，メモする [down]

[重要文例]

[11] I'm **vacillating between** going and staying.
（行くか行かないか**で迷っている**）

[12] There is **not a jot of truth** in this report.
（この報告書は**全くでたらめだ**）

J から始まる基本 3 文字語

英単語原則⑥　J から始まる基本単語には意外な意味を持つものが多い。

J 頭 3 文字語	レベル	意　味	注目すべき意味と用法
□□103. jam ①	基礎	ジャム	[名]【口】**楽なこと** ◆ money for jam（ボロ儲け）
□□104. **jam ②**	B	詰め込む	{動}[ジャズ] 即興的に演奏する **[名]【口】窮地 ◆ be in a real jam（全く困って）**
□□105. jar ①	基礎	ジャー（壺）	[名]【英】ビールのグラス一杯
□□106. **jar ②**	B	轢（きし）る	{動}食い違う　**◆ jar with the facts（事実と違う）** 参考 jar on one's nerves（神経に障る）
□□107. jaw	B	あご	[名]【俗】お喋り　**◆ Hold your jaw !（静かに）**
□□108. jay	C	カケス	[名]【口】間抜け，新米 参考 jaywalk（信号無視して歩く）
□□109. jet ①	基礎	ジェット機	{動} 噴射する［out］
□□110. jet ②	C	[鉱] 黒玉	(形)真っ黒な　参考 jet-black（漆黒の）
□□111. Jew	B	ユダヤ人	◆ rich as a Jew（大金持ちで） {動}［j--］～をひどく値切る［down］
□□112. **job**	A	仕事	[名] 骨の折れること ◆ have a job ～ing（一苦労して～する） {動}**【口】私腹を肥やす**
□□113. Job	C	[聖] ヨブ	[名] 神の試練に耐えた人 **◆ patient as Job（非常に我慢強い）**
□□114. joy	A	喜び	{動}～を喜ぶ[at]　参考 **joy-ride（暴走する）** **◆ weep with joy（嬉し泣きする）**
□□115. **jug**	B	水差し	{動}【俗】刑務所（に入れる） **◆ go to the jug（「むしょ」に入る）** 参考 **go to the bar（弁護士になる）**
□□116. **jag**	C	ばか騒ぎ	[名]【口】酒の席での大騒ぎ
□□117. **jog**	A	ジョギング	{動}（注意を促して）**ちょっと突く** ◆ She jogged my elbow to get my attention. （彼女は注意を引こうと私の肘を少し突いた）
□□118. jab	C	ぐいと突く	【英口】予防注射

[中級〜上級] 音似形似のハイフン連結口語・厳選 30

〈Y語尾語〉

□□119. hanky-panky	[名] ごまかし
□□120. hokey-pokey	[名] ごまかし，手品 (形)【俗】センチメンタルな
□□121. hurdy-gurdy	[名](携帯用) 手回しオルガン
□□122. hurly-burly	[名] 混乱，大騒ぎ
□□123. **hurry-scurry**	[名]{動}(形)〈副〉**混乱** (する [した/して])
□□124. hoity-toity	(形) 気取った，傲慢な [名] 横柄さ
□□125. **higgledy-piggledy**	(形)〈副〉**ごった返した [して]** [名] 全くの混乱
□□126. namby-pamby	(形) いやに感傷的な [名] にやけた男
□□127. **nitty-gritty**	[名] 核心 **◆ come to the 〜(問題の核心に入る)**
□□128. **topsy-turvy**	[名](形)〈副〉**あべこべ (の [に])** {動} 逆にする
□□129. teeny-weeny	(形)[幼児語] ちっちゃな
□□130. dilly-dally	{動}【口】ぐずぐずする
□□131. willy-nilly	(形) 優柔不断の／〈副〉否応なしに P.28
□□132. wishy-washy	(形) 消極的な，(紅茶等が) 水っぽい

〈LE・ER 語尾語〉

□□133. fiddle-faddle	[名]{動}(形) くだらぬこと (をする)，つまらない
□□134. tittle-tattle	[名]{動} 噂話 [無駄話] (をする)
□□135. **helter-skelter**	(形)〈副〉**慌てふためいた [て]** [名] ら旋式滑り台
□□136. hugger-mugger	[名](形)〈副〉混乱 (した [して])，ひそか (な [に]) {動} 隠す

〈その他のハイフン連結語〉

□□137. **hocus-pocus**	[名] 手品，呪文，**ごまかし**，ぺてん {動} 人の目をくらます
□□138. holus-bolus	〈副〉一度に，一飲みに
□□139. harum-scarum	[名](形)〈副〉軽率 (な [に])，そこつ者
□□140. **pell-mell**	[名](形)〈副〉乱雑 (な [に])，**向こう見ず (な [に])** {動} あたふたと急いで行く

〈ハイフン不使用語〉

□□141. **hodgepodge**	[名] ごった煮，**ごたまぜ**（＝hotchpotch）
□□142. riffraff	[名][the ～] くだらない物（連中），人間のくず
□□143. flimflam	[名] でたらめ，ぺてん {動} 騙す
□□144. **hobnob**	{動} **親しく交際する**，うちとけて話す
□□145. hubbub	[名] わいわい，がやがや，大騒ぎ
□□146. hoodoo	(＝【米】voodoo)[名]{動} 不運をもたらす（人）
□□147. **tiptop**	[名] 頂上 （形）**極上の** 〈副〉**素晴らしく**
□□148. **Humpty Dumpty**	[名] 壊れたら元に戻らぬ物，**ずんぐりむっくりの人**

ここで一休み

歯切れの良いリズミカルな英単語を見てきましたが，英語は語彙が多いもので，全く同じ綴りを繰り返している単語が，5万語のレベルで7つ存在しています。ただし，動物の鳴き声は省きます。紹介しましょう。

① **beriberi** ［医］**脚気**
② bulbul ⑴ヒヨドリ，コノハドリ〈アジアアフリカ産〉⑵歌手，詩人
③ **tartar** ⑴酒石（酒石酸［tartaric acid］の原料），**歯石**
⑵(形)[料理] 生で食べる ◆ tartar sauce（タルタルソース）
④ **agar-agar** 天草の類，**寒天**
⑤ boo-boo 【米】【俗】**へま**，しくじり，軽い怪我，1ドル
用例 **What's the boo-boo？（どこがいけないの？）**
⑥ **go-go** 【口】ゴーゴー（ダンス）の，**活気ある**，**最新の**，投機的な
⑦ **hush-hush** 【口】**極秘の**

★あなたの語彙マニア度チェック！：7つのうち何個知っていると英単語道何段？
2つ→準1級/3つ→1級/4つ→初段/5つ→2段/6つ→3段/7つ→4段

[2] "Please recapitulate① what you want to castigate② about me, Professor?"

"The fact that I admonished③ you 100 million times not to manipulate④ such big words plausibly has sunk into oblivion. Anyway, I will skeletonize⑤ things I should excoriate⑥ about your demeanor by itemizing⑦ what I have no recourse but to accentuate⑧."

訳→「先生，僕に関して批判し②たい点を要約して①下さい。」

「そのような大げさな単語を操作し④ないように君に１億回諫めた③事実が恐らく忘れ去られたのですね。とにかく，私が強調せ⑧ざるを得ない点を項目化する⑦ことにより，君の振る舞いに関して酷評す⑥べきことの概要を述べる⑤ことにします。」

□□149. **recapitulate** C [rikəpítʃəleit]	{動} **要約する，** 要点を繰り返す (＝【口】**recap**) 同 digest；condense；sum up；give a summing-up；summarize；epitomize；skeletonize
□□150. castigate C [kǽstigeit]	{動} (1)懲戒する (2)酷評する (3)添削する
□□151. **admonish** B [ədmɑ́niʃ]	{動} 諫(いさ)める，諭(さと)す，警告する 同 dissuade；remonstrate；expostulate
□□152. manipulate B [mənípjəleit]	{動} (1) [**通例軽蔑的に**]（人，市場等を）**巧みに操る** (2)（道具，問題等を）巧く操作する 参考 **rig the market**（相場を不正に操る）
□□153. **skeletonize** C [skéltənaiz]	{動} (1)～を骸骨にする (2)**～の概略を記す** (3)～の数を大幅に削減する
□□154. excoriate C [ikskɔ́:rieit]	{動} (1)～の皮を剝ぐ，～の皮膚をすりむく (2)**～を激しく非難する**

ひとこと「非難する」の英語は大変多い！

★非難の ABCDEF

A：accuse 人 of 事
B：blame 人 for 事 ――事が原因で人を非難する
C：charge 人 with 事
D：denounce （公然と）非難する
E：excoriate （激しく）非難する
F：fulminate （声高に）非難する

★非難の C 頭語（＝C で始まる単語）

condemn；censure；castigate；
criticize unfavorably；criticize adversely；
【口】**cry down**（＝**run down**）

★非難の RE 語（＝RE で始まる語） ☞ P.164

★非難を表すその他の語〈有名語を中心に〉

attack；tax；impugn；decry；disparage；
【口】**blast**；**lambast**（＝lambaste）；
{動} talk against；lace into；animadvert on

◆ declaim と disclaim の違い

declaim は「熱弁をふるう」の意味で，declaim against ～の形で「～を非難する」のニュアンスが出る。disclaim はそもそも「否認する，拒絶する」の意味である。

□□155. **itemize** C [áitəmaiz]
{動} 項目に分ける，箇条書きにする，明細を記す

□□156. accentuate C [æksént∫ueit]
{動} (1)～にアクセントを付けて発音する (2)**強調する**
同「強調する」の意味の語→ emphasize；stress；underline；underscore；【米】point up；lay[put/place] emphasis[stress] on

[重要文例]

[13] The police admonished him to decelerate his car.
（警察は彼に車の速度を落とすように忠告した）

[14] The cop **admonished** the youngsters **against** riding double on the bike.
（警官はその若者にバイクの２人乗りを**しないように注意した**）

［中級～上級］ATE 語尾の動詞・厳選 88

高度 ATE 語尾動詞	意味	ひとくち重要コメント
□□157. abdicate	～を放棄する	用例 abdicate from ～(～を退位する)
□□158. abominate	～を忌み嫌う	用例 abominate doing ～(～するのを嫌う)
□□159. adulterate	～に…を混ぜる	用例 adulterate wine with water
□□160. aggravate	～を悪化させる	口語で「**怒らせる**」の意味もある。
□□161. **ameliorate**	**～を改良する**	反 deteriorate（悪化する）
□□162. **amalgamate**	**～を合併する**	→［名］amalgam（アマルガム，混合物）
□□163. attenuate	～を細くする	「～を薄める」「減らす」「弱める」の意味も。
□□164. capitulate	～に降伏する	［to］ 注意 recapitulate（要約する）
□□165. checkmate	～を打ち負かす	チェスで「(相手の王を）**詰める**」の意味も。
□□166. **confiscate**	**～を没収する**	同 expropriate
□□167. constellate	～に星座を作る	→［名］**constellation**（**星座**）
□□168. consternate	～を仰天させる	通例受動態で用いる。
□□169. constipate	～を便秘させる	→(形）**constipated**（**便秘症の**）
□□170. debilitate	～を衰弱させる	→［名］debility（衰弱）
□□171. dilapidate	～を破損させる	→(形）dilapidated（老朽化した）
□□172. delineate	～を描写する	→［名］delineation（図解，描写）
□□173. denigrate	～を中傷する	同 calumniate
□□174. **depreciate**	**～を見くびる**	同 devaluate；belittle；slight
□□175. **deteriorate**	**～を悪化させる**	価値や品質等の悪化について言う。
□□176. degenerate	～へ悪化する	［into］ 形容詞や名詞の用法もある。
□□177. denominate	～に命名する	◆ redenominate（［通貨の］デノミを行う）
□□178. emasculate	～を去勢する	「～を弱くする」の意味もある。
□□179. exacerbate	～を悪化させる	病気や事態等の悪化について言う。
□□180. exasperate	～を苛立たせる	→(形）exasperating（人を怒らせる）
□□181. excommunicate	～を破門する	同 expel；**throw out**（急に罷免する）
□□182. **excruciate**	**～を苦しめる**	暗記法：〈CRUCI〉の発音が〈苦し〉に近い！
□□183. exculpate	～を無罪にする	同 **get** a person **off**
□□184. **extenuate**	～を酌量する	特に「**罪を軽くする**」意味が中心。
□□185. **exhilarate**	**～を爽快にする**	◆ My heart was singing.（爽快だった）
□□186. expropriate	没収する	参考 appropriate（着服する）
□□187. **expostulate**	**～を諫(いさ)める**	(＝remonstrate)**〈with＋人＋on＋事〉**の形。
□□188. expectorate	痰(たん)を吐く	用例 expectorate much（痰がよく出る）

□□189. exterminate	～を根絶する	同 extirpate；eradicate；annihilate
□□190. fluctuate	変動する	「心が揺れ動く」〈between ～〉の意味も。
□□191. fulminate	～を非難する	同 excoriate
□□192. impersonate	～の役を演じる	「擬人化する（＝personify)」の意味も。
□□193. **incriminate**	**～を有罪にする**	「～を良くないことの原因とみなす［as］」の意味も。
□□194. infatuate	～を迷わせる	「理性を失う」というニュアンスがある。
□□195. ingratiate	ご機嫌を取る	〈ingratiate oneself with ～〉の形。
□□196. **insinuate**	**～を暗示する**	〈insinuate（to 人）that ...〉の形。
□□197. instigate	～を扇動する	同 agitate；incite；stir up；egg on
□□198. interrogate	～を尋問する	→(形) interrogative（疑問の)
□□199. **invigorate**	**～を元気づける**	同 refresh；enliven；energize
□□200. irradiate	～を照らす	同 illuminate
□□201. lubricate	～に油をさす	L を R に変えた rubricate は「朱書する」。
□□202. lucubrate	研鑽を積む	同 **grind**［fag］**away**（猛勉強する）
□□203. matriculate	大学に入学する	用例 matriculate in ～(～に入学する)
□□204. maturate	化膿する	同 suppurate
□□205. mutilate	～を切断する	特に手足の切断（や不自由）について言う。
□□206. obliterate	～を完全に消す	同 erase；**blot out**
□□207. **orchestrate**	**～を組み合わせる**	もちろん「オーケストラ用に作曲する」の意も。
□□208. oscillate	振動する	〈between ～〉の形は「考えが揺れる」の意。
□□209. pacificate	～を和解させる	同 conciliate；reconcile
□□210. pontificate	横柄に言う	「司教の責務を果たす」の意味も。
□□211. percolate	～を濾過する	音形が似ている perforate は「穴をあける」。
□□212. perpetrate	(悪事を）働く	R を U に変えた perpetuate は「不朽にする」。
□□213. precipitate	～を沈殿させる	→［名］precipitation（降水量，大急ぎ)
□□214. **procrastinate**	**ぐずぐずする**	同 dally；dawdle；linger
□□215. prognosticate	～を予知する	同 foresee；foreknow；forebode
□□216. **proliferate**	**～を激増させる**	→(形) **prolific（多産の，**多作の)
□□217. **promulgate**	**～を公布する**	「**(思想を）広める**」の意味もある。
□□218. propagate	(思想を)広める	「**(動植物を）増殖させる**」の意味もある。
□□219. punctuate	～を強調する	「句読点をつける」「中断する」の意味も。
□□220. recalcitrate	反抗する	RE で始まる語の特徴は P.164を参照。
□□221. **reciprocate**	**～を交換する**	→(形) **reciprocal**/→［名］reciprocity
□□222. **recuperate**	**～を回復する**	自動詞もあり〈from ～〉の形になる。
□□223. recriminate	～に非難し返す	注意 criminate（罪を負わせる/非難する）

□□224. reinstate	～を復帰させる	→［名］reinstatement（復帰，復職）
□□225. **reiterate**	**～と念を押す**	［that 節］「何度も繰り返す」の意味。
□□226. regurgitate	（食物を）吐く	「（理解しないで）何度も繰り返す」の意も。
□□227. resuscitate	～を復活させる	「（人を）蘇生させる」の意味もある。
□□228. retaliate	～に報復する	〈on［against］～〉の形。
□□229. reverberate	（音が）反響する	「（光が）反射する」の意味もある。
□□230. ruminate	反芻（はんすう）する	「～を沈思する〈over［on］～〉」の意味も。
□□231. speculate	～に投機する	「～と推測する〈that ～〉」の意味も。
□□232. **stipulate**	**～を規定する**	「**～を要求する〈that ～〉**」の意味も。
□□233. substantiate	～を具体化する	同 materialize；crystallize；embody
□□234. sublimate	～を昇華させる	→（形）sublime（高尚な，【口】途方もない）
□□235. suffocate	～を窒息させる	同 choke；stifle；smother；asphyxiate
□□236. titillate	～をくすぐる	同 tickle
□□237. titivate	着飾る	〈titivate oneself〉で「着飾る，身綺麗にする」。
□□238. transmigrate	（魂が）転生する	同 be reincarnated
□□239. **vacillate**	ためらう	〈**between** ～〉の形。
□□240. ventilate	～を換気する	「自由に討論する」「世に問う」の意味も。
□□241. vindicate	～を立証する	「人の汚名を晴らす」の意味も。
□□242. vitiate	～を損なう	「堕落させる」「無効にする」の意味も。
□□243. **vituperate**	**～を罵倒する**	同 vilify；inveigh；revile
□□244. **vociferate**	**大声で叫ぶ**	→（形）vociferous

［重要文例］

［15］Flies **propagate** themselves by means of eggs.（蠅は卵で**繁殖する**）

［16］Iron propagates sound well.（鉄は音をよく伝える）

［17］He **punctuated** his remarks with gestures.（彼は身振りで言葉を**強調した**）

［18］The speech was punctuated with jeers.（演説は野次のため何度も中断した）

［19］I reciprocate my aunt's dislike.（私はおばとは**犬猿の仲だ**）

［20］She **ruminated over** the plan.（彼女はその計画**に思いをめぐらした**）

［21］He **speculated on** oil shares.（彼は石油株**に手を出した**）

［22］I was speculating that there might be a slipup.（誤りの存在を推測していた）

［23］He stipulated that he be paid regularly.（彼は定期的な支払いを要求した）

［24］She was **suffocated with** grief.（彼女は悲しみ**のあまり声も出なかった**）

［25］I vacillated in going to the movies.（映画に行こうかどうか迷った）

［26］**Nothing seems to vindicate** the fast man from such accusations.
（そうした非難からその「女性の敵」**の潔白を証明するものは何もないようだ**）

1－4　重要高度複合語集　CD-4

[1]〈極基本動詞（＋ハイフン）＋短副詞〉の形式の口語複合名詞の攻略

◎高度重要単語一覧表◎

	in	out	up	down	その他注意すべき単語
blow □□245.	blow-in （よそ者）	blowout （大宴会）	**blowup** （大立腹）	blowdown （突然の破裂）	blowhard （ほら吹き，自慢家）
check □□246.	check-in （出勤）	checkout （精算）	checkup （検査）		checkmate （王手をかける）
crack □□247.			crackup （衰弱）	**crackdown** （取り締まり）	cracking （活発な，すばらしい）
draw □□248.				drawdown （削減）	**drawback** （欠点）
hang □□249.		**hangout** （溜り場）	hang-up （厄介な問題）		**hangover** （二日酔い）
put □□250.		putout （アウトにすること）	put-up （こっそりの）	**putdown** （けなし）	put-on　/ **put-off** （偽りの）（【米】言い訳）
set □□251.	set-in （始まり）	setout （陳列/仲間）	**setup** （八百長）	setdown （罵倒）	setoff　/ **set-to** （装飾，相殺）（口論）
sit □□252.	sit-in （座り込み）		**situp** （腹筋運動）	**sit-down** （くつろぎ）	sitting （開会，現職の）
take □□253.	**take-in** （詐欺）	takeout （お持ち帰り用の）	take-up （締め具）	takedown （はずかしめ）	takeover （乗っ取り，引き継ぎ）

[2]〈基本語＋ハイフン＋基本語〉の形式の口語高度複合形容詞の攻略

□□254. accident-prone	事故を起こしがちの
□□255. additive-free	添加物がない（＝無添加の）
□□256. bare-bones	内容の乏しい ［名］要点，骨子
□□257. **bargain-basement**	**格安の**，（デパートの）特売場の
□□258. big-ticket	高価な，高額の
□□259. big-time	【俗】一流の，大当たりの 参考 big-timer（重要人物）
□□260. **bottle-fed**	（母乳でなく）**ミルクで育てられた**，人工栄養の
□□261. bottom-line	現実主義的な，打算的な
□□262. box-office	切符売場の，大当たりの 参考 ～ star（人気大物スター）
□□263. dead-beat	疲れ切った 注意 deadbeat は「借金を踏み倒す人」。
□□264. entry-level	初歩的な ◆ **entry-level salary** は「**初任給**」。
□□265. **full-bodied**	（酒などが）**コクのある**
□□266. full-dress	正装の
□□267. hard-hitting	力強い，積極的な
□□268. hell-bent	～しようと必死の ◆〈hell-bent to do〉または〈hell-bent on doing〉の形。
□□269. high-hat	高慢ちきな ｛動｝［名］尊大な態度（をとる）
□□270. **letter-perfect**	よく台詞を覚えている，（文章・校正等が）**完全な**
□□271. **low-cal**	**低カロリーの**
□□272. low-down	卑劣な，下劣な
□□273. run-down	疲れ果てた 注意 rundown は「概要報告，減少，縮小」。
□□274. nail-biting	はらはらさせる ［名］不安
□□275. ozone-friendly	オゾンに優しい ◆ eco-friendly は「環境に優しい」。
□□276. point-blank	率直な，きっぱりとした
□□277. punch-drunk	（ボクサーが）ふらふらした，［一般に］ぼんやりした
□□278. rock-bottom	最低の，**どん底の**
□□279. spread-eagle	**大の字になった**，【米】自慢する，愛国主義的な
□□280. **straight-arrow**	**【米】真面目人間の**
□□281. strong-arm	腕力による，暴力による ｛動｝**（人に）暴力を振るう**
□□282. **tight-fisted**	締まり屋の，けちの
□□283. **tight-lipped**	口を閉じた，無口の，**口の堅い**
□□284. trigger-happy	やたらに銃を射つ，**好戦的な**
□□285. wooden-headed	馬鹿な 同 blockhead ☞ P.115
□□286. world-weary	人生（世の中）がイヤになった，**厭世的な**

[3]〈基本語＋ハイフン＋基本語〉の形式の口語高度複合動詞の攻略

□□287. mind-blow	{他}【俗】衝撃を与える，興奮させる 参考 mind-blower（幻覚剤）
□□288. blow-dry	（ドライヤーで）髪を乾かしながら整える
□□289. freeze-dry	{他}冷凍乾燥する　同 lyophilize
□□290. **sharp-freeze**	{他}**急速冷凍する**　同 quick-freeze；deep-freeze
□□291. deep-fry	{他}天ぷらにする
□□292. deep-six	{他}【俗】廃棄する
□□293. short-circuit	ショートさせる，【口】～を邪魔する
□□294. spoon-feed	（赤ん坊にスプーンで）食べさせる，**甘やかす** 同 pamper
□□295. **wet-nurse**	～に授乳する，～を過保護にする
□□296. rubber-stamp	～にゴム印を押す，～をよく考えずに賛成する
□□297. **brown-bag**	**【米】（弁当を）勤務先へ持っていく**
□□298. **cold-shoulder**	{他}冷たくあしらう，**無視する**
□□299. rabble-rouse	{自}民衆を扇動する　◆ **rabble** は「**野次馬、暴徒**」。
□□300. **gate-crash**	（パーティに）招待されていないのに押し掛ける
□□301. job-hop	仕事を転々とする　◆ **barhop** は「**はしご酒をする**」。
□□302. open-date	（食品の）賞味期限の表示をする
□□303. pinch-hit	{自}[比喩的] ピンチヒッターを務める［for］
□□304. skinny-dip	{自}【米】素裸で泳ぐ
□□305. **soft-pedal**	**控えめに話す**　◆ backpedal は「(意見を)撤回する」。
□□306. **soft-soap**	**お世辞を言う**　☞ P.70 英単語原則⒀
□□307. fast-talk	早口で言いくるめる
□□308. fast-forward	（テープを）早送りする，急速に進む
□□309. sugar-coat	{他}（丸薬に）糖衣を着せる，体裁よく見せる（言う）

[重要文例]

[27] It's no good to spoon-feed or poor-mouth your students.
（学生を甘やかすことはよくないし，悪口を言うこともよくない）

[28] Westerners have a propensity for job-hopping, and Japanese, barhopping.
（西洋人は仕事を転々とする性癖が，日本人ははしご酒をする性癖がある）

[29] She soft-soaped his boss in the way that his forte is not soft-pedaled.
（彼女は上司に彼の得手（えて）が控えめにならないような方法でお世辞を言った）

[４]〈基本語＋ハイフン＋基本語〉の形式の短い特殊な口語高度複合表現の攻略

□□310. catch-up	巻返し，**ノルマ**	**play catch-up（巻返しを図る）**
□□311. chin-up	懸垂（運動）	chin oneself up（懸垂運動をする）
□□312. sit-up	腹筋運動	**do a sit-up（腹筋運動をする）**
□□313. push-up	腕立て伏せ	**do a push-up（腕立て伏せをする）**
□□314. foul-up	混乱状態，不調	
□□315. **frame-up**	**でっちあげ**	（＝人に罪を着せようとする計略）
□□316. **higher-up**	上役，**お偉方**	
□□317. jumped-up	成り上がりの	「思い上がった」の意味もある。
□□318. runner-up	準優勝者	「次点者」の意味もある。
□□319. bust-up	解体，解散	「結婚の解消」の意味もある。
□□320. **shake-up**	**刷新**，再編成	（＝人事の大異動，組織の根本的改善）
□□321. size-up	評価，判断	
□□322. step-up	増加，加速	
□□323. stuck-up	高慢ちきな	
□□324. summing-up	要約，まとめ	法律用語で「説示」(事件の要約）の意味も。
□□325. washed-up	完全に失敗した	
□□326. buttoned-up	無口な，内向的	
□□327. **button-down**	**月並みな**	「服装や行動が型にはまった」の意味から。
□□328. hands-down	楽な，明白な	
□□329. hands-off	不干渉主義の	hands-off policy（不干渉政策）
□□330. rip-off	盗み，搾取	
□□331. sell-off	突然の値下がり	株式用語：株価・債権価格について言う。
□□332. send-off	見送り，**歓送会**	
□□333. **show-off**	**見せびらかし**	「見せびらかす人，自慢屋」の意味も。
□□334. **write-off**	**減価償却**	「勘定の取消」の意味も。 **◆～ period（償却期間）**
□□335. dead-on	非常に正確な	
□□336. goings-on	変な振る舞い	非難を込めて言う。
□□337. **hands-on**	**実地の**，実践の	
□□338. hanger-on	子分	「ご機嫌とりをする人」の意味もある。
□□339. **odds-on**	**ほとんど確実な**	「五分以上の勝ち目のある」の意味から。
□□340. right-on	時代に合った	「全面的に正しい」の意味もある。
□□341. switched-on	流行を追う	「(麻薬で）幻覚状態の」の意味もある。
□□342. **laugh-in**	**お笑い番組**	

□□343. **run-in**	**【米】口論**	英用法では「準備期間」の意味になる。
□□344. **walk-in**	**【米】勝利が楽な**	名詞で「楽勝，不意の訪問客」の意味も。
□□345. shut-in	閉じこもった	名詞で「家にこもりきりの病人」の意味も。
□□346. sign-in	署名運動	
□□347. **phase-in**	**段階的導入**	
□□348. **phase-out**	**段階的廃止**	
□□349. share-out	分配，山分け	
□□350. shoot-out	決闘	サッカー用語で「PK 戦」の意味も。
□□351. washed-out	疲れ切った	
□□352. straight-out	徹底した	「率直な」の意味も。
□□353. **set-to**	**殴り合い**	「口喧嘩，いさかい」の意味も。
□□354. **talking-to**	小言，**お目玉**	**get a good talking-to（大目玉を食う）**
□□355. **go-by**	**無視**，回避	**give 人 the go-by（人を無視する）**
□□356. once-over	大まかな評価	「ざっと目を通すこと」の意味から。

□□357. **A-OK**	**【米】完全な**	「申し分のない」の意味も。
□□358. A-one	最上の	(【米】＝a number one)
□□359. shut-eye	眠り	
□□360. about-face	回れ右	「思想的に転向する」という動詞もある。
□□361. break-even	損得なしの	break-even point（損益分岐点）
□□362. camera-shy	写真嫌いの	
□□363. fence-mending	関係修復	「(議員の) 地盤固め」の意味も。
□□364. get-tough	強気の	get tough with ～(～につらく当たる)
□□365. get-well	病気見舞いの	a get-well card（見舞状）
□□366. **go-getter**	敏腕家，**やり手**	
□□367. **has-been**	**過去の人**	けなして言う。物に対しても使う。
□□368. have-not	持っていない人	a have-not nation（核を持たざる国）
□□369. in-depth	徹底的な	「詳細な，綿密な」の意味も。
□□370. in-service	現職の	「勤務中の」の意味も。
□□371. know-nothing	無学な人	know-it-all は「知ったかぶりの人」。
□□372. leg-pull	からかい，冗談	
□□373. **make-do**	間に合わせの	名詞で「**代用品**」の意味もある。
□□374. me-too	模倣した	**me-tooism** は「模倣主義，**便乗商法**」。
□□375. no-show	現れない人	a no-show employee（無断欠勤者）
□□376. old-timer	古顔，ベテラン	
□□377. **one-track**	**心が狭い**	鉄道用語の「単線の」の意味から。

□□378. true-blue	忠実な	
□□379. **with-it**	**現代的な**	現代風に言うと「イケてる」。

[重要文例]

[30] The brawny man does 200 push-ups every morning.
(その筋骨たくましい男は毎朝200回腕立て伏せをする)

[31] The derelict man was **washed-up as** a bank manager.
(その怠惰な男は銀行の支店長**としては「終わっている」**)

[32] The frail woman was **completely washed-out** after the birth of the baby.
(そのか弱い女性は出産したあと，**完全に疲労困憊(こんぱい)の状態**だった)

[5] ハイフンが2つ以上つく特殊口語高度複合形容詞の攻略

□□380. across-the-board	全面的な，一律の
□□381. **over-the-counter**	(証券が)店頭取引の，**(薬が)処方箋なしで買える**
□□382. **under-the-counter**	**闇取引きの**，違法の
□□383. off-the-cuff	即席の，ぶっつけ本番の　◆副詞用法もある。
□□384. off-the-record	(意見等が) オフレコの，公表しない
□□385. off-the-wall	【米】型にはまらない，突飛な
□□386. on-the-job	実地の
□□387. on-the-spot	現場の，現地の　**◆～ decision** は「**即断即決**」。
□□388. **chicken-and-egg**	**白黒つけがたい**
□□389. nickel-and-dime	少額の，つまらない　◆「悩ます」の意味もある。
□□390. hole-and-corner	(行動などが) 秘密の，不正の
□□391. **scissors-and-paste**	糊とはさみで編集した，**独創性のない**
□□392. spick-and-span	こざっぱりした，(服が) 新調の
□□393. **meat-and-potatoes**	**【米】最も大切な**，基礎的な，日常的な
□□394. pepper-and-salt	(髪が) ごま塩の，(服地が) 霜降りの
□□395. open-and-shut	明白な，極めて簡単な
□□396. **up-and-coming**	**【米】前途有望な**　◆～ company は「新興企業」。
□□397. nuts-and-bolts	基本的な，実際的な 参考 the nuts and bolts of cooking (料理の基本)
□□398. hit-or-miss	行き当たりばったりの，運任せの
□□399. **hand-to-mouth**	その日暮らしの **◆～ operation** は「**自転車操業**」。
□□400. blow-by-blow	(記事等が) 極めて詳細な，細部に渡る
□□401. play-by-play	実況の　◆名詞で「実況放送」の意味もある。
□□402. two-by-four	【米】(家等が) 狭い，【俗】安物の
□□403. good-for-nothing	ろくでなしの　◆「役立たず」という名詞もある。
□□404. **run-of-the-mill**	**平凡な**，つまらない (＝dryasdust)
□□405. **state-of-the-art**	**最新式の**，最新技術の
□□406. up-to-the-minute	最新式の，ごく最新の情報を取り入れた
□□407. **dyed-in-the-wool**	[軽蔑的に] **徹底した**，頑固な，根っからの
□□408. know-it-all	[軽蔑的に] 知ったかぶりをする ◆名詞用法も可。
□□409. la-di-da / lah-di-dah	気取った　◆名詞用法で「気取り屋」の意味も。

[6] ハイフンがない形式の口語高度複合名詞の攻略

□□410. getup	服装，本の装丁	
□□411. holdup	強盗，追いはぎ	「運輸の停滞」等の意味もある。
□□412. lockup	留置所，監禁	
□□413. **pileup**	**玉突き衝突**	「仕事の山」という比喩的な意味もある。
□□414. clampdown	厳重な取り締まり	動詞では clamp down on の形。
□□415. crackdown	厳重な取り締まり	動詞では crack down on の形。
□□416. **letdown**	**失望**，減少	
□□417. putdown	こき下ろし	「(飛行機の）着陸」の意味もある。
□□418. fallout	予期せぬ結果	「死の灰」や「副産物」の意味もある。
□□419. flunkout	【米】落第生	
□□420. freakout	幻覚症状の人	「麻薬による幻覚体験」の意味から。
□□421. **hideout**	**アジト**，隠れ家	「犯人等の潜伏場所」のこと。
□□422. **wipeout**	**全滅**，転倒	
□□423. workout	練習，適性試験	
□□424. bootlicker	ごますり	靴を舐める（lick）ことから。
□□425. toadeater	ごますり	ひき蛙（toad）を食べることから。
□□426. **ladykiller**	**色男**，女たらし	軽蔑表現。/ an Adonis は「美青年」。
□□427. potboiler	雑な芸術作品	金儲けのための粗雑な作品を言う。
□□428. pothunter	賞品を狙う人	「手当たり次第に撃つ狩猟家」の意味も。
□□429. straphanger	立っている乗客	「座れず吊り革につかまる乗客」のこと。
□□430. **breadwinner**	**家族の大黒柱**	
□□431. boneshaker	【英】ボロ自転車	ガタガタするので骨が揺れることから。
□□432. bonesetter	無資格の接骨医	
□□433. trendsetter	流行を創る人	
□□434. troubleshooter	紛争の調停人	「機械の修理係」の意味もある。
□□435. troublemaker	問題を起こす人	「いたずらばかりする人」の意味もある。
□□436. peacemaker	調停人	米用法ではおどけて「ピストル」の意味。
□□437. **pacemaker**	**指導者，先導者**	参考 standardbearer は「唱導者」。
□□438. kingmaker	実力者	主に「要職の人選を左右する人」のこと。
□□439. **pathfinder**	**先駆者**	
□□440. faultfinder	粗探しをする人	「文句ばかり言う人」のこと。
□□441. **ringleader**	**首謀者**	「暴動等を先導する人」のこと。
□□442. torchbearer	啓蒙家	もちろん「聖火ランナー」の意味もある。
□□443. jawbreaker	発音の難しい語	「大変かたいキャンディー」の意味もある。

□□444. **worldbeater**	**第一人者**	「世界記録保持者」の意味もある。
□□445. barleycorn	ウィスキー	「大麦の粒」の意味から。
□□446. barrelhouse	安酒場	
□□447. beanpole	のっぽ	
□□448. bellybutton	へそ	同 navel
□□449. **egghead**	**インテリぶる人**	軽蔑的に用いられる。
□□450. **bighead**	**うぬぼれている人**	俗語では「二日酔い」の意味もある。
□□451. bigmouth	お喋りな人	
□□452. blowhard	【米】ほら吹き	同 boaster；gasbag；braggart
□□453. bombshell	突発事件	
□□454. buzzword	専門用語	素人を感心させるような難解な言葉のこと。
□□455. **cannonball**	【米】**特急列車**	
□□456. cornerstone	基礎	
□□457. **milestone**	**画期的な事件**	
□□458. **millstone**	**重荷**	
□□459. benchmark	基準点	
□□460. hallmark	**太鼓判，**特質	「品質証明」の意味から。
□□461. mainstay	頼みの綱	
□□462. deadbeat	怠け者	dead-beat は「疲れ切った」の意味。
□□463. dimwit	とんま	
□□464. facelift	美容整形術	「改装」「モデルチェンジ」の意味もある。
□□465. gumdrop	グミキャンデー	
□□466. hardhat	保守的意見の人	「作業員の安全帽」の意味もある。
□□467. **nightcap**	**寝酒**	「夜寝る時にかぶる帽子」の意味から。
□□468. heartthrob	恋人	「心臓の動悸」の意味から。
□□469. **homebody**	**出無精の人**	「家庭的な人」の意味もある。
□□470. **kingpin**	要，**中心人物**	
□□471. **potbelly**	**太鼓腹（の人）**	
□□472. potluck	あり合わせ料理	
□□473. roughneck	【米】乱暴者	
□□474. runaround	【米】言い逃れ	
□□475. runaway	【米】圧勝した	注意 runway は「滑走路」。
□□476. sandman	睡魔	目に砂を入れて子ども達を眠くするという妖精のこと。
□□477. scatterbrain	軽率な人	「落ち着きのない人」の意味もある。

□□478.	sheepskin	【米】卒業証書	「羊皮紙の書類」の意味から。
□□479.	**shutterbug**	**写真マニア**	
□□480.	newshound	【米】新聞記者	
□□481.	slowpoke	【米】のろま	
□□482.	sorehead	【米】不平家	特に「スポーツ等で負けると怒る人」のこと。
□□483.	southpaw	【米】左利きの人	【米口】左腕投手 【英】左ききのボクサー
□□484.	**tailspin**	**意気消沈**	航空用語「きりもみ降下」の意味から。
□□485.	**telltale**	**秘密を漏らす人**	
□□486.	**throughput**	**(原料の)処理量**	電算用語で「**情報処理量**」の意味がある。
□□487.	wallflower	壁の花	舞踏会で踊る相手のいない女性のこと。
□□488.	**windfall**	**棚ぼた**	思いがけない授かりもののこと。
□□489.	windjammer	大型帆船	

[7] ハイフンがない形式の口語高度複合形容詞・副詞の攻略

□□490.	deadpan	無表情な/に	動詞で「無表情で行動する」の意味もある。
□□491.	leastwise	【米】少なくとも	
□□492.	**lowbrow**	**無教養の（人）**	人を表す名詞用法もある。 反 highbrow
□□493.	madcap	無鉄砲な（人）	人を表す名詞用法もある。
□□494.	slapdash	ぞんざいな/に	「無鉄砲」の意味の名詞もある。
□□495.	**slaphappy**	**陽気で無責任な**	
□□496.	standoffish	よそよそしい	
□□497.	standpat	現状維持派の	「頑固にまで保守的な」の意味。
□□498.	**surefire**	**絶対確実な**	
□□499.	tiptop	最高の/に	**be in tiptop condition（絶好調である）**
□□500.	**watertight**	**水を漏らさない**	「水も漏らさない」という比喩的意味も可。

[8] ハイフンがない形式の口語高度複合動詞の攻略

□□501. barhop	はしご酒をする	英用法では，**pub-crawl** と言う。
□□502. **buttonhole**	**長話をする**	人を引き止めるニュアンスがある。
□□503. downplay	【米】軽視する	「控えめに言う」の意味もある。
□□504. **frostbite**	**霜焼けさせる**	have chilblains とも言う。
□□505. hightail	【米】逃げる	一目散に逃げるニュアンスがある。
□□506. hoodwink	目隠しをする	
□□507. **jawbone**	**【米】説得する**	強引に説得するニュアンスがある。
□□508. jaywalk	信号無視する	
□□509. **nosedive**	**急降下，暴落**	nose-dive（急降下する，暴落する）
□□510. **skyrocket**	**急騰する**	
□□511. mushroom	急に成長する	
□□512. pigeonhole	棚上げする	同 shelve ; put ～ into pigeonhole
□□513. sidetrack	棚上げする	同 sidestep ; bypass
□□514. **pinpoint**	**正確に指摘する**	
□□515. pussyfoot	こっそりと歩く	「日和見主義者，禁酒家」の意味も。
□□516. roughhouse	大騒ぎをする	「(人を) 手荒に扱う」の意味もある。
□□517. shortchange	(人を) 騙す	もちろん「釣り銭を少なく渡す」の意もある。
□□518. upend	完敗させる	「逆さにする」という意味から。
□□519. **wiretap**	**盗聴する**	俗語では bug。
□□520. **eavesdrop**	**立ち聞きする**	

[重要文例]

[33] The sandman's coming.（[幼児に] もうねんねの時間よ）
[34] My toes became frostbitten.（足の指に霜焼けができた）
[35] I **had chilblains** on my hands.（手に**霜焼けができた**）
[36] New houses mushroomed along the road.（道路沿いに新しい家が急に建った）
[37] The woman **bypassed** the difficult problem.（女性はその問題**を棚上げした**）

1－5　重要高度口語単語表現集

[1] 短い高度口語単語の制覇〈複数の意味がある場合は口語の意味のみ示す〉

□□521. agin	～に反対して	□□551. heft	目方，重量
□□522. anti	反対者	□□552. hoodoo	不運にする
□□523. billy	【米】警官の警棒	□□553. **hunch**	予感，第六感
□□524. boloney	戯言（たわごと）	□□554. **hype**	誇大広告，騙す
□□525. boob	間抜け	□□555. jazzy	派手な
□□526. **booze**	大酒（を飲む）	□□556. **jell**	具体化する
□□527. cag(e)y	用心深い	□□557. **jinks**	浮かれ騒ぎ
□□528. **caper**	いたずら	□□558. **jinx**	縁起の悪い人［物］
□□529. cavort	浮かれ騒ぐ	□□559. jitter	いらいら（する）
□□530. **chit**	請求書	□□560. kosher	本物の，正当な
□□531. chopper	ヘリコプター	□□561. lather	ひどく殴る
□□532. chum	親友	□□562. legman	【米】取材記者
□□533. chump	のろま	□□563. loopy	頭の変な
□□534. chutzpa(h)	厚かましさ	□□564. lump	のろま
□□535. **colossal**	素晴らしい	□□565. **mooch**	【米】ぶらつく，盗む
□□536. coronary	心臓発作	□□566. muss	【米】混乱（させる）
□□537. **crib**	カンニングする	□□567. muzzy	ぼんやりした
□□538. crummy	汚い，身体の調子が良くない	□□568. **nab**	（現行犯で）逮捕する
□□539. crybaby	泣き虫	□□569. nervy	【米】厚かましい
□□540. **cushy**	楽な，楽しい	□□570. nightie	（女性・子供の）寝巻
□□541. debunk	正体を暴く	□□571. nitwit	愚か者
□□542. deli	調理済み食品店	□□572. numskull	愚か者
□□543. dicey	危険な	□□573. **oodles**	たくさん［of］
□□544. dinky	取るに足らない	□□574. **pally**	親しい［with］
□□545. douse	（明かりを）消す	□□575. **pep**	元気◆～pill（覚醒剤）
□□546. **emcee**	司会（をする）	□□576. peppy	【米】活気に満ちた
□□547. faze	慌てさせる	□□577. pesky	【米】やっかいな
□□548. flak	激論，非難攻撃	□□578. pest	厄介者，害虫
□□549. **funk**	慌てふためき	□□579. piffle	戯言（を言う）
□□550. gab	お喋り（をする）	□□580. **piz(z)azz**	【米】活気，華やかさ

□□581. prickly	怒りっぽい
□□582. puke	吐く（こと）
□□583. **rap**	少し（も～ない）
□□584. raring	～したがる
□□585. rehab	【米】リハビリ
□□586. rep	セールスマン
□□587. rhino	[動] 犀（さい）
□□588. rile	怒らせる
□□589. rumpus	大騒ぎ，口論
□□590. sap	馬鹿者
□□591. sashay	気取って歩く
□□592. **sass**	【米】口答えする
□□593. **scads**	【米】たくさん
□□594. schizo	精神分裂症患者
□□595. schlock	【米】がらくた
□□596. schmal(t)z	極端な感傷主義
□□597. schmuck	【米】間抜け
□□598. screed	長たらしい
□□599. scum	人間のくず
□□600. shack	【米】同棲する
□□601. shebang	【米】出来事
□□602. shindig	騒々しい集まり
□□603. **slather**	【米】大量
□□604. slob	間抜け
□□605. sloshed	酔っ払った
□□606. snappy	元気のよい
□□607. snazzy	カッコいい
□□608. **specs**	眼鏡，明細書 ◆ spec は「投機」
□□609. spigot	【米】蛇口
□□610. splurge	見せびらかす
□□611. **spoof**	人を担（かつ）ぐ
□□612. **spook**	幽霊，びっくりする
□□613. **squall**	騒ぎ
□□614. stash	隠す
□□615. swank	見栄を張る
□□616. **swipe**	非難，強打，盗む
□□617. tacky	【米】みすぼらしい
□□618. **tog**	立派な服を着せる
□□619. tot	加える
□□620. tote	背負う，携帯する
□□621. **tout**	うるさく勧誘する
□□622. **tucker**	【米】疲れさせる
□□623. tux	【米】タキシード
□□624. typo	誤植
□□625. umpteen	多数の（人［物］）
□□626. veep	副大統領／副社長
□□627. vet	獣医
□□628. **vibes**	雰囲気，印象
□□629. **wad**	【米】大量，多額
□□630. **wallop**	～に大勝する
□□631. **wangle**	騙し取る（こと）
□□632. weenie	ウィンナーソーセージ
□□633. weeny	とても小さい
□□634. whack	強く打つこと，試み
□□635. **whiz(z)**	【米】名人，達人
□□636. whop	～に完勝する
□□637. widget	ちょっとした仕掛け
□□638. wino	飲んだくれ
□□639. woolly	(考えが) 混乱した
□□640. woozy	気分が悪い
□□641. yammer	不平［泣き言］を言う
□□642. zilch	【米】取るに足りない
□□643. zillion	【米】巨大な数
□□644. **zing**	活気，元気づける
□□645. zippy	元気な
□□646. zonked	酒に酔った

参考

(1) He is **on the booze.**（彼は**大酒を飲んで**いる）
(2) She is **a colossal liar.**（彼女は**大嘘つき**だ）
(3) He is **in a blue funk.**（彼は**おじけづいて**いる）
(4) We all funked telling her the truth.（我々は皆彼女に真実を話すのを恐れた）
(5) I **have a hunch that** she will come.（彼女は来る**ような気がする**よ）
(6) He did such a thing **on a hunch.**（彼は**虫の知らせで**そのようなことをした）
(7) They always **jazz up** a conversation.（彼らは常に会話**を盛り上げてくれる**）
(8) My plan for the vacation has **not jelled** yet.（休暇の計画は**固まっていない**よ）
(9) She mooched a drink off me.（彼女は僕にお酒を一杯ねだった）
(10) The police **nabbed him for** stealing.（警察は盗みを働いた**として彼を逮捕した**）
(11) Tom is **pally with** Jerry.（トムはジェリー**と仲がいい**）
(12) She has been **full of pep** from childhood.（彼女は子供の時から**元気一杯**だ）
(13) He is a real pest.（彼は実に厄介者だ）
(14) The circus has a lot of pizzazz.（サーカスには人の目を引く魅力がある）
(15) I don't care a rap.（少しもかまわないよ）
(16) The little girl sassed her mother.（その小さな少女はお母さんに口答えした）
(17) He has lost **scads of** money.（彼は**巨額の**お金を失ってしまった）
(18) She stashed her money away in a jar.（彼女は壺にお金を隠しておいた）
(19) They **took a swipe at** him.（彼らは彼**を非難した**）
(20) She togged herself up in a pink dress.（彼女はピンクのドレスを着た）
(21) Every day he **touted for** votes.（毎日彼は投票**をしつこく依頼した**）
(22) She was **all tuckered out.**（彼女は**くたくた**だった）
(23) I get good vibes from him.（彼からは良い印象を受ける）
(24) He made **a good wad of money.**（彼は**大金**を儲けた）
(25) We walloped them in the finals.（決勝戦で彼らに大勝した）
(26) He wangled the chance out of her.（彼女からうまくそのチャンスを手に入れた）
(27) The arrow zinged toward its target.（矢は的に向かってビューンと飛んだ）

[2] 長い高度口語単語の制覇（名詞）

□□647. **boondoggle**	【米】くだらない仕事 ◆動詞で「無駄な仕事をする」の意。
□□648. flapdoodle	戯言，でたらめ
□□649. **lagniappe**	【米】景品，おまけ　◆発音は［lænjǽp］
□□650. mudslinging	（選挙運動で）相手方に対する中傷
□□651. **scuttlebutt**	【米】噂話，雑談
□□652. shenanigan	［-s］悪ふざけ，ごまかし　◆発音は［ʃinǽnigən］
□□653. skulduggery	【米】不正行為，いんちき
□□654. **tommyrot**	戯言，まったく馬鹿馬鹿しいこと

[3] 長い高度口語単語の制覇（形容詞）

□□655. antediluvian	時代遅れの　◆「ノアの洪水以前の」が元来の意味。
□□656. **flabbergasted**	びっくり仰天した
□□657. highfalutin	仰々しい　◆「大言壮語」という名詞の意味もある。
□□658. **persnickety**	【米】気難しい，細かいことに口やかましい
□□659. **rambunctious**	【米】乱暴な，手に負えない
□□660. rumbustious	【英】乱暴な，手に負えない
□□661. **scrumptious**	すてきな，（食物が）とてもおいしい
□□662. unflappable	冷静な，落ち着き払った

[4] 長い高度口語単語の制覇（動詞）

□□663. **blabbermouth**	（秘密を）ペラペラしゃべる
□□664. flummox	まごつかせる，面食らわせる
□□665. bamboozle	迷わす，騙す
□□666. **panhandle**	【米】物乞いする　◆ panhandler は「乞食」の意味。
□□667. skedaddle	慌てて逃げ出す　◆間投詞で「うせろ！」の意味もある。

1－6　重要高度派生語集　CD-5

[1] 同源「最」重要形容詞グループ　5

形容詞	意　味	重要情報
〈SENSE グループ〉		
□□668. **sensible**	分別がある，感づいている	of を伴う。
□□669. **sensitive**	感じやすい，敏感な	to を伴う。
□□670. sensual	官能的な，好色の	**肉体的感覚に訴えること。**
□□671. sensuous	感覚的な，審美的な	**精神的感覚に訴えること。**
□□672. sensory	感覚の	～ organ（感覚器官）
〈IMAGE グループ〉		
□□673. imaginary	想像上の	
□□674. **imaginable**	想像できる	名詞の直後にも付く。
□□675. imaginative	想像力に富む	
〈INTELLECT グループ〉		
□□676. intelligent	賢い	**動物に使える。**
□□677. intellectual	知的な	人間にしか使えない。
□□678. **intelligible**	分かりやすい	
〈RESPECT グループ〉		
□□679. **respectable**	尊敬に値する，立派な	**「かなりの」の意味もある。**
□□680. **respectful**	敬意を表す，丁重な	
□□681. respective	それぞれの	
〈CREDIT グループ〉		
□□682. **credible**	信頼できる	反 **incredible**
□□683. **creditable**	見事な，**～の名誉となる**	反 **discreditable**
□□684. credulous	騙されやすい	反 incredulous

[重要文例]

[38] This picture is very **creditable to** her.
（この絵はさすが彼女**のものだけあって立派**だ）

[2] 同源重要形容詞グループ　4

形容詞	特に注意すべき意味	重要情報
〈COLOR グループ〉		
□□685. colored	(記事等が) 偏見で歪められた	
□□686. **colorful**	(性格等が) 派手な	
□□687. **colorable**	(1)着色可能な (2)**もっともらしい**	**decolor (脱色する)**
□□688. colorfast	変色しない	**discolor (変色させる)**
□□689. colorless	(1)退屈な (2)中立な	
〈HUMOR グループ〉		
□□690. humorous	(1)滑稽な (2)**ユーモアを解す**	a ～ writer (ユーモア作家)
□□691. **humorsome**	**気まぐれな,** 人を楽しませる	
□□692. humoral	体液の	humor に「体液」の意味がある。
□□693. humoristic	ユーモア作家風の	
〈PERSON グループ〉		
□□694. personal	(1)私的な (2)**個人攻撃の**	～ property (動産)
□□695. **personable**	(特に男性が) 魅力的な	
□□696. personative	役を演じる	
〈DUTY グループ〉		
□□697. **dutiable**	(商品が) **関税を課せられる**	
□□698. dutiful	(1)従順な (2)礼儀正しい	〈to＋(相手)〉の形をとる。
□□699. duteous	(1)従順な (2)本分を守る	

[重要文例]

[39] She told us a humorous story and we all split our sides.
(彼女は滑稽な話をして，我々は皆腹を抱えて笑った)

[40] Let's not **become personal** in this wordy warfare.
(この議論では**個人攻撃**はやめましょう)

[3] 似た派生形容詞の重要ペア厳選 25

単語	意味	単語	意味
□□700. comic	喜劇の	□□701. comical	滑稽(こっけい)な
□□702. **historic**	歴史的に有名な	□□703. historical	歴史上の
□□704. economic	経済(学)の	□□705. economical	倹約の
□□706. **classic**	**第一級の**	□□707. classical	古典の
□□708. **politic**	**思慮深い**	□□709. political	政治の
□□710. industrial	産業の	□□711. industrious	勤勉な
□□712. **continual**	**断続的な**	□□713. continuous	連続的な
□□714. ceremonial	儀式の	□□715. **ceremonious**	堅苦しい
□□716. official	公的な	□□717. **officious**	お節介な
□□718. judicial	裁判(所)の	□□719. **judicious**	賢明な
□□720. spiritual	精神の	□□721. **spirituous**	**アルコール分が多い**
□□722. imperial	帝国の	□□723. imperious	命令的な
□□724. sentential	文の/判決の	□□725. **sententious**	**気取った**
□□726. endurable	我慢できる	□□727. **enduring**	**恒久的な**
□□728. punishable	罰すべき	□□729. **punishing**	**疲れさせる**
□□730. practicable	実行可能な	□□731. practical	実用的な
□□732. **exceptionable**	**避けるべき**	□□733. exceptional	例外的な
□□734. comparable	匹敵する	□□735. comparative	**かなりの**
□□736. appreciable	評価できる	□□737. **appreciative**	**鑑識眼のある**
□□738. considerable	**かなりの**	□□739. considerate	思いやりのある
□□740. forgettable	忘れられる	□□741. forgetful	忘れっぽい
□□742. honorable	立派な	□□743. honorary	名誉職の
□□744. **populous**	**人口の多い**	□□745. popular	人気のある
□□746. **momentous**	**重要な**	□□747. momentary	束の間の
□□748. luxurious	贅沢な	□□749. luxuriant	繁茂した

[重要文例]

[41] A small car is very **economical on** gas.（小型車は低燃費で実に経済的だ）

[42] She is quite **economical of** her time.（彼女は時間を全く無駄にしない）

[43] He often listens to **classical music.**（彼はよく**クラシック音楽**を聴く）

[44] She takes classic ballet lessons.（彼女はクラシックバレーを習っている）

◆「クラシック音楽」は classic music とは言わないが，「クラシックバレー」は classic ballet とも classical ballet とも言う。

[45] It is more politic to support him.（彼を支援するのが得策だ）

[46] He talked **with an imperious tone of voice.**（彼は**横柄な口調で**喋っていた）

[47] No book is **comparable to** this in Japan.（日本にはこれ**に匹敵する**本はない）

[48] She lived in comparative comfort.（彼女は実にゆったりと暮らしていた）

[49] I am appreciative of his hospitality.（彼のもてなしには感謝しています）

[50] I made a considerable number of mistakes.（私はかなりの間違いを犯した）

◆ considerable は「相当な数量の」の意味で，**名詞の複数形を直接修飾することはない。** つまり，I made considerable mistakes. と言えば「かなりの数の間違いを犯した」という意味にはならず，「重要な間違いを犯した」の意味になる。

[51] She is **considerate of** others.（彼女は他人**に対する思いやりがある**）

[52] It is very considerate of you to advise me.（忠告してくれて本当にありがとう）

[53] Don't be **forgetful of** your duty.（自分の本分**を忘れて**はならない）

[54] I got a momentary turning of the stomach.（一瞬胸［＝胃］がむかむかした）

[55] He has a **luxuriant** imagination.（彼には**豊かな**想像力がある）

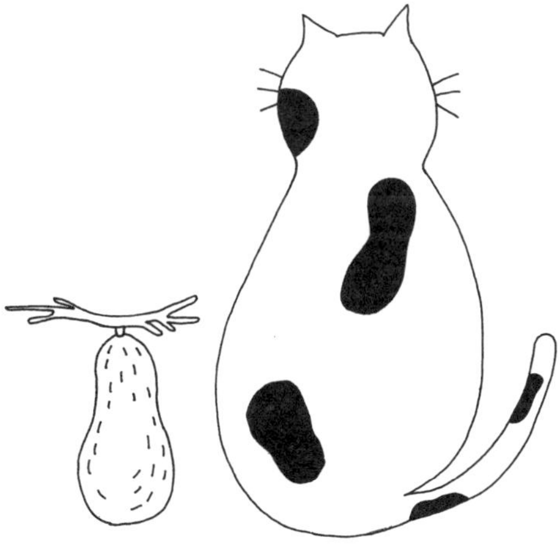

[4] 単純名詞＋Y と人格名詞＋LY でできた形容詞の攻略

単純な名詞に Y をつけると「～が多い」という表現ができ上がる。

〈例〉 a mountainy country（山の多い国）
a woody mountain（木の多い山）
a branchy tree（枝の多い木）
a leafy branch（葉の多い枝）

また，人格名詞に LY をつけると通常プラスイメージの表現ができ上がる。

〈例〉 manly（[男が] 男らしい） 注意 mannish（[女が] 男っぽい／[子供が] 大人ぶった）
womanly（[女が] 女らしい） 注意 womanish（[男が] 女っぽい）
参考 childlike（[子供が] 子供らしい） 注意 childish（[大人が] 子供っぽい）

◆このような Y 語尾，LY 語尾の形容詞で注目すべきものを挙げましょう。

〈1〉注目 Y 語尾形容詞

単語	意味	用例
□□750. misty	霧の深い，**（目の）かすんだ**	misty eyes（涙目）
□□751. **foggy**	濃霧の，**（考えが）ぼんやりした**	
□□752. smoggy	スモッグの多い	
□□753. smoky	煙がたちこめる，焦げ臭い	smoky taste（焦げ臭い味）
□□754. **sooty**	**すすだらけの**，黒い	a sooty bird（黒い鳥）
□□755. rainy	雨降りの，雨に濡れた	rainy streets（雨の街）
□□756. snowy	雪降りの，雪のような	snowy hair（白髪）
□□757. **windy**	風の強い，激しい，**気取った**	windy argument（激論）
□□758. haily	霰(あられ)のような，雹(ひょう)の	
□□759. **frosty**	霜で覆われた，**（人が）冷たい**	a frosty smile（冷笑）
□□760. watery	水っぽい，弱々しい，涙ぐんだ	
□□761. **oily**	油っこい，**【口】お世辞のうまい**	an oily smile（愛想笑い）
□□762. mealy	粉だらけの	mealy potato（粉吹き芋）
□□763. **meaty**	肉の，**【口】内容の豊かな**	a meaty speech（名演説）
□□764. seedy	種の多い，**【口】貧弱な**	
□□765. corny	穀物が多い，**【口】陳腐な**	a corny joke（古い洒落）

〈2〉注目 LY 語尾形容詞

単語	発展的意味	単語	発展的意味
□□766. brotherly	優しい	□□767. sisterly	仲の良い
□□768. fatherly	慈父の	□□769. motherly	心の暖かい
□□770. grandfatherly	優しい	□□771. grandmotherly	老婆心の
□□772. **kingly**	威風堂々の	□□773. queenly	威厳のある
□□774. **godly**	信心深い	□□775. **priestly**	司祭の

参考　godly は「神のような」という意味ではなく，人間について「信心深い」の意味です。the godly とすれば「信心深い人たち」の意味になります。「神のような」の意味は godlike で表されます。

［重要文例］

[56] I **don't have the foggiest idea of** what he meant.
（彼が何を意味したのか**わけが分からない**）

[57] The show-stopper was found frosty to others；he was just a show-off.
（［演技を中断させるほど］人気の役者は冷たい人だった。単に自慢屋だったのだ）

[58] The man is in fact a moneybags though he is a **seedy-looking** person.
（その男は**貧相に見える**が，実際，金持ちで強欲な人間だ）

[5] 意外な形容詞形を作る重要語

名詞の中には，その形容詞形が難しいものが幾つかあります。重要なものを挙げておきましょう。レベル順に挙げています。

英語	形容詞形	形容詞形の意味と用例	英単語道
□□776. text	textual	(1)原文の (2)逐語的な	準1級
□□777. demon	demonic	(1)悪魔のような (2)超人的な	
□□778. devil	devilish	(1)非道の (2)大胆な	
□□779. fire	**fiery**	火のような ◆～ disputes（激論）	1級
□□780. gas	**gaseous**	(1)ガスの (2)**実体のない**，不安定な	
□□781. stomach	**stomachic**	(1)胃の (2)**消化に良い**	
□□782. title	**titular**	(1)**名義上の** (2)正当な権利の	初段
□□783. tile	tegular	瓦のような	
□□784. palm	palmar	手のひらの	
□□785. river	riverine	川（辺）の（ような）	
□□786. paradise	paradisiacal	天国の（ような）	
□□787. climax	**climactic**	**最高潮の**	
□□788. **Descartes**	Cartesian	デカルト（学派［説］）の	2段
□□789. Madagascar	Madagascan	マダガスカルの	
□□790. **silicon**	silicic	(1)珪(けい)素の (2)珪素を含む	
□□791. **boron**	boric	硼(ほう)素の ◆～ acid（硼酸）	
□□792. antenna	antennal	(1)アンテナの (2)触角（状）の	3段
□□793. paper	papyraceous	(1)紙のような (2)薄い，もろい	

[6] 似た派生名詞の重要ペア厳選 13〈同語源とは限らない〉

単語	意味	単語	意味
□□794. preference	好物，優先	□□795. **preferment**	昇進，抜擢
□□796. conference	会議，相談	□□797. **conferment**	授与，叙勲
□□798. deference	尊敬，服従	□□799. **deferment**	延期
□□800. suspense	不安，**未定**	□□801. suspension	保留，**停学**
□□802. pretense	見せかけ	□□803. pretension	**要求**，自負
□□804. affection	愛情，**疾患**	□□805. **affectation**	見せかけ
□□806. adoption	採用，**公認**	□□807. adaptation	適応，改作
□□808. solidity	固体性	□□809. **solidarity**	団結，結束
□□810. posterity	子孫	□□811. **posteriority**	**後天性**
□□812. pronunciation	発音	□□813. pronouncement	宣言，声明
□□814. **deportation**	強制送還	□□815. **deportment**	礼儀作法
□□816. physician	内科医	□□817. physicist	物理学者
□□818. oculist	眼科医	□□819. optician	眼鏡屋

[用例] ・suspension from school for bad conduct（非行による停学）
・**solidity** of his character（彼の性格の**健全さ**）

[重要文例]

[59] He **made a pretense of** not doing a stitch of work.
（彼はちっとも仕事をしていない**ふりをした**）

[60] His **affectations** are galling.
（彼の**きざな態度**には腹が立つ）

コラム astrology（占星術）と astronomy（天文学）の違いは？

Q：What is the difference between astrology and astronomy?

A：Whether the stars explain man or man explains the stars.

[訳]　Q：astrology と astronomy の違いはなんでしょう？

A：星が人を説明するか人が星を説明するかの違いです。

第 2 章

各パート対策重要単語集

Mr. Jock, TV Quiz Ph.D bags few lynx.

「テレビクイズ博士のジョック氏はオオヤマネコをほとんど袋に入れない。」
妙な意味の文ですが，この文の特徴は何でしょうか？　ヒントは文字。もうお分かりですね。これはa～zまでのすべての文字を1つずつ使った文なんです。アルファベットの文字を1つずつ使って文法的な文を作るのは，すべての母音字を1つずつ使わないといけないので至難の業です。ちなみに，5母音字すべて1つずつ入った単語は，比較的簡単に見つかります。

education；authorize；voluntariness；unorganized；unordained；ultraviolet

5母音入りの最も短い単語はsequoiaですね。

2－1　写真描写問題（Part 1）用単語集　CD-6

［1］行為を表す動詞

① The man is wriggling his way through the crowd.
② The child is monkeying with building blocks.

［訳］① その男の人は人混みの中を体をくねらせて歩いている。
② その子供は積み木をいじっている。

□□820. **wriggle** B
[rigl]

{動} 体をくねらせる

英単語原則 ⑺〈V＋one's way〉は「Vの状態で進む」

wriggle one's way	体をくねらせて進む
snake one's way	**蛇行して進む**
tunnel one's way	**掘るように進む**
steal one's way	忍び足で進む
push one's way	押しながら進む
plow one's way	かき分けて進む
shoulder one's way	**肩でかき分けるように進む**
elbow one's way	**肘でかき分けるように進む**

ひとこと「進む」の中立語は make one's way である。
make way は「(人に) 道を譲る」の意味だから要注意。

□□821. monkey 基礎
[mʌŋki]

[名] ⑴猿　⑵【口】**いたずら小僧**　⑶【俗】500ドル
{動}【口】⑴**ふざける**　⑵**いじくる**

英単語原則 ⑻〈V＋with〉は「～をもてあそぶ」の意味が多い。

① **monkey with ～＝toy with ～＝fool with ～**

② meddle with ～＝fiddle with ～＝fumble with ～

③ tamper with ～＝tinker with ～

◆①は簡単動詞＋with，②は LE 語尾動詞＋with，③は ER 語尾動詞＋with。中立語は play with になります。

［2］行為を表す複合動詞

① The man is tap-dancing on the stage.
② The woman is going to jaywalk.

［訳］① その男は舞台でタップダンスをしている。
② その女性は信号無視をしようとしている。

□□822. tap-dance [tǽp-dæns]	{動} タップダンスを踊る
□□823. **jaywalk** [dʒéiwɔ:k]	{動} **信号を無視して渡る** 参考 jaywalker（信号を無視する人）

参考

（1）The ship is **buffeting her way through** the waves.
（船は波**をかき分けて進んでいる**）

（2）The man is **fingering** a button on his suit.
（男はスーツのボタン**を指でいじっている**）

（3）They are **doing the rumba** in the ballroom.
（彼らはダンスホールで**ルンバを踊っている**）

＊＊＊

〈様々な行為・行動の重要高度表現集〉

行為・行動	その表現
ままごとをする	play house
隠れんぼをする	play hide-and-seek
鬼ごっこをする	play tag；play tig
剣玉遊びをする	**play at cup and ball**
綾取りをする	**play at cat's cradle**
縄跳びをする	jump rope
綱引きをする	**play at a tug of war**
綱渡りをする	walk a tightrope
輪投げをする	**play quoits**
腕相撲をする	**arm-wrestle**
指相撲をする	**thumb-wrestle**
馬跳びをする	leapfrog
跳び箱を跳ぶ	vault over a buck
二人三脚をする	**run a three-legged race**
障害物競争を行う［運動会で］	run an obstacle race
肩車をする	**have ～ piggyback**
逆立ちをする	**do a handstand**
正座する	sit upright［square］
あぐらをかく	**sit cross-legged**
腕を組む	fold one's arms
手をつなぐ	join hands（with ～）
背伸びする	**stand on tiptoe**
あかんべをする	make faces
しかめ面をする	make grimaces；knit the brows；frown［scowl］ at［on］

行為・行動	その表現
欠伸（あくび）する	**yawn**；gape
くしゃみする	**sneeze**
しゃっくりをする	**hiccough**；have the hiccoughs
うたたねをする	take a nap；catnap；snooze；take forty winks
寝言を言う	talk in one's sleep
腹話術をする	**ventriloquize**
耳掃除をする	clean one's ears
洟（はな）をかむ	blow one's nose
洟を垂らす	snivel
鼻をつまむ	pinch one's nose
目を細める	narrow one's eyes；［まぶしくて］squint one's eyes
目を拭う	wipe one's eyes；［泣いた後で］ dry one's eyes
口をすすぐ	rinse one's mouth
唇を尖らす	**pout one's lips**
唇をすぼめる	**purse up one's lips**
首を垂れる	hang one's head（down）
頭を撫でる	stroke a person's head
頭をかく	scratch one's head
髪を結う	do［fix］ up one's hair
髪をとく	let［take］down one's hair
髪を編む	**braid one's hair**
傘をさす	put up an umbrella；hold［raise］ an umbrella
傘をすぼめる	close［shut/fold/furl］ an umbrella

[3] 状況を表す表現

① Frost columns are formed on the ground.
② The man with a heavy moustache had a tea stalk floating erect in his tea.

[訳] ① 霜柱が立っている。
② その濃い口髭の男のお茶に，茶柱が立っていた。

□□824. **column** [A]
[kɑ́ləm]

[名] ⑴柱
⑵円柱状のもの ◆a ～ of mercury（[温度計の]水銀柱）
⑶（新聞・雑誌の）縦の欄，コラム
[用例] **dodge the column（仕事をさぼる）**
→（形）**columnar（円柱状の,** [新聞のように]縦欄式に印刷した）

□□825. **stalk** ①[B]
[stɔːk]

[名] ⑴茎，幹　⑵（ワイングラス等の）脚
⑶工場の高い煙突

[英単語原則] ⑼ 英語と日本語の発想は異なる！
重要な例を幾つか挙げておきましょう。
chimney：（主として）暖炉の煙突（＝stovepipe）
funnel：汽船の煙突
stack：工場等の煙突　◆高いものは stalk。
big wheel：観覧車
pinwheel：風車（かざぐるま）[玩具]
windmill：風車（ふうしゃ）
crow's-feet：目尻の皺（しわ）
athlete's foot：水虫［病気］
the Adam's apple：喉仏
jellyfish：クラゲ
sea anemone：イソギンチャク
play possum：狸寝入りをする
the man in the moon：月の中の兎
sand hill：砂山　◆mountain は高いものを言う。
sandglass：砂時計
one's inner man：腹時計
◆〈something tells me～〉の形で表現できる。
the minute hand：時計の長針　◆短針は the hour hand。

ひとこと「水虫」について考える

皮膚病の水虫の専門語は dermatophytosis，**昆虫の水虫は boat bug または water boatman と言う。**

□□826. stalk ②C
[stɔːk]

{動} (1)大股で歩く，闊歩（かつぽ）する (2)獲物をそっと追う
(3) (疾病等が) はびこる

ひとこと 歩き方のイロイロ

toddle	よちよち歩く	trot	早足で歩く
waddle	よたよた歩く	**tiptoe**	**忍び足で歩く**
loiter	のろのろ歩く	**wade**	**水の中を歩く**

参考「よろめいて歩く」の意味の単語は多い。

① ER 語尾→ totter；teeter；stagger：falter
② LE 語尾→ waddle；wobble；shamble
③その他 → reel；lurch

英単語原則 ⑽「ぶらぶら歩く」は〈V+about〉型が多い！

① ER 語尾→ **loiter**；hover；**linger**；putter；saunter
② LE 語尾→ amble；ramble；dawdle；dangle（つきまとう）
③その他 → hang；knock；**stroll**；lounge；**mooch**

英単語原則 ⑾「ぶらぶら過ごす」は〈V+away one's time〉

① ER 語尾→ **loiter**；fritter
② LE 語尾→ **idle**；fiddle；dawdle
③その他 → loaf；**lounge**

（以上 → away one's time）

[重要文例]

[61] **Something tells me** it's about 5.（**腹時計では** 5 時頃だ）

参考 **A little bird told me** the man is a stalker.（彼はストーカー**という噂だ**）

[62] The old building tottered in the gale.（古いビルが強風で倒れそうになった）

[63] Something is dangling at her waist.（腰の所に何かがぶらさがっている）

[64] He is knocking about the world.（彼は諸国をぶらぶらと放浪している）

[4] 状況を表す複合形容詞表現

① These are probably homemade cookies.
② The golden retriever she keeps is already housebroken, though she is a little too soft with the dog.

[訳] ① これらは恐らく手作りのクッキーである。
② 彼女が飼っているゴールデンレトリーバーは既にトイレのしつけができている。彼女はその犬をちょっと甘やかしすぎだけどね。

□□827. **homemade** B
[hóummeid]

(形)手作りの　注意 **housemaid** は「**お手伝い**, 女性従業員」

ひとこと homemade と handmade
homemade は衣服や料理等が自家製であること。
handmade は machine-made（機械製の）に対応し，手製であることを強調する。料理の場合には使わない。
◆ちなみに「手編みの」は hand-knitted。

□□828. housebroken C
[háusbroukən]

(形)（ペットや赤ん坊の）**トイレのしつけができている**
同【英】house-trained
→｛動｝**housebreak**

英単語原則 ⑿ 身近な単語には熟語や慣用句が豊富！
例えば HOUSE を例にとれば…
keep house：（～のために）家事を切り盛りする［for ～］
keep（to）the house：（病気で）家に閉じこもる
keep a House：（下院で）定足数を保つ
play house：ままごとをする
pack the house：満員の客を集める
bring down the house：【口】満場の大喝采を浴びる
set the house on fire：観客を大喜びさせる
like a house on fire：【口】大変うまく，すらすらと
like the side of a house：【口】（女性が）太って
eat 人 out of house and home：【口】（人を）財政的に困らせる

ひとこと HOUSE の複合語のイロイロ

houseclean ：{動} 大掃除する／粛清する
houseproud ：(形) 家を綺麗にするのが好きな
housedress ：[名] ホームドレス ◆×homedress
housework ：[名] 家事 ←不可算
◆ homework は「宿題」

[重要文例]

[65] They packed the house for the concert.（コンサート会場は満員の状態だった）
[66] **I'd be happy to house you for the night.（喜んでお泊めいたします）**
[67] The fugitive is now under house arrest.（その亡命者は現在軟禁されている）

2－2　応答問題（Part 2）／会話問題（Part 3）用単語集　CD-7

[1] 応答問題（Part 2） 問いかけ文に対する3つの応答のうち，最適なものを選びなさい。

Q：Do you think we have almost no promotion chances, since we ended up getting told off ?
(A) Yes, they have to look on the dark side of things.
(B) Well, she told there is a good chance of our staff being promoted.
(C) No, unless we become expert apple-polishers.

[訳] 結局怒られちゃったのだから，我々はほとんど昇進の見込みはないよね。
(A) いいえ，彼らは悲観して物事を見ることになるね。
(B) ええ，彼女は我々のスタッフが昇進する見込みが十分あると言ったよ。
(C) そうだね。我々が胡麻すりの達人にならない限りね。

□□829. tell 基礎
[tel]

{動} (1)告げる　(2)知らせる　(3)命じる　(4)分かる　(5)見分ける　(6)**効き目がある**
〈重要高度口語イディオム〉
tell off ～：(人を) 叱る
tell on ～：(人のことを) 告げ口する〈子供が使う〉
Tell me another.：ご冗談でしょう。
I'm telling you.：本当なんだよ。
You're telling me.：そんなこと百も承知だ。

□□830. look 基礎
[luk]

{動} (1)見る　(2)見える　(3)調べてみる　(4) **(目で) 示す**
〈重要高度口語イディオム〉
look on the dark side of things：事を暗く見る
look on the bright side of things：事を明るく見る
look for ～：(面倒等を) 自ら招く
look in：テレビを見る
look up：(景気が) 良くなる
look ～ up：(人を) 訪問する
not too much to look at：見ばえがしない
Look alive !：ぐずぐずするな。 (＝Look lively !)

□□831. chance 基礎
[tʃæns]

[名] (1)見込み　(2)機会　(3)**偶然**
〈重要高度口語イディオム〉
a good chance：見込みが十分
a fat chance：見込みが全くない (＝no chance)

chance it：{動} 一か八かやってみる
(The) chances are (that) ～：恐らく～だろう

□□832. **apple-polisher** B [æpl-pɑ́liʃər]
[名] **胡麻すり**

英単語原則 **⑬「胡麻すり」は〈N+V-er〉の形をはじめ色々な表現が存在する。**

apple-polisher ←リンゴを磨く人
bootlicker ←靴をなめる人
toadeater ←ヒキガエルを食べる人

その他の表現：flatterer；lickspittle；toady；groveler；sycophant

[重要文例]

[68] **Your face tells it.（顔にそう書いてありますよ）**
[69] She promised not to tell.（彼女は他言しないと約束した）
[70] The deal told in our favor.（その取引は我々にとって有利に働いた）
[71] Every shot **told.**（弾はすべて**命中した**）
[72] The oddball told me off.（その変わり者が私を叱りつけた）
[73] He **looked his gratitude at** her.（彼は**目で**彼女**への感謝の気持ちを表した**）
[74] Are you sure she is looking for trouble？（彼女は厄介なことになると思う？）
[75] Business is looking up these days.（最近は景気が良くなりつつある）
[76] Look me up **once in a while.**（**たまには**遊びにきてくれよ）
[77] I'm looking to buy a new car.（私は新車を買う予定だ）
[78] **The chances are** ten to one against you.（**形勢は**十中八九君に不利だ）
[79] **Chance governs all.（すべては運次第だ）**

★［1］の答え→(C)

［２］応答問題（Part 2） 問いかけ文に対する3つの応答のうち，最適なものを選びなさい。

Q：Sally, I just eavesdropped on a chatter between Betty and Sue, and found that Mr. Adams is two-timing his wife. But don't tell anybody.

(A) OK, my lips are sealed.

(B) Gee, my ears are burning.

(C) No, my stomach is growling.

［訳］サリー，ベティとスーのお喋りを盗み聞きしちゃったの。そしたらね，アダムズさんは浮気しているそうよ。でも誰にも言わないでね。

(A) ええ，秘密にしているわ。

(B) あー，私の噂をしているのね。

(C) いいえ，私のお腹がグーと鳴ったわ。

□□833. **two-time** C [tuː-taim]	{動}（夫・妻・恋人等を）**浮気して裏切る**　☞ P.149
□□834. seal A [siːl]	{動} (1)～に判を押す，捺印する，調印する (2)（手紙に）封をする［up］ (3)（口等を）堅く閉じる (4)（約束等を）**確実にする** ［名］(1)判　(2)封印　(3)シール　(4)（保証・確認等の）印
□□835. burn 基礎 [bəːrn]	{動} (1)燃える　(2)火照る　(3)燃やす　(4)火傷させる 〈重要高度口語イディオム〉 burn oneself out：(人が)精力を使い果たす，体を壊す **burn the midnight oil：夜遅くまで勉強する** **burn the candle at both ends：無理をする**
□□836. **growl** C [graul]	{動} (1)（動物が）唸る　(2)（人が）ガミガミ言う (3)（雷が）ゴロゴロ鳴る　(4)**（胃が）グーと鳴る**

［重要文例］

[80] We **sealed** our bargain by shaking hands.（我々は握手して取引**の確認をした**）

[81] He is burning to **make a fortune**.（彼は**一財産築いてやる**と意気込んでいる）

[82] Red pepper **burned my mouth**.（唐辛子のために**口がヒリヒリした**）

[83] Her words were **burnt into my memory**.（彼女の言葉は**記憶に焼きついている**）

[84] He burned me up and **my head swam**.（彼のせいでかっとなり**頭がクラクラした**）

[85] The boss growled out a command.（上司は怒鳴りつけて命令を発した）

★［２］の答え→(A)

［3］会話問題（Part 3） **CD-8** 次の会話に関する設問を読み，最適な答えを選びなさい。

W：My asthma has calmed down.
M：That's good to hear. Today let me tell you a more comfortable way of breathing. Inhale through your nose so that you will puff out your stomach. Then you should breathe out taking about twice the amount of time you need for breathing in. When breathing out, pucker your lips. You'll soon learn the trick of it.
W：I'll give it a try. Thank you very much.
Q：What are the relations between them？
(A) teacher and student (B) doctor and nurse
(C) patient and therapist (D) client and psychiatrist

［訳］W：喘息（ぜんそく）が治まってきたみたいです。
M：それは良かったですね。今日は，息するのがもっと楽になる方法を教えてあげましょう。お腹が膨れるように鼻から息を吸います。そして吸う時の倍の時間をかけてゆっくりと息を吐きましょう。吐いている時は口を尖らせましょう。すぐにコツが分かりますよ。
W：やってみます。ありがとうございました。
Q：彼らの関係はどれでしょう。
(A) 先生と学生 (B) 医師と看護婦
(C) 患者とセラピスト (D) クライエントと精神科医

□□837. asthma C [ǽzmə]	［名］**喘息**（ぜんそく）
□□838. inhale B [inhéil]	｛動｝息を吸い込む 反 exhale
□□839. **puff** B [pʌf]	｛動｝(1)（煙等を）吐き出す (2)（煙草を）すぱすぱ吸う ◆自動詞用法もある。 ［名］（風等が）吹くこと 〈口語イディオム〉 be puffed up with ～：～で思い上がっている
□□840. pucker C [pʌ́kər]	｛動｝［up］(1)（眉を）しかめる (2)（唇を）すぼめる
□□841. **trick** A [trik]	［名］(1)企み (2)芸当 (3)**いたずら** (4)**コツ** (5)**癖** ｛動｝(1)騙す (2)**～を飾り立てる**

〈口語イディオム〉
do the trick：目的を達する，うまくいく
not miss a trick：万事見通している，ごまかされない

[重要文例]

[86] The chain-smoker began to puff away at a cigar.
(そのチェーンスモーカー［立て続けに煙草を吸う人］は葉巻を吹かし始めた)

[87] On a balmy spring day, a train was puffing up a hill.
(のどかな春の日，汽車が丘をポッポと音を立てて登っていきました)

[88] Since he is **puffed up with** his success, he may be served with the same sauce [=he may be paid back in his own coin] sooner or later.
(彼は自分の成功**で慢心している**ので，いずれしっぺ返しが来るだろう)

[89] The woman with great vital capacity blew out 24 candles in one puff.
(肺活量がすごいその女性は24本のろうそくの火を1回で吹き消した)

[90] The seemingly chicken-hearted boy often **plays tricks on** his classmates.
(一見気の弱い少年はよく同級生**にいたずらをしている**)

[91] Since everything he did prospered with him, he is thinking of teaching his son **the tricks of the trade.**
(彼は何をやっても成功してきたので，息子に**商売のコツ**を教えるつもりである)

[92] There is a slim chance of his success, because he has a trick of **turning a deaf ear to** others' advice.
(彼は成功はおぼつかないよ。というのは，人の忠告**に耳を貸さない**から)

★［3］の答え→(C)

＊＊

〈様々な職業の重要表現集〉

職業	その表現	職業	その表現
弁護士	lawyer；attorney	外交官	diplomat
弁理士	patent attorney	裁判官	judge
司法書士	**judicial scrivener**	**検察官**	**public prosecutor**
税理士	**tax attorney**	警察官	police officer
公認会計士	certified public accountant	**管制官**	**air traffic controller**
		銀行の出納係	teller
不動産鑑定士	**real estate appraiser**	銀行員	bank clerk
栄養士	nutritionist	銀行家	banker
歯科衛生士	dental hygienist	書道家	calligrapher
歯科技工士	**dental technician**	冒険家	adventurer
建築士	registered architect	登山家	**alpinist**
航海士	navigation officer	**手相見**	**palmist**
一等航海士	**the chief mate**	占い師(星占い)	**horoscoper**
消防士	firefighter	**鍼灸師**	**acupuncturist and moxa-cauterizer**
救命隊員	**ambulanceman**		
機動隊員	riot policeman	脳神経外科医	neurosurgeon
薬剤師	pharmacist	心臓外科医	cardiac surgeon
レントゲン技師	radiographer	婦人科医	gynecologist
助産婦	midwife	産科医	obstetrician
看護婦	nurse	**小児科医**	**pediatrician**
保母	**dry nurse**	皮膚科医	dermatologist
乳母	**wet nurse**	**耳鼻咽喉科医**	**otorhinolaryngologist**
刑務所長	warden	泌尿器科医	urologist
大使	ambassador	肛門科医	proctologist
領事	consul	精神科医	psychiatrist
指揮者，車掌	conductor	**司法精神科医**	**alienist** [精神鑑定をする]
監督[現場の]	superintendent	歯科医	dentist
監督[**映画の**]	**director**	**眼科医**	**ophthalmologist**
監督[**野球等の**]	**manager**	**検眼医**	**optometrist**
支配人，管理人	manager	**眼鏡商**	**optician**

［4］会話問題（Part 3） 次の会話に関する設問を読み，最適な答えを選びなさい。

W：My boss told me that I am a no-good. He regards me as having nothing attractive. I may be a stick-in-the-mud, but I cannot pocket an insult of this kind.

M：Don't worry；you are trying hard. He's just so domineering.

W：Yes, the way he walks all over me is quite disgusting.

Q：What is the correct situation？

(A) The woman did something wrong and the man got mad about it.

(B) The woman was spoken ill of and the man soothed her.

(C) The woman hid something in her pocket but her boss found it.

(D) The woman did a good job but her boss gave her the boot.

［訳］W：上司が私のことろくでなしなんて言ったのよ。ちっとも魅力的なところがないですって。私は面白くもない人間かもしれないけど，こんな侮辱には耐えられないわ。

M：気にすることないよ。君はよくやっているじゃないか。彼はただ威張り散らしているだけだよ。

W：人を人とも思わないそんなやり方が気に入らないのよ。

Q：正しい状況はどれでしょう。

(A) 女性が何か間違ったことをして，男性がそれについて怒った。

(B) 女性が悪口を言われて，男性が彼女を慰めた。

(C) 女性がポケットに何かを隠したが，上司がそれを見つけた。

(D) 女性は仕事の出来が良かったのに，上司は彼女をクビにした。

□□842. no-good C [nou-gud]	［名］無価値な［役に立たない］人［物］
□□843. stick-in-the-mud C [stik-in-ðə-mʌd]	［名］**保守的な人**，旧弊な人 ◆ stick を用いた口語複合語 **stick-to-itiveness（粘り強いこと）**

ひとこと 人を表す複合表現のイロイロ

- know-nothing（無学の人）
- know-it-all（知ったかぶり）
- **Johnny-come-lately（新米）**
- **Johnny-on-the-spot（機転のきく人）**
- **devil-may-care（軽率な）**
- happy-go-lucky（呑気な）
- stay-at-home（出無精の人）

□□844. **pocket** 基礎
[pákit]

{動} (1)〜をポケットに入れる
(2)着服する，盗む
(3)（侮辱等を）我慢する，（感情を）**抑える**
(4)【米】[大統領・州知事が]（議案を）**握り潰す**
[名] (1)ポケット (2)**富** (3)【米】小さなハンドバッグ
用例 **a deep pocket（十分な資力）**
an empty pocket（無一文 [の人]）

□□845. domineering C
[dɑmənı́əriŋ]

(形) 横柄な

英単語原則 ⒁ 英語はマイナスイメージの単語に同義語が多い。
例えば「横柄な」の意味の単語を示そう。
①-ING 型→ **assuming**；domineering；overbearing；patronizing
②-OUS 型→ **imperious**；supercilious；bumptious
③複合語型→ puffed-up；stuck-up；**high-hat**；cock-a-hoop
④その他 → arrogant；insolent；haughty；**lordly**；peremptory

→{動} domineer over 〜(〜に威張り散らす)

ひとこと -ING 語尾の形容詞で注意すべきものを挙げる。
・**unassuming（謙遜な）**
・**enduring（不朽の）**
・**patronizing（恩着せがましい）**
・accommodating（親切な）
・**arresting（魅力的な）**
・engaging（愛敬のある）
・grasping（欲張りな）
・**designing（下心のある）**

□□846. walk 基礎
[wɔːk]

{動} (1)歩く (2)(幽霊が)出る (3)(犬等を)散歩させる
◆他動詞用法もある。
〈高度口語イディオム〉
walk out：(労働者が) ストライキをする
walk out on 〜：〜を見捨てる
walk over 〜：(1)〜に楽勝する (2)〜を虐げる

[重要文例]
[93] She walked her child across the street.（彼女は子供に付き添って道を渡った）
[94] He **walked away with** the first prize.（彼は一等賞**をさらった**）
[95] The man **walked into** a lucrative job.（その男は儲かる仕事**を楽に見つけた**）

★［4］の答え→(B)

2－3　説明文問題（Part 4）用単語集　CD-9

[1] ANNOUNCEMENT

Paging Naples-bound passenger, Mr. Francis Jackson, please come to the front desk. Someone has just turned in a bagful of medicine prescribed for your cold. To all our passengers : we should be docking in the next few minutes. I hope you enjoyed your trip to the fullest despite raging waters.

［訳］お呼び出し申し上げます。ナポリ行きのお客様のフランシス・ジャクソン様，フロントまでお越し下さい。風邪薬入りの袋が届いております。他の乗客の皆様に申し上げます。あと数分で当船は接岸致します。荒海ではございましたが，旅を満喫していただけましたでしょうか。

□□847. **page** 基礎 [peidʒ]	{動}［ホテル・駅等で名前を呼んで］（人を）呼び出す [名] (1)（ホテル等の）ボーイ (2)（結婚式で）花嫁に付き添う少年
□□848. bound A [baund]	(形) 縛られて 用例 bound hand and foot（手足を縛られた状態で） ◆複合語を作りやすい点に注意せよ。 ①～に閉ざされた：a snowbound village［雪に…］ ②～で綴じられた：a leather-bound book［革装丁の］ ③～へ行く予定の：Tokyo-bound tourist［東京行きの］
□□849. **prescribe** B [priskráib]	{動} (1)処方する　(2)規定する　(3)**指図する**
□□850. **dock** B [dɔk]	{動} (1)［修理で］（船を）ドックに入れる (2)（船を）**埠頭につける**，（船が）埠頭につく (3)（宇宙船を）ドッキングさせる [名] (1)ドック　(2)【米】**埠頭**，波止場（wharf）

[重要文例]

[96] I **want** Mr. Johnson **paged.**（ジョンソン氏**を呼び出していただきたい**のですが）

[97] He prescribed a medicine for my cold.（彼は風邪薬を処方してくれた）

[98] She **prescribed to us how to act.**（彼女は**我々にどう行動すべきか指図した**）

[2] RECORDED MESSAGE

Thank you for calling Alpha Delivery. All our customer representatives are busy with other callers at this moment. Your call will be answered in the order in which it was received. Please hang on, since your call is important to us. We will be on your phone in a few minutes. Thank you for calling Alpha, the first word in and the first water of the door-to-door delivery firms in the country.

[訳] アルファデリバリーにお電話ありがとうございます。ただ今お電話がふさがっております。順番に対応しておりますので，そのまま切らずにお待ちください。お客様を大切にすることが私共の使命でございます。数分でお電話にお客様サービス係が対応致します。国内の宅配サービス業者の「筆頭」，アルファ社にお電話いただきありがとうございます。

□□851. **hang** Ⓐ [hæŋ]	{動} ⑴掛ける ⑵吊り下げる ⑶取り付ける ⑷**絞首刑にする** ⑸ためらう 〈高度口語イディオム〉 hang out：住む let ～ go hang：～を放っておく **get the hang of ～：～のコツを飲み込む** **not give a hang：全然かまわない**
□□852. water 基礎 [wɔ́ːtər]	[名] ⑴水 ⑵ [-s] 川，海 ⑶ [-s] 領海 ⑷ **[-s] ミネラルウォーター** {動} ⑴ (動植物に) 水をやる ⑵給水する ⑶よだれが出る 〈高度口語イディオム〉 **throw cold water on ～**：～にけちをつける，**水を差す** **of the first water：超一流の**

[重要文例]

[99] I'll be hanged if I do such a thing. (そんなことは絶対するものか)

[100] He **hung between** speaking to her and keeping silent.
(彼は彼女に話しかけようか，それとも黙っていようか**迷った**)

[101] Don't hang up ; just **hang on.** (電話を切らないで，**そのまま待って**)

[102] She **doesn't give a hang about** money matters. (彼女はお金のことは**少しも気にしない**)

◆本文注：the first word と the first water の２つのニュアンスを含む日本語訳にした結果，「筆頭」となっている。

[3] ASTROLOGY

Romantic opportunities will unfold if you get involved in group activities. However, you try not to be a chameleon. You may be perturbed with those near of kin who put unreasonable demands on you ; your old chum may shed some light on the best solution to your problem. Real property investments will pay off, but if you put on superior airs, limitations will eventually set in.

[訳] グループ活動に関わっていると恋のチャンスが芽生えるでしょう。でも移り気な人間にならないようにしましょう。様々な無理難題を吹っかける近親者に悩まされるかもしれないので，そんな時は，昔からの友達が問題の最善策を何らかの形で明確にしてくれるでしょう。不動産投資がうまくいくでしょう。しかし，偉そうに振る舞っていると最終的には能力の限界を感じることでしょう。

□□853. **unfold** C [ʌnfóuld]
{動} (1)開く (2)(秘密等を)**打ち明ける** (3)**明らかになる** (4)(景色等が) **展開する**

□□854. **chameleon** C [kəmíːliən]
[名] (1)カメレオン (2)無節操な人，**日和見主義者**
→ (形) **chameleonic (無節操な)**

英単語原則 ⒂ 英語では動物にマイナスイメージがある。

例えば，次の動物には（　）の意味がある。

butterfly	蝶[ちょう]	……（移り気な人）
clam	蛤[はまぐり]	……**（無口な人）**
louse	虱[しらみ]	……（卑劣漢）
leech	蛭[ひる]	……**（高利貸し）**
scorpion	蠍[さそり]	……（腹黒い人）
tapeworm	サナダムシ	……（痩せの大食い［人］）
cuckoo	郭公[かっこう]	……（とんま）
jay	懸巣[かけす]	……（騙されやすい人）
ostrich	駝鳥[だちょう]	……**（現実逃避者）**
owl	梟[ふくろう]	……**（夜ふかしする人）**

□□855. **chum** C [tʃʌm]
[名] 親友
{動} **〜と仲良くする [with 〜]**

□□856. pay 基礎 [pei]
{動} (1)支払う (2)報いる (3)割に合う

	〈高度口語イディオム〉 **pay off：うまくいく** pay out：大金を支払う pay up：借金を全部払う
□□857. limitation Ⓐ [limitéiʃən]	[名] (1)限界　(2) [-s]（能力の）限界

[重要文例]

[103] **A wide view unfolded** before them.（広々とした眺めが彼らの**目の前に開けた**）

[104] I paid her with a present for her kindness.（親切のお礼に彼女へ贈り物をした）

◆×I paid her a present ...

[105] Kindness sometimes **does not pay**.（親切にしても時々**割に合わない**ことがある）

[106] She is **in the pay of** the enemy.（彼女は敵**に雇われている**）

[107] He knows his limitations.（彼は能力の限界を知っている）

* *

〈様々な場所の重要表現集〉

場所	その表現	場所	その表現
動物園	zoo；menagerie(巡回の)	地下街	underground mall
植物園	botanical garden	地階	basement
果樹園	**orchard**	**中二階**	**mezzanine**
水族館	**aquarium**	**階段の踊り場**	**landing**
海洋水族館	oceanarium	非常階段	emergency staircase
イルカ館	**dolphinarium**	歩道橋	pedestrian bridge
昆虫館	insectarium	陸橋(川や谷にかかる)	footbridge；viaduct
プラネタリウム	planetarium	**鉄橋**	**railroad bridge**
博物館	museum	横断歩道	zebra crossing
美術館	art museum	踏み切り	railroad[grade] crossing
体育館	gym(nasium)	噴水	fountain
競輪場	**cycling stadium**	**展望台**	**observatory**
競馬場	**racecourse**；the turf	**天文台**	**astronomical observatory**
競艇場	speedboat racing course	保養地	sanatorium
		温泉旅館	bath[hot-spring] hotel

[4] JOKE

Let me tell you a funny story of a skunk family. Would you find the point of this joke ? : Once upon a time, there lived a skunk family. There were two babies named In and Out. Whenever In was in, Out was out ; whenever Out was in, In was out. In was <u>indolent</u> but <u>indomitable</u>, while Out was <u>outspoken</u> but <u>outstanding</u>. One day Out was in and In was out, and Mother skunk wanted to talk to In. "Go out, Out, and find In out." She said to Out. Out went out and returned with In in just a few seconds. "Why did you find In so soon ?" The mother asked. "In stinked," replied Out.

[訳] スカンク一家の面白い話をするよ。このジョークの落ちが分かるかな？　昔むかし，スカンクの一家が住んでいました。インとアウトという 2 匹の赤ちゃんがいました。インが中にいるときはアウトは外にいて，アウトが外にいるときはインは中にいました。インは<u>怠惰だ</u>けれど<u>勝ち気</u>で，アウトは<u>遠慮がない</u>けれど<u>傑出した面があり</u>ました。ある日，アウトが中でインが外にいた時，お母さんスカンクはインと話がしたいと思いました。「アウト出て行ってインを見つけてきなさい」そうアウトに言いました。アウトは出ていき，インを連れて数秒で戻ってきました。「どうしてそんなに早くインが見つかったの？」とお母さんは尋ねました。すると，「インが〈くさいぞ〉と思ったから」とアウトは答えました。

□□858. **indolent** [C] [índələnt]	(形) 怠惰な　→ [名] indolence [同] idle ; lazy ; slothful ; sluggish ; do-nothing [注意] insolent は「横柄な」。
□□859. **indomitable** [C] [indɑ́mətəbl]	(形) 不屈の，断固とした，負けん気の強い
□□860. outspoken [A] [autspóukən]	(形) 率直な ◆「控えめに言うべき時に遠慮なくずけずけと言う」というニュアンスがある。
□□861. outstanding [A] [autstǽndiŋ]	(形) (1)目立った　(2)未解決の　(3)**未決定の**　(4)**未払いの** [用例] **outstanding debts（未払いの負債）**

◆ジョークの解説：インが早く見つかった理由で "In　stinked."（インが臭った）は，instinct（本能）と同じ発音です。〈本能〉と〈インが臭う〉のニュアンスを共に満足させる翻訳は〈くさいぞ〉（これは直感，すなわち，本能につながる）ですね。stink の過去形は，正しくは stank です。スカンク親子はそのことを知らないようですね。

ここで一息 **しゃれの翻訳の難しさ**

私は，奈良市の観光案内のホームページを翻訳したことがありますが，1998年奈良市制100周年を祝うイベントの英訳で少し苦労したのを思い出します。少し例を挙げてみましょう。読者の皆さんなら，次の日本語のイベント名をどう訳しますか？　簡潔でインパクトがあり，日本人にもある程度分かる，易しくて優しい英語にするというのが条件です。

⑴「百年一首」

⑵「お茶ましま～す！」

⑴は市制100年を百人一首形式で祝うイベント，⑵は緑茶を楽しみながら味わうイベントです。

私は，次のように簡単な英語に訳しました。

⑴ The 100th Anni"verse"ry

⑵ Come and Tea Us !

⑴はもちろん，記念日（anniversary）の中に，詩（verse）を組み込んでジョーク化したもので，⑵はCome and See Us !のもじりです。

このように，翻訳は豊かな発想力がものを言うのですよ。

2－4　文法・語彙問題（Part 5）用単語集　CD-10

（　　）にあてはまる最も適切な語（句）を選びなさい。

[1] 紛らわしい名詞 I（日常編）

Some people will pay a fortune for a (　　) like truffles.
(A) condiment　(B) delicacy　(C) delicatessen　(D) spicery

[訳] トリュフのような珍味に大金を払う人がいるものだ。

□□862. truffle C [trʌfl]	[名] (1)トリュフ [茸の一種]　(2)トリュフ [お菓子] ◆本文は(1)を指している。(2)はココアをまぶしたチョコレート入りのお菓子。
□□863. **condiment** C [kándəmənt]	[名] **薬味** [辛子，ケチャップ，胡椒等]，香辛料
□□864. **delicacy** B [délikəsi]	[名] (1)優雅さ　(2)繊細さ　(3)正確さ　(4)微妙さ　(5)か弱さ　(6)**珍味**
□□865. **delicatessen** C [delikətésn]	[名] **調理済み食品店** ◆ハム，チーズ，サラダ，缶詰，サンドイッチ等の軽食を扱う。
□□866. spicery D [spáisəri]	(← spice) [名] (1)香辛料，薬味類　(2)スパイスの香り

[重要文例]

[108] Her jokes **gave spice to** the party.
（彼女のジョークでパーティ**が華やいだ**）

[109] He spiced his conversation with anecdotes.
（彼は逸話を交えて会話を面白くした）

[110] After **undergoing hardships**, fortune smiled on me.
（**艱難辛苦**(かんなんしんく)の末，運が向いてきた）

[111] I had **the good fortune to** find the book. [＝～ of finding the book]
（私は**幸運にも**その本を見つけた）

[2] 紛らわしい名詞 II（文化編）

A carol is a special (　　) for Yuletide or Eastertide. (A) anthem　(B) chant　(C) hymn　(D) psalm
[訳] キャロルはクリスマスの季節や復活祭の時期のための特別の聖歌だ。

□□867. Yuletide C [jú:ltaid]	[名] クリスマスの季節（=Christmastide） 注意 at Christmas と on Christmas の違い at Christmas（クリスマス休暇の時期：12/24〜1/1） on Christmas（クリスマスの日：12/25）
□□868. **anthem** B [ǽnθəm]	[名] 祝歌，賛美歌 ◆ **national anthem（国歌）**
□□869. chant B [tʃænt]	[名] (1)単調な話しぶり　(2)歌，聖歌，賛歌 {動} (1)**単調な調子で話す**　(2)歌う　(3)讃える
□□870. **hymn** C [him]	[名] **聖歌**，賛美歌 {動} 〜を（賛美歌を歌って）讃える
□□871. psalm C [sɑ:m]	[名] (1)賛美歌　(2)**[the P--s]（旧約聖書の）詩篇** ◆発音注意

英単語原則 (16) PS, PT, PN, GN, MN, KN で始まる語は最初の文字を発音しない。

重要例のみ挙げておく。

① PS 語→ **psychosomatic（心因性の）**
② PT 語→ **Ptolemaic system** [the 〜]（**天動説**）
③ PN 語→ pneumonia（肺炎）
④ GN 語→ gnat（ブヨ）[小さな虫]
参考 strain at a gnat and swallow a camel
（小事にこだわって大事を見過ごす）
↑ブヨを懸命に引っ張って，ラクダを飲み込む
⑤ MN 語→ **mnemonics（記憶術）**
⑥ KN 語→ **knuckle down（【口】熱心に仕事をする）**
↑ KN 語は他にもあるのでチェックしておこう。

★ [1] の答え→(B)

[3] 紛らわしい名詞 III（動詞や前置詞とのつながり）

I caught a (　　) of him while I was rambling about the park.
(A) glance　(B) glimpse　(C) gaze　(D) stare

[訳] 私は公園をぶらついている間に彼をちらっと見かけた。

□□872. ramble C [ræmbl]	{動} (1)ぶらつく　(2)**漫然と話す［書く］** ☞ P.66
□□873. **glance** B [glæns]	[名] (1)ちらっと見ること，一瞥（いちべつ）　(2)閃光 {動} (1)ちらっと見る　(2)きらめく　(3)**(弾等が)かすめる**
□□874. **glimpse** B [glimps]	[名] (1)ちらっと見えること　(2)わずかに現れること {動} ちらっと見える
□□875. gaze A [geiz]	{動} 見つめる，凝視する [名] 凝視，注視
□□876. stare A [stɛər]	{動} (1)見つめる，**睨（にら）む**　(2)**睨みを効かせて〜させる** [名] じろじろ見ること

ひとこと glance と glimpse，gaze と stare の違い
- glance も glimpse も「瞬間に見る」のは共通しているが，glance は〈意識的に見る〉，glimpse は〈無意識的に見える〉を含意する。
- gaze も stare も「じっと見る」のは共通しているが，gaze は〈普通に凝視する〉，stare は〈感情を込めて睨む〉を含意する。

[重要文例]

[112] He **rambled on about** the days of his youth.（彼は若い頃**のことをあれこれ話した**）
[113] The arrow glanced off the shield.（矢は盾をかすめた）
[114] The supervisor **took a glance at** the report.（監督は報告書**に目を通した**）
[115] He **caught a glimpse of** the ring on her finger.（彼には彼女の指輪**がちらっと見えた**）
[116] There is **a glimpse of truth** in what she says.（彼女の話には**真実味**がある）
[117] With a gaze of admiration, she listened to him.（彼女は感心した目で彼の話を聞いた）
[118] The boss **stared** him **into silence.**（上司は彼を**睨みつけて黙らせた**）
[119] Everybody stared her out of countenance.（皆が睨みつけたので彼女は赤面した）

★ [2] の答え→(C)

★1行解説：聖歌の一般語は hymn で，psalm は一般に聖書の一部を意味する。

[4] 紛らわしい形容詞Ⅰ

We had (　　) weather when we roughhoused on the night. (A) beastly　(B) chappy　(C) desolate　(D) savage
[訳] その夜ドンチャン騒ぎをしたとき，天気は荒れ狂っていた。

□□877. **roughhouse** C [rʌ́fhaus]	{動} (1)**大騒ぎをする**　(2)(人を) 乱暴に扱う

ひとこと rough の複合表現

rough-dry（干して乾かす）◆アイロンはかけない
rough-spoken（言葉遣いの乱暴な）
roughneck（乱暴者）
rough diamond（粗野だが素質のある人）

□□878. beastly B [bíːstli]	(形) (1)不快な　(2)下品な　(3)野蛮な
□□879. **chappy** C [tʃǽpi]	(形) **(手足等が) 荒れた**，ひびだらけの →{動} [名] **chap**（**あかぎれ [になる/にする]**）
□□880. desolate B [désəlit]	(形) (1)(土地等が)荒れた　(2)(人が)惨めな　(3)孤独な ◆ dissolute は「(人や振る舞いが) ふしだらな」。 {動} (1) (土地等を) 荒廃させる　(2) [be ～ed] 悲しむ
□□881. savage B [sǽvidʒ]	(形) (1)獰猛な　(2)無礼な

[重要文例]

[120] Washing and scullery work will **chap your hands.**
(洗濯や台所での水仕事をしていると**手が荒れる**ものだ)

[121] He was desolated by the culinary artist's sudden death.
(その料理人の突然の死に彼は悲しんだ)

★ [3] の答え→(B)

[5] 紛らわしい形容詞 II

You cannot purchase (　　) poisons like arsenic at the pharmacy.
(A) vital　(B) fatal　(C) mortal　(D) deadly

[訳] 薬局で砒素(ひそ)のような命に関わる毒薬は購入できない。

□□882. arsenic D [ά:rsənik]
[名] 砒素　◆砒素中毒は「**arsenism**」 ☞ P.189

ひとこと　漢字の元素名〈○素〉の英語

- 炭素（carbon）・水素（hydrogen）・酸素（oxygen）
- 窒素（nitrogen）・**塩素**（**chlorine**）・砒素（arsenic）
- 臭素(しゅうそ)（bromine）・**弗素**(ふっそ)（**fluorine**）・**硼素**(ほうそ)（**boron**）

□□883. **vital** A [váitəl]
(形) (1)生命の　(2)活気のある　(3)極めて重要な
用例 (3) a point of vital importance(極めて重要な点)

□□884. **fatal** A [féitəl]
(形) (1)致命的な　(2)運命を決する
用例 (1) a fatal dose(致死量)/a fatal injury(致命傷)
(2) make a fatal decision（重大決心をする）

□□885. **mortal** A [mɔ́:rtəl]
(形) (1)死すべき運命の　(2)(病気が)致命的な　(3)人間の
(4)【口】[every, any, no 等を強めて] **どんな**
用例 (2) a mortal disease（不治の病）
the mortal hour（臨終の時）

□□886. deadly B [dédli]
(形) (1)命に関わる，致命的な　(2)宿命の　(3)【口】**過度の**
用例 (1) a deadly disease[weapon/poison]
(2) a deadly enemy（不倶戴天(ふぐたいてん)の敵）

[重要文例]

[122] It is vital for you to enlarge your vocabulary in learning English.
(英語学習において語彙の拡充は極めて重要である)
[=It is vital that you (should) enlarge ...]

[123] The bribery proved **fatal to** the official. (賄賂がその役人**の命取り**になった)

[124] He did **every mortal thing** to please her. (彼は彼女を喜ばせるためなら**何でも**した)

★ [4] の答え→(A)

★1行解説：beastly の(1)の意味により，これが weather に最も合う。

[6] 紛らわしい動詞

The elastic on these pants has recently (　　). (A) enlarged　(B) extended　(C) perished　(D) stretched
[訳] このズボンのゴムが最近伸びてしまった。

□□887. elastic B [ilǽstik]	[名] **ゴム細** (形) (1)弾性のある，伸縮自在の（↔ inelastic） (2)（考え方・規則が）順応性のある → [名] elasticity（弾力性）
□□888. enlarge A [inlɑ́:rdʒ]	{動} (1)拡大する　(2)（写真等を）引き伸ばす (3)（～について）**詳しく話す［書く］**[on ～]
□□889. extend 基礎 [iksténd]	{動} (1)（鉄道等を）延長する　(2)（手足を）伸ばす (3)（親切・歓迎等を）示す
□□890. **perish** B [périʃ]	{動} (1)（事故・災害・戦争等で）死ぬ (2)（物・事・人が）消滅する (3)（物の質が）低下する，**（ゴム等が）伸びきる** →（形）perishable（[食物が] 腐りやすい）
□□891. **stretch** A [stretʃ]	{動} (1)(手足を)**いっぱいに伸ばす**　(2)(ロープ等を)張る (3)(法律等を)**拡大解釈する**　(4)(真実等を)誇張する (5)(ゴム等が)伸びる

[重要文例]

[125] The man **stretched himself** out on the grass.（男は草の上で**大の字になった**）

[126] The prosecutor **stretched** the law.（検察官は法律**を拡大解釈した**）

[127] He was stretched in the first round.（彼は第1ラウンドでノックアウトされた）

★［5］の答え→(D)

[7] 複雑な構文（関係詞）

The movie (　　) sidesplitting is actually worth seeing, though a touch esoteric in some parts.

(A) he is sure is
(B) he is sure that
(C) which he is sure that
(D) that he is sure

[訳] 抱腹絶倒だと彼が確信している映画はところどころ少し深遠だが実際見る価値はある。

□□892. **sidesplitting** C [sáidsplitiŋ]
（形）**脇腹がよじれるほどおかしい**

□□893. touch 基礎 [tʌtʃ]
〈副〉[a 〜]【口】少し

> **英単語原則** ⒄ **〈A＋意外な名詞＋OF〉で「少しの」の表現が多い。**
> a touch of ; a dash of ; a trace of ; a tinge of ;
> a suspicion of ; a mouthful of ; a handful of

[名] (1)【口】**少し**　用例 a touch of salt（塩少々）
(2)接触，感触　(3)手法，加筆
{動} (1)触れる　(2)軽く打つ　(3)接触する　(4)感動させる
(5)言及する　(6)関係する　(7)重大である
(8)【口】**匹敵する**　(9)達する　(10)傷つける

□□894. **esoteric** C [esətérik]
（形）(1)深遠な　(2)秘密の　反 **exoteric** ☞ P.114

[重要文例]

[128] I have **a touch of a cold** this morning.（今朝は**風邪気味**だ）
[129] His decision touched his company.（彼の決断は会社に影響を与えた）
[130] **No one can touch** her in math.（誰も数学では彼女**に太刀**（たち）**打ちできない**）

[本文の構造]

[The movie (which {he is sure} is sidesplitting)] is ...
S　S'省略　↑挿入節　V'　C'　V C

★［6］の答え→(C)

★1行解説：stretch は「ゴムが伸びきる」という意味はないので，これは選ばない。

2－5　誤文訂正問題（Part 6）用単語集　CD-11

下線をほどこした箇所のうち誤っているものを選びなさい。

［1］高度口語表現

There was an earful (A) of gossips (B) after the man known as (C) the scatterbrain and sourpuss of the neighborhood suddenly (D) left the town.

［訳］近所の注意散漫な人間でしかも不機嫌屋として有名な男が町を突然去ったら，聞き飽きるほどの噂話が流れた。

□□895. **earful** C [iərfl]	［名］【口】(1)**驚くようなニュース**，聞き飽きるほどのもの (2)きつい小言，**大目玉** **ひとこと -ful の注目すべき単語** mouthful（口一杯，少量，【口】適切なこと） handful（一握り，少量，【口】手に負えない人[物]） eyeful（【俗】十分見ること，【口】美人）
□□896. gossip B [gάsip]	［名］噂話，悪口，**陰口** ｛動｝**噂話をする**，無駄話をする →（形）**gossipy**：(1)（人が）**噂話が好きな** (2)（話が）ゴシップに満ちた
□□897. known B [noun]	(形) (1)有名な（＝well-known）　反 unknown (2)既知の
□□898. **sourpuss** C [sáuəpʌs]	［名］**不機嫌な人**，むっつり屋

［重要文例］

［131］ I **got an earful from** my teacher.（先生**からきつく叱られた**）

［132］ I had only **a mouthful of** dessert.（デザートを**ほんの少し**食べた）

［133］ **You said a mouthful!（なかなかいいことを言うね）**

［134］ He is quite **a handful for** me.（彼は全く私**の手に負えない**）

［135］ **Have an eyeful of that!（あれをよく見ろよ）**

★［7］の答え→(A)

[2] 紛らわしい単語

That kind of way-out (A), splendiferous line (B) of trees on the opposite side of the brook marks (C) school border (D).

[訳] 小川の向こうにある，あのような種類の前衛的で素晴らしい並木が学校の境界線になっている。

□□899. **way-out** C [wei-aut]	(形)【口】**前衛的な**，非常に斬新な
□□900. splendiferous C [splendífərəs]	(形) 素晴らしい（＝splendid）☞ P.115
□□901. line 基礎 [lain]	[名] ⑴線　⑵紐　⑶電話線　⑷皺　⑸列　⑹行　⑺【口】短い手紙　⑻商売　⑼専門　⑽【口】**口車**
	ひとこと **line は「五線」に関係ある!?** 音楽の「五線」の1つを line と言う。「五線」自体は staff と言う。
	{動} ⑴線を引く　⑵皺がよる　⑶並ぶ
□□902. mark 基礎 [mɑ:rk]	[名] ⑴記号　⑵印　⑶点　⑷的 {動} ⑴印を付ける　⑵値段を付ける　⑶特徴づける　⑷表す　⑸採点する
□□903. **border** A [bɔ:rdər]	[名] ⑴国境，州境　⑵端，（婦人服の）縁飾り {動} ⑴接する　⑵縁取る　⑶**（状態が）〜に近い[on 〜]**

[重要文例]

[136] Opera is not much **in her line.**（彼女はオペラにはあまり**関心がない**）

[137] He is always **giving her a line.**（彼はいつも**彼女に調子のいい話をしている**）

[138] Her face was **lined with** pain.（彼女は苦痛**で**顔を**しかめていた**）

[139] Mark off for punctuation.（句読点に誤りがあれば減点して下さい）

[140] He got a failing mark in the exam.（彼は試験で落第点を採った）
◆文字通りの訳，take a mark は使えない。

[141] Her self-esteem **borders on** the ridiculous.（彼女のうぬぼれは滑稽**なほどだ**）

★［1］の答え→(B)　gossip にする。

[3] 紛らわしい構造 I

The stargazers want to know how(A) it is, if there was(B) chaos early, then(C) there is, apparently(D), order today.

[訳] 天文学者達は，もし太古に混沌があったとするならば，今日明らかに秩序があるのは一体どうしてなのかを知りたいと思っている。

□□904. **stargazer** C [stɑ́ːrgeizər]	[名] (1)**天文学者** (2)**夢想家** → [事] stargazing(星を眺めること[空想に耽ること])
□□905. chaos B [kéiəs]	[名] (1)混乱，無秩序 (2)(天地創造以前の世界の) 混沌 反 cosmos
□□906. apparently A [əpǽrəntli]	〈副〉(1)(実際はともかく) 見たところでは (2)明らかに

ひとこと apparently の 2 つの意味と書き換え

“Apparently he likes it.” は「(1)見たところ」と「(2)明らかに」の 2 つの意味にとれる。しかし，it を主語にして書き替えると，(1)と(2)とでは違った文になる。

(1)=It appears that he likes it.(彼はそれが好きみたい)

(2)=It is apparent that he likes it.(彼は明らかにそれが好きだ)

□□907. order 基礎 [ɔ́ːrdər]	[名] (1)命令 (2)注文 (3)順序 (4)整理 (5)秩序 (6)為替 (7)種類 (8) [生] 目(もく) {動} (1)命じる (2)注文する (3)整理する

[重要文例]

[142] He sent me **a money order.**(彼は私に**郵便為替**を送った)

[本文の構造]

how 以下は know の目的語になっています。know 以下に強調構文 (It is ... that ～) が埋め込まれており，...の箇所が分からないから how にして，how 以下が間接疑問文になっています。

★ [2] の答え→(D) boundary にする。

★ 1 行解説：border は主として「国境」の意味なので，「境」を表す一般語を用いる。

[４] 紛らわしい構造 II

Meteorologically heavy rain slows (A) traffic to a crawl (B) and flood (C) basements in (D) some areas of the city.
[訳] 気象学的には，大雨が降れば，その都市は，交通機関が徐行運転となり，地下街が水浸しになるところも生じる。

□□908. **meteorologically** C [miːtiərəlɑ́dʒikli]	〈副〉**気象学的には**　→［名］meteorology（気象学）
□□909. slow **基礎** [slou]	(形) (1)遅い　(2)鈍い　(3)**つまらない** (4)（時計が）遅れている　(5)（火力が）**弱い** {動} 遅くする
□□910. **crawl** B [krɔːl]	[名] (1)［a 〜］徐行　(2)［the 〜］（水泳の）クロール {動} (1)這(は)う　(2)のろのろと進む　(3)【口】**平身低頭する**
□□911. flood A [flʌd]	[名] (1)洪水　(2)氾濫　(3)満潮 (4)［the F--］ノアの洪水 {動} (1)氾濫する［させる］　(2)**殺到する**

[重要文例]

[143] The police were slow in taking action against the hot rodders.
（警察は暴走族を取り締まるのが遅かった）

[144] The set of pickpockets found the trick slow.
（そのスリの一味は，その企みは面白くないと感じた）

[145] Washington is several hours slow on London.
（ワシントンはロンドン時間よりも数時間遅れる）

[146] He slowed down his car at the intersection.
（彼は交差点で車の速度を落とした）
◆車に乗っていることが明らかな文脈では his car を省略する。

[147] She came **crawling** to ask my pardon.
（彼女は**平身低頭して**，私の許しを請いにきた）

[148] Letters of protest **flooded in**.
（抗議の手紙が**殺到した**）

★［３］の答え→(C)　that にする。
★１行解説：if は単なる挿入節。then を that にして強調構文の形にすると文法的。

2－6　読解問題（Part 7）用単語集　CD-12

［1］ニュース記事（新聞）

Israelis, Palestinians edge toward talks

JERUSALEM (AP)—— For the first time in 11 weeks of violence, Israelis and Palestinians are talking seriously about relaunching peace negotiations, and the coming week is expected to bring high-level contacts largely abandoned during the fighting.

Negotiations were suspended after clashes broke out at the end of September, and infrequent meetings between senior leaders since then have focused on halting the current violence, not the larger goal of a Mideast political settlement.

But now, after 325 deaths, most of them on the Palestinian side, Israelis and Palestinians both say a resumption of negotiations is a possibility —— though by no means a certainty.

Palestinian negotiator Yasser Abed Rabbo confirmed an announcement by the U.S. State Department that the sides may meet next week in Washington. However, Saeb Erekat, a senior Palestinian negotiator, said no format had been worked out and the Palestinians had not received an invitation to go to Washington.　〈*Mainichi Daily News* Dec. 18, 2000〉

［訳］

イスラエル，パレスチナ会談に向けて一歩歩み寄る

エルサレム発（AP 通信）——暴動勃発以来11週間経って初めて，イスラエルとパレスチナは平和交渉再開に関する話し合いを持ち始めた。戦闘状態の間打ち切られていた高官レベルの折衝が来週にも行われるものと期待されている。

9月末衝突が起きて以来交渉は中断されており，以来指導者間に当面の暴力事件をなくすことに焦点を置いた話し合いがわずかに持たれただけであった。中東の政治的安定という大きな目標についてまで話は進んでいないのが現状である。

しかし現在，325名（ほとんどがパレスチナ側）の死者を出して，ようやく交渉の再開が，必ずしも確実ではないにしても，可能であるとの見方が双方にある。

パレスチナ側の交渉者ヤセル＝アベド＝ラボー氏は，双方が来週ワシントンで会談を持つとの米国務省の発表を確認した。しかし，パレスチナ高官サエブ＝エレカト氏は，計画が準備不足の上，パレスチナ側は渡米の招待状も受けていないと述べた。

★［4］の答え→(C)　floods にする。

★1行解説：flood は他動詞で目的語が basements。show と同様，三単現の s が必要。

□□912. relaunch C [rilɔ́:ntʃ]	{動} 再開する
□□913. suspend A [səspénd]	{動} (1)～を吊す　(2)**～を中断する**　(3)(決定を)**保留する** (4)～を停職［停学/出場停止］させる

[149] The railroad service was **suspended** because of the pathetic accident.
(鉄道はその悲惨な事故のため，**しばらく不通になった**)

[150] The juvenile delinquent was **suspended from school** for 5 days for cheating.
(その非行少年はカンニングで5日間の**停学処分を受けた**)

□□914. clash A [klæʃ]	{動}[名](1)（物がぶつかって)ガチャンという音(を立てる) (2)（意見等が）衝突する，**（意見等の）衝突** (3)（日時等が）重なる，（日時の）重なり

ひとこと clash と crash と crush のニュアンスの違い
固い物同士が衝突して音が出るのが clash，衝突後破損するのが crash，柔らかい物に衝突してつぶすのが crush です。
◆特に clash は物ではなく事的な「衝突」も表します。

[151] His outlook on life **clashes with** ours.
(彼の人生観は我々の人生観**とは合わない**)

[152] The red shirt clashes with this iridescent jacket.
(その赤いシャツとこの虹色の[玉虫色の]上着は合わない)

□□915. **resumption** B [rizʌ́mpʃən]	[名] (1)再開　(2)**回復** → {動} resume (1)再開する (2)**（健康・権利等を）回復する**
□□916. possibility A [pɑsəbíləti]	[名] 可能性　◆ probability（見込み）より確率が低い。
□□917. certainty B [sə́:rtnti]	[名] 確実性　◆ probability（見込み）より確率が高い。
□□918. format B [fɔ́:rmət]	[名]{動}（書籍・雑誌等の）体裁を整える [名]{動}［電算］（データを）配列する，フォーマット（する）

[2] 時事的記事（雑誌）

"It is impossible that old prejudices and hostilities should longer exist, while such an instrument has been created for the exchange of thought between all the nations of the earth." Thus Victorian enthusiasts, acclaiming the arrival in 1858 of the first transatlantic telegraph cable. People say that sort of thing about new technologies, even today. Biotechnology is said to be the cure for world hunger. The sequencing of human genome will supposedly eradicate cancer and other diseases. The wildest optimism, though, has greeted the Internet. A whole industry of cybergurus has enthralled audiences (and made a fine living) with exuberant claims that the Internet will prevent wars, reduce pollution, and combat various forms of inequality. However, although the Internet is still young enough to inspire idealism, it has also been around long enough to test whether the prophets can be right.

[訳]「古い悪感情や戦争というものはそんなに長く続くことはありえないものだ。そんな装置が地球のすべての国家間で意見交換を目的として作られたのだから。」このようにビクトリア時代の熱狂者が，最初の大西洋間の電信が1858年に出現したことを讃えて言った。人は今日でさえ，新技術についてはそのようなことを言うものだ。バイオテクノロジーは世界的な飢餓の救済策であると言われている。ヒトゲノムの塩基配列を決定すれば，恐らく癌やその他の病気を根絶するであろう。しかし，最も熱狂的な楽観主義がインターネットを歓迎した。コンピュータ業界全体が，インターネットは戦争を回避し，公害を減少し，様々な不公平と戦っているとの自信に満ちあふれた主張でもって，聴衆を魅了している（またうまく儲けている）。しかしながら，インターネットはまだ，理想主義を鼓舞するには新参者であるが，そのような予言をする人達が正しいかどうかテストするのに十分の期間世の中に広がっているというのも事実である。

注意 ●語句：human genome ヒトゲノム（ヒトの遺伝情報全体）

「ヒトゲノム計画」(human genome project) では，ヒトゲノムにおける約30億個の塩基配列をすべて決定し，医療などに活用することを目指している。ヒトゲノムの完全な解明は2003年とされている。

◆「(塩基配列など) 化学成分の配列を決定する」という意味の動詞は sequence。

●構文：It is impossible that S should V ～. (S が V するのはありえない)

□□919. prejudice [A] [prédʒədis]	[名] (1)偏見，先入観，悪感情 [against ～] (2)侵害，不利益 {動} (1)～に偏見を抱かせる，～に…を偏愛させる [in favor of ...] (2)～に損害を与える

[153] She **has a strong prejudice against** a tight-fisted man. ☞ P.20
(彼女は締まり屋の男**にはひどい偏見がある**)

[154] They are **prejudiced in favor of** opulent people.
(彼らは裕福な人達**には過度の好感を持っている**)

□□920. hostility [B] [hɑstíləti] →(形)hostile	[名] (1)敵意 (2) [-ies] 戦争（状態），交戦 [注意] hospitality（歓待，厚遇）と間違えないように。

[155] I have no personal hostility to the domineering young guy. ☞ P.76
(私はその横柄な若者に対して個人的な敵対心はない)

□□921. **acclaim** [B] [əkléim]	{動} (1)～に喝采する，～を歓呼して迎える (2)～を歓呼して…と認める [as ...]

[156] They **acclaimed** him **as** the pathfinder of biotechnology. ☞ P.44
(彼らは歓呼して彼をバイオテクノロジーの草分け**と認めた**)

□□922. **exuberant** [C] [igzú:bərənt]	(形) (1)（元気・喜び等が）あふれるほどの (2)（草木等が）生い茂った，豊かな

[157] The artless children are **in exuberant spirits**.
(そのあどけない子供達は**活気に満ちあふれている**)

□□923. inspire [A] [inspáiər]	{動} (1)激励する (2)感動させる (3)～を鼓舞して…させる（to ... [to do ...]） (4) A を B に吹き込む（A in B [B with A]）

[158] His father inspired him to strenuous efforts.
(彼は父に励まされてたゆまぬ努力をした)

[159] Her success **inspired courage in** the girls. [=inspired the girls with courage]
(彼女の成功はその少女ら**に勇気を奮い立たせた**)

[3] 統計資料 CD-13

Shaped-up e-tailing

Worried about the problems online shoppers experienced in 1999, Internet retailers have devoted millions of dollars to improve customer satisfaction this year.

Improvements made by online e-tailers prior to 2000 holiday season

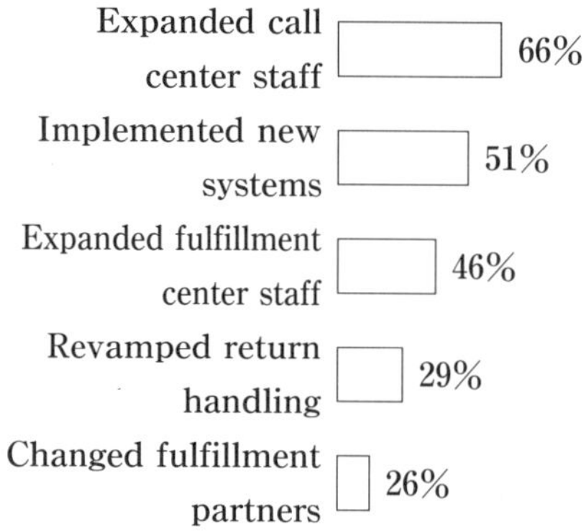

Negative consumer perceptions of 1999 online holiday shopping

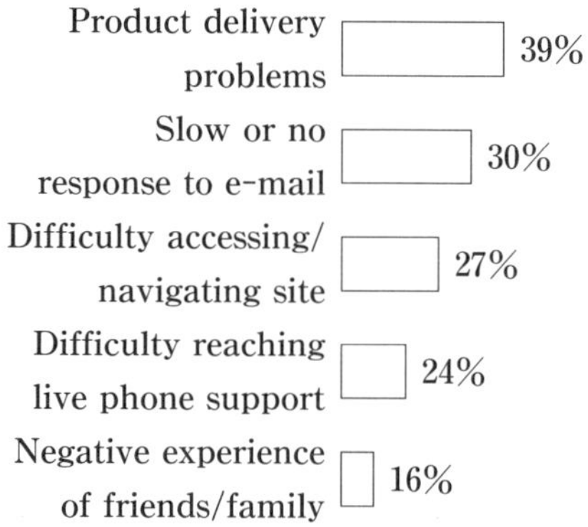

〈*Japan Times* Dec. 19, 2000〉

[訳]

改善された e-tailing

1999年にオンラインで買物をした人が体験した種々の問題点を考慮し，インターネットによる小売業者は今年，顧客満足の向上を目標として，何百万ドルも投じてきた。

2000年クリスマス期以前にオンライン小売業者が改善した点

- 電話センター人員増強　66%
- 新システムの実施　51%
- 実行センター人員増強　46%
- 収益管理の改善　29%
- 共同経営者の変更　26%

1999年クリスマス期のオンラインショッピングの顧客による否定的見解

- 製品配送の問題　39%
- メールへの対応の鈍さ　30%
- アクセスの難しさ　27%
- 生電話によるサポート不足　24%
- 友人／家族の否定的な体験　16%

参考 e-tailing は retailing（小売業）における e-business という意味で作られた表現です。

□□924. retailer [B] [ríːteilər]	[名] (1)小売業者（＝retail dealer） ◆ wholesaler（卸売業者） (2)（噂等の）受け売りをする人 [用例] buy ～ wholesale（～を卸で買う）
□□925. **implement** [A] [ímplmənt]	[名] (1) [主に複合語で] 用具　(2)手段 [用例] writing ～s（筆記用具），farming ～s（農具）

[ひとこと] tool と implement と instrument のニュアンスの違い
tool より implement が，implement より instrument が精巧な感じ。
tool は「道具」，implement は「用具」，instrument は「器具」と訳すとニュアンスの差が出る。
◆ implement の動詞用法（意味は「～を実行する」）に注意。

[160] Since the contract has run out, we fixed up and **implemented** another.
（その契約の期限が切れたので別の契約を結んで**実行した**）

□□926. **revamp** [B] [riːvǽmp]	{動}**【口】改良する**
□□927. partner [基礎] [pάːrtnər]	[名]（活動・苦楽を共にする）仲間，共同出資者，共同経営者 [用例] a ～ in crime（共犯者）／one's ～ in life（配偶者） {動}（人と）組む，組ませる，提携する

[161] I could be partners in dancing with a woman whose dancing techniques are praised sky-high.
（私はダンスのうまさが絶賛されている女性と組んで踊ることができた）
[162] I am reluctant to be **partnered up with** the man because he does not have a good hand in tennis.
（私がその人**とペアを組む**のが億劫なのは，彼はテニスが上手ではないからだ）

□□928. e-mail [A] [íː-meil]	[名]{動}（人に）e メール（を送る）
□□929. **navigate** [B] [nǽvəgeit]	{動} (1)（物を）操縦する　(2)（場所を）航行する (3)**【口】通過させる** [用例] **navigate a bill through ～（法案を～[下院等] で通す）**

[4] 広告

STAFF WANTED	[訳] 店員募集
Osaka‐based fine chophouse seeks cookies (culinary artists). ◆ Qualifications： Native French woman having tact in wining and dining people, good command of spoken Japanese. ◆ Pay：80,000 yen per week (salary is negotiable) ◆ Contact T&F Corporation Send résumé by fax or e-mail. Fax：012-345-6789 E-mail：talk@asuka.g-co.jp T&F Corporation	大阪に拠点を置く肉料理店がコック（料理人）さん募集 ◆資格： フランス語を母国語とする女性でもてなし上手であることと，日本語が流暢であること。 ◆給与：週給８万円 （給料は委細面談） ◆連絡先は T&F コーポレーション ファックスまたはメールにて履歴送付のこと。

□□930. **chophouse** [C] [tʃάphaus]	[名] **肉料理店**　◆ステーキ専門店は steakhouse と言う。
□□931. seek [基礎] [siːk]	{動} (1)（物・場所等を）捜す　(2)（忠告等を）求める (3) **（内面的な物を）求める [for]** (4) **〜を詳しく調べる [into]**

[163] You should **seek advice** from your lawyer on this point.
（この件に関しては君の弁護士に**助言を求める**べきだよ）

[164] The police are seeking a stolen car.　[× seeking for a stolen car.]
（警察は盗難車を探し求めている）

[165] The dry landscape garden **seeks for** a philosophical expression of the universe.　[× seeks a philosophical ...]
（枯山水（かれさんすい）庭園は宇宙の哲学的表現**を追求している**）

□□932. **cooky** C
[kuki]

［名］⑴【口】（特に女性の）**コック**［＝cook］
⑵（＝cookie）

ひとこと 名詞の cook と cooky と cookie と cooker の違い

・cook　：コックさんのこと。
・cooky　：主として女性のコックさん。
・cookie　：「クッキー」；口語で「かわいこちゃん」「恋人」。
・cooker　：鍋や釜等加熱用調理器具，日本の炊飯器もこれ。

□□933. **culinary** C
[kjúːləneri]

（形）料理用の，台所の　用例 culinary plants（野菜類）
◆ **cutlery** は「**刃物類**」「食卓用金物（ナイフ・フォーク等）」。

□□934. tact B
[tækt]

［名］機転，コツ
用例 have tact in doing ～(～がうまい)

ひとこと artful と artless，tactful と tactless

どちらかと言えば，artful と tactless はマイナスイメージで，
tactful と artless はプラスイメージです。

artful（狡猾な）〈マイナスイメージ〉	tactful（機転のきく）〈プラスイメージ〉
artless（素朴な）〈プラスイメージ〉	tactless（へまな）〈マイナスイメージ〉

□□935. wine 基礎
[wain]

［名］ブドウ酒
参考 sweet wine(甘口ワイン)/**dry** wine(**辛口**ワイン)
◆ two wines（2 種類のワイン）
　two glasses of wine（2 杯のワイン）
◆ winery と言えば「ワイン醸造所」の意味。

[166] When wine is in, wit is out.（［諺］酒が入れば知恵は留守になる）
[167] He is going to wine and dine her.（彼は彼女を酒と食事でもてなすつもりだ）

□□936. command A
[kəmǽnd]

［名］⑴命令　⑵指揮　⑶展望　⑷自由に操る力
用例 **have a fine command of** English(英語**が達者である**)
have the command of ～([場所が]～**を一望できる**)
{動} ⑴命令する　⑵指揮する　⑶見渡せる　⑷操る
⑸～に値する　⑹（よい値で）**売れる**

[168] The born linguist commands 30 languages.
(その語学の天才は30の言語を操る)

[169] Her spunk commanded our great admiration.
(彼女の勇気は絶賛に値する)

[170] **Things command a higher price** when they are scarce.
(物は不足すれば**値が上がる**)

□□937. **negotiable** B [nigóuʃiəbl]	(形) (1) [価格・賃金等が]交渉の余地のある，委細面談の (2)【口】(道路・川等が) **通行可能な** (＝passable) (3) [商業] (手形・小切手等が) **譲渡できる**，換金できる

第 3 章

対比型分類重要単語集

How I wish a drink, alcoholic of course, after the heavy lectures regarding quantum mechanics !

[訳] 量子力学に関する重苦しい講義の後では
　　一杯やりたいよ，もちろんお酒をね…

これは，何か分かりますか？　ヒントは何かの覚え方。それは英語では pi [pai]，つまり π（円周率）です。上の表現の文字数を追えば，円周率になります。ちなみに，日本語は，ゴロ合わせで覚えますね。

3．1 4 1 5 9 2 6 5 3 5 8 9 7 9 3 2 3 8
身 1 つ世 1 つ生くに無意味曰く泣く身に 宮
4 6 2 6 4 3 3 8 3 2 7 9...
城 に虫さんざん闇に泣く...

3－1　音声の視点から分類する　CD-14

[1] 同音異義語〈3語が同音のグループ3つ〉　★印は欄外に例文

①[pεər]	□□938. pair A 一対，【口】一組の男女	★
	□□939. pear A 梨　用例 **not worth a pear（全く無価値な）**	
	□□940. **pare** B **（刃物で）**皮を剝く，**削減する**	★
②[vein]	□□941. vain A 無駄な，虚しい，うぬぼれの強い	
	□□942. **vein** B 静脈，葉脈，鉱脈，**（一時的な）気分**	★
	□□943. vane C **風見**，風向計	
③[veil]	□□944. vail D 下げる，落とす	
	□□945. veil A ベール，覆い隠す物　注意 the ～(修道女の生活)	
	□□946. vale B 谷，谷間（＝valley）	

[2] 同音異義語〈重要基本語グループ：AIL-ALE型6つ〉　★印は欄外に例文

①[beil]	□□947. bail B 保釈（する），保釈金	
	□□948. bale C 梱包（こんぽう）（する）　注意 bales（貨物）	
②[heil]	□□949. **hail** A 呼ぶ，出身である，雹（ひょう）（が降る）	★
	□□950. hale C **（老人が）強健な**，かくしゃくとした	
③[meil]	□□951. mail A 郵便（制度），郵便（物），郵送する	
	□□952. male A 男（の），雄（の）	
④[seil]	□□953. sail A 帆，帆船，航海する，（女性が）**堂々と歩く**	★
	□□954. sale A 販売，特売，売れ行き　注意 sales（売上高）	
⑤[teil]	□□955. tail A 尾，末尾，最下位　注意 **tails（燕尾服）**	
	□□956. tale A 物語，作り話　用例 **a tall tale（大ぼら）**	
⑥[weil]	□□957. **wail** B 声を上げて泣く（こと）	
	□□958. **wale** C **みみずばれ**，鞭の跡	

[重要文例]

[171] **I have only one pair of hands.（【口】一度に幾つもできないよ）**

[172] You need to **pare down** the expenses.（費用**を切り詰める**ことが必要だ）

[173] I read when I am **in the right vein.**（私は**気が向く**と読書するたちだ）

[174] They **hail from** the same town.（【口】彼らは同じ町**の出身だ**）

[175] She **hailed down curses upon** him.（彼女は彼**に容赦なく毒舌を浴びせた**）

[176] He **sailed through** the difficult exam.
（彼は難しいテスト**を楽々と切り抜けた**）

[3] 高度同音意義語の攻略 25 組

英語	意味	英語	意味
〈中級レベル語の組〉			
□□959. counsel	相談（する）	□□960. council	会議，評議会
□□961. **complement**	補充，**定数**	□□962. compliment	お世辞
□□963. **stationery**	**文房具**，便箋	□□964. **stationary**	**静止した**
□□965. discreet	慎重な	□□966. discrete	別々の
□□967. serial	連続（した）	□□968. cereal	穀物，シリアル
〈簡単語・難解語の組〉			
□□969. gorilla	ゴリラ	□□970. **guerrilla**	**ゲリラ**
□□971. symbol	シンボル	□□972. **cymbal**	**シンバル**
□□973. key	鍵，**調節する**	□□974. **quay**	**波止場**，埠頭
□□975. manner	方法，態度	□□976. manor	荘園，領地
□□977. cash	現金（で払う）	□□978. cache	隠し場，貯蔵物
□□979. analyst	分析家	□□980. annalist	年代記編者
□□981. filter	フィルター	□□982. philter	惚れ薬
□□983. nice	素晴らしい	□□984. gneiss	片麻岩
□□985. picnic	ピクニック	□□986. pyknic	肥満型（の人）
□□987. time	時間，**刑期**	□□988. **thyme**	**タイム[香辛料]**
□□989. idle	怠惰な	□□990. idyll	田園詩／風景
□□991. peak	山頂，絶頂	□□992. pique	感情を害する
□□993. sink	沈む，流し	□□994. cinque	さいころの5
□□995. room	部屋，**余裕**	□□996. rheum	[医]カタル
□□997. list	表（にする）	□□998. Liszt	リスト[音楽家]
〈上級語の組〉			
□□999. **choir**	**聖歌隊**	□□1000. quire	紙1帖
□□1001. moose	ヘラジカ	□□1002. **mousse**	**ムース**
□□1003. glutenous	ふ質の	□□1004. glutinous	膠（にかわ）質の
□□1005. benzene	ベンゼン	□□1006. benzine	ベンジン
□□1007. champagne	シャンパン酒	□□1008. champaign	平原

コラム 日本語の音の話で英語に強くなる

禿げ頭（a bald head）の人が何かに頭をぶつけた時，「怪我ございませんか？」と言ってはならない。「毛がございませんか？」に聞こえるからだ。一般に，日本語には同音異義語（homonym）が多い。例を挙げればキリがない（there is no end of it）が，「お食事券」（a meal coupon）が「汚職事件」（a graft scandal）にも聞こえる類のものである。

日本語の漢字には，音読み（pronunciation of Chinese origin）と訓読み（pronunciation by Japanese translation）があり，同じ音読みでも，漢音（Han sound），呉音（Wu sound），唐音（Tang sound）等の読み方が存在するので，同じ表記でも発音の違いにより意味が異なるということも多い。つまり，同形異音異義語（heteronym）が目立つことも日本語の特徴と言えよう。

例えば，「大家」は「おおや」（a landlord），「たいか」（an authority）と読めるだけでなく「たいけ」（a rich family）とも読める。また，一般には「利益」は「りえき」（profit）と読むが，宗教の世界では「りやく」（a divine favor）と読まれる。

「四時」に「よじ」以外の読み方があるのを知っているだろうか。それは「しいじ」で，意味は「春夏秋冬」（all the year around）のこと。「四方」（on all sides；in all directions）はもちろん「東西南北」（north, south, east and west）のこと。英語では「北南東西」の順になっている点に注意しよう。（ちなみに，中国語では「東南西北」と言う）

「四海」（the whole world）という表現は全世界を表す。この「しかい」と読める日本語も他に6つもある。

- 市会　a municipal assembly
- 視界　the field of vision；the visual range; one's ken
- 司会　chairmanship　◆「司会をする」take the chair；emcee（a show）
- 歯科医　a dentist
- 死海　the Dead Sea
- 斯界　this circle；this field

　［例］He has risen to the top of his profession.
　（彼は斯界で一流の人になった）

このように同じ発音の単語が多いので，「キシャのキシャはキシャでキシャする」という表現が可能だ。もちろん漢字では「貴社の記者は汽車で帰社する」となる。

「シカイ」が連続するマニアックな問題を出そう。

問題　「シカイシカイシカイシカイシカイシカイシカイいのがないよ」を何と読むか？

答え　「鹿石介志かい？　歯科医師会司会しかいいのがないよ」

解説　鹿石介志という名の人が友達にアルバイトを探してもらって，その友達から電話がかかってきた状況。

[4] 同綴異音異義語の制覇

〈1〉 3文字基本語をマスターする

3文字基本語	主要な意味
□□1009. bow [bou] □□1010. bow [bau]	(1)弓　(2)弓形のもの，虹　(3)**蝶ネクタイ** (1)お辞儀　(2)頭を下げる　(3)**屈伏する**　(4)船首
□□1011. row [rou] □□1012. **row** [rau]	(1)列，横列，家並み　(2)(劇場等の)座席の列　(3)(船を)漕ぐ 【口】(1)**喧嘩**，口論　(2)騒ぎ　(3)**叱責**
□□1013. sow [sou] □□1014. **sow** [sau]	(1)種をまく　(2)**ちりばめる**：a sky sowed with stars (1)雌豚　(2)【米】【俗】**だらしのない女**

〈2〉 重要語の組（中級〜上級）

□□1015. minute	[mínit]	分	□□1016. **minute**	[mainjúːt]	**綿密な**
□□1017. prayer	[prɛr]	祈り	□□1018. prayer	[préiər]	祈る人
□□1019. learned	[lə́ːrnd]	学んだ	□□1020. **learned**	[lə́ːrnid]	**教養のある**
□□1021. cleanly	[klíːnli]	見事に	□□1022. cleanly	[klénli]	綺麗好きな
□□1023. lower	[lóuər]	下げる	□□1024. **lower**	[láuər]	**顔をしかめる**
□□1025. irony	[áirəni]	皮肉	□□1026. irony	[áiəni]	鉄のような
□□1027. supply	[səplái]	供給する	□□1028. **supply**	[sʌ́pli]	**柔軟に**
□□1029. housewife	[háuswaif]	主婦	□□1030. **housewife**	[hʌ́zif]	【英】**針箱**

[重要文例]

[177] She **had a row with** her husband about their children.
(彼女は子供達のことで夫**と喧嘩した**)

[178] We sow the garden with lettuce [=sow lettuce in the garden].
(我々は庭にレタスの種をまく)

[5] 例外アクセントを持つ IC 語尾の単語を学ぶ

-IC で終わる単語は，その直前にアクセントがあるのが普通ですが，60,000語のレベルで，次の10語の例外があります。この10語から語彙数を伸ばしましょう。

-IC の例外	意味	注目事項
□□1031. aríthmetic	算術	形容詞の意味では IC 直前に強勢がある。
□□1032. **ārsenic**	**砒素**(ひそ)	
□□1033. Árabic	アラビア語(の)	the Arabian Peninsula（アラビア半島）
□□1034. Cátholic	カトリック教の	catholic は「普遍的な」の意味。
□□1035. **chōleric**	**短気な**	choler（癇癪(かんしゃく)）はコラ！に聞こえる。
□□1036. **hēretic**	**異端者**	
□□1037. **lūnatic**	**気が狂った**	**lunar** は「**月の**」の意味。
□□1038. **pōlitic**	**賢明な**	political はもちろん「政治的な」の意味。
□□1039. rhétoric	**美辞麗句**	
□□1040. túrmeric	[植] ウコン	

[6] 第2音節にアクセントのあるCで始まる単語から学ぶ

Cで始まる単語で日本語ではカタカナ語になる単語の多くが，第2音節にアクセントがあります。8語に厳選しましょう。

第2音節アクセント語	意味	語彙の発展
□□1041. career	キャリア（経歴）	carrier は「運送 [航空] 会社」。
□□1042. canoe	カヌー	paddle one's own canoe（独力で行う）
□□1043. **cartel**	**カルテル**	cartelist は「カルテル結成者」。
□□1044. **cacao**	**カカオ**	**cocoa** [koukou] はココア。
□□1045. canary	カナリア	俗語では「歌手」「密告者」の意味。
□□1046. **catarrh**	**カタル**(粘膜の炎症)	→（形）catarrhal
□□1047. caldera	カルデラ	「カルデラ湖」は crater lake。
□□1048. coquille	コキール（料理）	貝殻（型容器）に盛られた料理のこと。

3－2　形態の視点から分類する　CD-15

[1] 母音字の交換が面白い！

「不眠症」(insomnia) と「不妊症」(sterility) は，漢字 1 字で大違いですね。漢字の世界においては，天井 (ceiling) と天丼 (a bowl of rice with deep-fried prawns on top) のように，漢字のほんの一部の違いで大違いになることもあります。

英語でも文字の違いで混乱してしまう例を 1 つ挙げましょう。impossible の "o" を "a" に変えた単語 impassible は「痛みを感じない，無感動な」の意味になり，さらに，後ろの "i" を "a" に変えた単語 impassable は「通過不可の」という意味に早変わりします。

このような母音字の違う組をレベル順（徐々に高くなる）で覚えておきましょう。

英語	意味	英語	意味
〈a－u 交換〉			
□□1049. hat	帽子，**【口】地位**	□□1050. hut	小屋
□□1051. hanger	ハンガー	□□1052. hunger	飢え
□□1053. **staff**	人員	□□1054. **stuff**	材料，**【口】素質**
□□1055. flash	閃く	□□1056. **flush**	（顔が）**紅潮する**
□□1057. matter	物質	□□1058. mutter	つぶやく
□□1059. batter	こね粉	□□1060. butter	バター
□□1061. ramble	ぶらつく	□□1062. rumble	（雷等が）鳴る
□□1063. stamp	切手	□□1064. **stump**	切り株，**【口】困らす**
□□1065. straggle	落伍する	□□1066. struggle	もがく，奮闘する
〈a－o 交換〉			
□□1067. **vague**	**曖昧な**	□□1068. **vogue**	**流行**
□□1069. vacation	休暇	□□1070. vocation	天職
〈簡単語 vs.難解語〉			
□□1071. object	目的（物）	□□1072. **abject**	**惨めな**
□□1073. opposition	反対	□□1074. **apposition**	**同格**
□□1075. avoid	避ける	□□1076. ovoid	卵形（のもの）
□□1077. **amend**	**修正する**	□□1078. emend	校訂する
□□1079. structure	構造	□□1080. stricture	非難，[医]狭窄
□□1081. reduction	縮小，割引	□□1082. redaction	編集，新刊（物）
□□1083. lumber	材木	□□1084. lumbar	腰の，腰椎（ようつい）

〈中級〜上級語の組〉 [英単語道2級〜2段]

□□1085.	pendant	ぶら下がった物	□□1086.	pendent	ぶら下がった
□□1087.	**inhabit**	**〜に住む**	□□1088.	**inhibit**	**抑制する**
□□1089.	prescribe	処方する	□□1090.	**proscribe**	**禁止する**
□□1091.	immanent	(形)内在する	□□1092.	**imminent**	**差し迫った**
□□1093.	spacious	広々とした	□□1094.	specious	もっともらしい
□□1095.	collusion	共謀，**談合**	□□1096.	collision	衝突，不一致
□□1097.	degression	（課税の）逓減	□□1098.	**digression**	（話の）**脱線**
□□1099.	acclamation	喝采	□□1100.	acclimation	順応
□□1101.	allocation	配置，配当額	□□1102.	allocution	訓示
□□1103.	**billow**	**大波を立てる**	□□1104.	**bellow**	**大声を立てる**
□□1105.	blister	水ぶくれ	□□1106.	bluster	怒鳴り散らす
□□1107.	amber	琥珀（こはく）	□□1108.	umber	焦茶色（の）
□□1109.	albumen	卵白，胚乳	□□1110.	albumin	アルブミン[蛋白質]

[重要文例]

[179] If he comes on time, I'll eat my hat.
（彼は絶対時間どおり来ないよ）

[180] He **has the stuff in** him **to be** a great cellist.
（彼**は**偉大なチェロ奏者**になる素質がある**）

[181] That kind of unconscionable demand stumped him completely.
（そのような難題に彼は参ってしまった）

[182] Three families inhabited the villa.
[＝The villa **was inhabited by** three families.]
（その別荘には3家族**が住んでいた**）
◆人間や動物の団体が住むことを意味するので，John inhabits this house.とは言えない。

[183] Her skirt **billowed out** in the breeze.
（彼女のスカートがそよ風**に膨らんだ**）

語彙倍増原則／その1 **AはUに，UはAに置き換えてみよ。**
短い単語内の子音間に母音字AまたはUがあれば，それをUまたはAと置き換えて他の単語ができる場合がある。

[2] 子音字の交換も面白い！

L＆Rの交換で単語が増殖します。例えば，「ラム」と音を表記できる単語は，rum と ram と lam ですが，これらはそれぞれ「ラム酒」，「牡牛」，そして「殴る，非難する，逃亡する」の意味です。もちろん，lamb と言えば「羊の肉」となりますね。このようにLとRを入れ替えたりすることで，様々な単語を学ぶことができます。

このような視点から，まず次の4つの単語群を2組押さえておきましょう。

①ラック発音語	L頭語	R頭語
2文字目A	□□1111. lack [名]欠乏 {動}欠いている	□□1112. rack [名]網棚 {動}**苦しめる**
2文字目U	□□1113. luck [名]幸運 {動}運が向く	□□1114. **ruck** [名]がらくた，**多数**

②ラッグ発音語	L頭語	R頭語
2文字目A	□□1115. lag {動}遅れる [名]遅延	□□1116. **rag** [名]ぼろ，**【口】つまらない人**
2文字目U	□□1117. **lug** {動}**【口】苦労して運ぶ**	□□1118. **rug** [名]敷物，じゅうたん

[重要文例]

[184] His attitude is **lacking in** warmth.（彼の態度には温かさ**がない**）
[＝Warmth is lacking in his attitude.]

[185] He was **racked with** a stomachache.（彼は腹痛**で苦しんでいた**）

[186] She lucked out with the divorce.（彼女は離婚を機に運が向いてきた）

[187] **The rag** lugged a ruck of rugs.（**ひ弱な人が**たくさんの敷物を苦労して運んだ）

語彙倍増原則／その2 **LはRに，RはLに置き換えてみよ。**

短い単語の語頭に子音字LまたはRがあれば，それをRまたはLと置き換えて他の単語ができる場合がある。

［3］Sは前に，Eは後につきやすい CD-16

文字を追加して単語を増やす方法があります。例えば，car の前にSを付ければ scar という単語ができますが，これは実際に存在する単語ですね。「体や心の傷跡」を意味します。また，cat の頭にSを付ければ，scat という口語単語ができます。これは命令文で「急げ，ぐずぐずするな」といった意味です。もちろん，ジャズの世界で「スキャットを歌う」の意味も存在しています。scar の例文を挙げておきましょう。

① The divorce left many deep scars on both of them.
（離婚は二人に深い心の傷を残した）

また，語尾にはEを付けてみましょう。例えば，comb（櫛）にEを付けると combe（険しい谷＝coombe）になり，chin（あご）にEを付ければ chine（動物の背骨）になります。chin の口語的な用例を示しておきましょう。

② He could finally have a chin with such a taciturn girl.
（彼は最後には口数の少ない少女と雑談ができた）

〈1〉Sを付けた単語・厳選 7

英単語	一般意味／注目意味	S＋英単語	意味
□□1119. mother	母／**〜の根源**	□□1120. smother	窒息させる，**隠す[up]**
□□1121. take	取る／写真に写る	□□1122. stake	賭ける，**関心[in]**
□□1123. talk	喋る／【口】噂	□□1124. stalk	闊歩する，忍び寄る
□□1125. **lick**	舐める／**【口】勝つ**	□□1126. **slick**	滑らかな，**【口】巧みな**
□□1127. melt	溶ける／やわらぐ	□□1128. smelt	(鉱石を)溶解する
□□1129. mash	潰す／麦芽汁	□□1130. smash	粉々にする，強打する
□□1131. **mite**	ダニ／**【口】少し**	□□1132. **smite**	殴る，[受け身]**悩む**

[重要文例]

[188] She is a mother to me.（彼女は私にとって母のような人だ）
[189] Necessity is the mother of invention.（必要は発明の母）
[190] The town was smothered in fog.（その町は霧に包まれていた）
[191] She **takes well**.（彼女は**写真写りがよい**）［＝She is photogenic.］
[192] There is talk of a business depression.（不景気が取りざたされている）
[193] She is **a slick talker**.（［しばしばけなして］彼女は**口が巧い**）
[194] We will **lick** your team.（君のチームなんか**イチコロさ**）
[195] The glass smashed into tiny pieces.（そのガラスは粉々に割れた）
[196] **I didn't care a mite about** it.（そんなこと**少しも気にしなかった**）
[197] He was **smitten with** her beauty.（彼は彼女の美しさ**にすっかり参った**）

〈2〉Eを付けた単語・厳選 14　[英単語道はEを付けた単語のレベル]

英単語	意味	英単語＋E	意味	英単語道
□□1133. human	人間（の）	□□1134. **humane**	**人道的な**	3級〜1級
□□1135. final	最終の	□□1136. **finale**	［演劇］**大詰め**	
□□1137. moral	教訓，精神的な	□□1138. **morale**	**士気**	
□□1139. local	地元の	□□1140. locale	現場，場面	
□□1141. urban	都会の	□□1142. urbane	礼儀正しい	
□□1143. artist	芸術家	□□1144. artiste	芸能人	
□□1145. diplomat	外交官	□□1146. diplomate	免許取得者	
□□1147. **corps**	軍団，団体	□□1148. **corpse**	死体	
□□1149. ballad	民謡，バラッド	□□1150. ballade	バラード	初段〜2段
□□1151. **silicon**	**珪素**(けいそ)	□□1152. **silicone**	**シリコン樹脂**	
□□1153. german	同じ父母を持つ	□□1154. germane	適切な	
□□1155. grill	厳しく尋問する	□□1156. **grille**	**飾り格子**	
□□1157. citrin	シトリン	□□1158. citrine	レモン(色)の	3段以上
□□1159. saccharin	サッカリン	□□1160. saccharine	非常に甘い	

［重要文例］

[198]　A baby is not a moral being.（赤ん坊は善悪の区別がつかない）

[199]　He **gave** me **moral support**.（彼は私**を精神的に援助してくれた**）

[200]　The desert sun **grilled** her.（砂漠の太陽が彼女**にじりじり照りつけた**）

[4] よく似た単語を比較する〈初級〜上級レベル〉

だんだん単語は難しくなりますよ。英単語道のレベルも参考にしましょう。

英単語	意味	英単語	意味	英単語道
□□1161. ingenious	独創的な	□□1162. ingenuous	純真な	2級
□□1163. intention	意志	□□1164. **intension**	**強度**	
□□1165. **prosecute**	**起訴する**	□□1166. **persecute**	**迫害する**	
□□1167. drought	旱魃（かんばつ）	□□1168. draught	草稿	
□□1169. fertile	肥沃な	□□1170. **futile**	**無駄な**	
□□1171. dwindle	減少する	□□1172. swindle	騙し取る	
□□1173. presentment	描写	□□1174. **presentiment**	**胸騒ぎ**	1級
□□1175. ordnance	軍需品	□□1176. ordinance	条令	
□□1177. smuggle	密輸する	□□1178. **snuggle**	**寄り添う**	
□□1179. elude	避ける	□□1180. allude	言及する	
□□1181. furniture	家具	□□1182. **garniture**	**装飾（物）**	
□□1183. **esoteric**	**秘密の**	□□1184. exoteric	公開的な	初段
□□1185. escapism	現実逃避	□□1186. **escapology**	**脱出術**	
□□1187. doughy	青白い	□□1188. doughty	勇猛な	2段
□□1189. **climactic**	**絶頂の**	□□1190. climacteric	更年期の	
□□1191. inculcate	教え込む	□□1192. inculpate	咎める	3段
□□1193. mendacity	嘘つき癖	□□1194. mendicancy	乞食生活	
□□1195. presbyopia	老眼	□□1196. presbyopic	老眼の	4段

[重要文例]

[201] She was **persecuted with** telephone calls.（彼女は電話**に悩まされた**）

[202] His savings **dwindled away.**（彼の貯金は**だんだん減ってきた**）

[203] They **swindled** him **out of his money.**（彼らは彼**から金を詐取した**）

[204] The kids snuggled down in their beds.（子供達はベッドで心地よく寝転んだ）

[205] **I'm not alluding to any person in particular.**（**特に誰とは言っていません**）

[206] She **inculcated good manners in** her child.（彼女は子供**に作法を教え込んだ**）

3－3　意味の視点から分類する

［1］重要同義語

同じ意味を表す単語が多いということが英語の特徴です。覚えておくべき同義語群の 3 大グループを挙げておきましょう。

①□□1197.〈素晴らしい〉の22

普通語	nice ; wonderful ; splendid ; superb ; **grand** ; glorious ; excellent
口語	great ; rare ; **royal** ; rattling ; **spanking** ; stunning ;【英】capital
俗語	**swell** ; smashing ; cracking ; corking ; **peachy** ;【英】ripping
複合語	first-rate ; **bang-up**

②□□1198.〈驚くべき〉の12

普通型	marvelous ; extraordinary ; remarkable ; **prodigious**
ING 型	surprising ; **startling** ; amazing ; astonishing ; astounding ; alarming
複合語	eye-opening ; **eye-popping**

③□□1199.〈愚かな人間〉の44　（馬鹿・間抜け・とんまの英語）

HEAD 型	blockhead ; **thickhead** ; **bonehead** ; fathead ; **muttonhead** ; muddlehead ; loggerhead ;【俗】**pinhead** ; poophead
動物語	donkey ; goose ; gull ;【俗】**cuckoo** ; **goat**
その他	fool ; ass ; silly ; **noodle** ; chump ; idiot ; moron ; olt ; dupe ; dunce ; dullard ; **nitwit** ; noddy ; ninny ; booby ; gawk ; galoot ; imbecile ; simpleton ; nincompoop ;【口】muff ; numskull ; lummox ; half-wit ;【俗】stupe ; slob ; boob ; coot ; dumbbell ; **zombie**

［2］重要反対語（AとBは反対語の関係）

英語A	日本語A	英語B	日本語B
□□1200. absolute	絶対的な	□□1201. relative	相対的な
□□1202. abstract	抽象的な	□□1203. concrete	具体的な
□□1204. cause	原因	□□1205. effect	結果
□□1206. **epic**	**叙事詩**	□□1207. **lyric**	**叙情詩**
□□1208. physician	内科医	□□1209. surgeon	外科医
□□1210. capitalist	資本家	□□1211. laborer	労働者
□□1212. **debtor**	**債務者**	□□1213. **creditor**	**債権者**
□□1214. amateur	アマチュア	□□1215. professional	プロ
□□1216. plaintiff	原告	□□1217. defendant	被告
□□1218. proponent	推進者	□□1219. opponent	反対者
□□1220. widow	未亡人	□□1221. widower	男寡（やもめ）
□□1222. **spontaneous**	**自発的な**	□□1223. **compulsory**	**強制的な**
□□1224. wholesale	卸売りの	□□1225. retail	小売の
□□1226. fission	核分裂	□□1227. fusion	核融合
□□1228. **persuade**	**説得する**	□□1229. **dissuade**	**止めさせる**
□□1230. evolve	進化する	□□1231. devolve	退化する
□□1232. flammable	可燃性の	□□1233. nonflammable	不燃性の
□□1234. **parental**	**親の**	□□1235. **filial**	**子の**
□□1236. **hibernate**	**冬眠する**	□□1237. **estivate**	**夏眠する**
□□1238. afforestation	植林	□□1239. deforestation	森林伐採
□□1240. strait	海峡	□□1241. isthmus	地峡
□□1242. **prone**	**うつぶせの**	□□1243. **supine**	**あお向けの**

注意 inflammableはflammableと同様「可燃性の」の意味である点に注意。
ただし，inflammableの方は，人が「怒りっぽい」の意味にもなる。

コラム 同じ意味の語を 3 つのレベルで言えますか？

英単語レベル 3 段階

日本語	Aレベル(初級)	Bレベル(中級)	C&Dレベル(上級)
美しい	beautiful	**comely**	**pulchritudinous**
悲しい	sorrowful	**mournful**	lugubrious
田園の	rural	pastoral	bucolic
天上の	heavenly	celestial	ethereal
拒絶する	refuse	spurn	abnegate
混乱させる	confuse	**muddle**	addle
向こう見ずの	reckless	**daredevil**	temerarious
食べられる	**eatable**	**edible**	**esculent**

注意　eatable と edible は微妙に違う

「食べられる状態にある」というのが eatable の基本義です。そもそも「食用」(edible) のものであっても，腐っていたり，調理していなかったりして，食べる状態にない場合は eatable とは言えません。「食べられる状態にある」ことから意味が発展して，「かなりおいしい」という意味にもなります。反対語はそれぞれ，uneatable と inedible です。また，eatables and drinkables は口語で「飲食物」の意味。

[3] 名詞で有名な語の意外な動詞用法・厳選 14 CD-17

winter に「冬を過ごす」, summer に「夏を過ごす」の意味があるので, 次のような簡単な表現が英語では可能です。

We winter in Tahiti and summer in Canada.
(我々はタヒチで冬を過ごし, カナダで夏を過ごす)

また, “The sky diamonded with the stars.”(空には星がダイヤのごとく輝いていた)や “Dandelions yellowed the garden.”(たんぽぽが庭を黄色に染めていた)等のきれいな表現から, “The population has mushroomed.”(人口が急増した)や “The prices will skyrocket.”(物価は急騰するだろう)のようなインパクトの強い表現まで作れますね。

以上の例から, 英単語には次の原則があるのが分かります。

英単語原則 ⑱ 基本名詞には動詞としての用法があることが多い。

〈1〉仏教の五大(宇宙を構成する5つの要素)を代表する名詞が持つ動詞用法

英語	有名な名詞の意味	意外な動詞の意味
□□1244. earth	地：地球, 土	(種等に)土をかぶせる[up]
□□1245. water	水：水, 海	⑴水をまく ⑵給水する ⑶水で割る, 手加減する[down]
□□1246. fire	火：火, 火事	⑴(感情を)かきたてる ⑵**(質問等を)浴びせる**
□□1247. wind	風：風, 呼吸	⑴**息切れさせる** ⑵(猟犬が匂いを)嗅ぎつける
□□1248. air	空：空気, 大気	⑴乾かす ⑵**換気する** ⑶**(知識等を)見せびらかす**

[重要文例]

[207] Will you water down the whiskey? (ウイスキーを水で割ってくれますか)

[208] **My mouth watered** at the thought of it. (それを思い出して**よだれが出た**)

[209] The smoke makes my eyes water. (煙で目から涙が出る)

[210] His story fired her imagination. (彼の話は彼女の想像力をかきたてた)

[211] The prosecutor **fired questions at** the witness. (検察官は証人**に詰問した**)
[=The prosecutor **grilled** the witness.]

[212] I was winded by the long climb. (長い山登りで息切れした)
[=I was puffy after the long climb.]

[213] She aired the towel on the line. (彼女はタオルを紐に掛けて乾かした)
[=She **weathered** the towel on the line.]

〈2〉その他の基本名詞の意外な動詞用法

英語	有名な名詞の意味	意外な動詞の意味
□□1249. father	父	～を生み出す，～を認知する，**人のせいにする**
□□1250. railroad	鉄道	【口】（人を）**不当に送り込む**，無理にさせる
□□1251. lumber	材木	～をがらくた等でふさぐ
□□1252. sponge	スポンジ	【口】（食事等を）**人からせびる** [from]
□□1253. soup	スープ	【口】**改良する**，（本等を）面白くする **[up]**
□□1254. doctor	医者	**ごまかす**，（書類等を）勝手に変える **[up]**
□□1255. frame	枠，フレーム	[be ～ed]【俗】（人が）**罠にかけられる**
□□1256. bone	骨	(1)（肉等の）骨を抜く　(2)**詰め込み勉強をする**
□□1257. weed	雑草	(1)（庭等の）雑草を除く　(2)[一般に]**取り除く**

[重要文例]

[214] They **father the book upon** her.（彼女**がその本の作者とされている**）

[215] He was **railroaded to prison** wrongly.（彼は**不当に投獄された**）

[216] The boss railroads him into working overtime.（上司は彼に残業を強いる）

[217] The room is **lumbered with** odds and ends.（その部屋はがらくた**で一杯**だ）

[218] She often **sponges a dinner from** him.（彼女は彼**に**よく**食事を奢ってもらう**）

[219] I always try to **soup up** my book.（私は常に本**を面白くする**努力をしている）

[220] The manager **doctored up** the books.（店長は帳簿**をごまかしていた**）

[221] All the team have been framed.（そのチームのメンバー全員が罠にかかった）

[222] He is **boning up on** math.（彼は数学**の詰め込み勉強をしている**）

[223] She boned up for the exam.（彼女はその試験のための詰め込み勉強をした）

[224] The chef elegantly boned the fish.（シェフは鮮やかに魚の骨を抜いた）

[225] She **weeded out** the books from her library.（彼女はその本を蔵書から**除いた**）

[4] 動詞で有名な語の意外な名詞用法・厳選 4 CD-18

極基本動詞のGOは実に不思議な動詞で，口語では名詞や形容詞としても機能します。例えば，次のような用法があります。

① She **has plenty of go.** [=She is full of go.]（彼女は**元気いっぱいだ**）
② Let's **have a go at** it. [=Let's give it a go.]（それ**に挑戦して**みよう）
③ He **made a go of** the business.（彼はビジネス**を成功させた**）
④ It's a go.（それで決まった）
⑤ It'll be no go asking for a raise.（昇給を要求しても無駄であろう）
⑥ All engines are go.（[ロケット等の] 打ち上げ準備完了）

さらに，イディオムとして次のようなものまであります。覚えておきましょう。

⑦ all the go [=all the rage]（[服等が] 流行して）
⑧ on the go [=on the move]（[人が] 忙しく活動した）
⑨ from the word go（初めから）

英単語原則 ⑲ 基本動詞には名詞としての用法があることが多い。

英語	意味	意外な名詞の意味
□□1258. make	作る	（物の）作り，（人の）**性格**，～製，生産高
□□1259. push	押す	努力，**【口】根性**，**【口】緊急**，**【口】群衆**，【英口】解雇
□□1260. break	壊す	急変，【口】機会，運
□□1261. hold	摑む	支配力，理解力

[用例]

・a car of Japanese make（日本製の車）
・a man of his make（彼のような性格の男）
・an interpreter in the making（通訳の卵） 注意 in the make（製造中）
・**when it comes to the push（いざという時になって）**
・give a person **a break**（[やり直しの] **チャンス**を与える）

[重要文例]

[226] He **has in him the makings of** a great star.（彼は大スター**になる素質がある**）
[227] She made a push to finish the job.（彼女は仕事を終えようと頑張った）
[228] He is old, but he has **plenty of push.**（彼は年配だが**やる気十分**だ）
[229] It was really a good break.（それは実に幸運でしたね）
[230] His wife has a firm hold over him.（彼は妻に全く頭が上がらない）

[5] 自動詞で有名な語の他動詞用法と他動詞で有名な語の自動詞用法

〈1〉自動詞で有名な語の意外な他動詞用法・厳選 6

英語	自動詞の意味	意外な他動詞の意味
□□1262. go	行く	[否定文で] **我慢する**，（金を）**勝負等に賭ける**
□□1263. come	来る	【英口】(～の役を)演じる，～をする，～に達する
□□1264. **rain**	雨が降る	(打撃・称賛等を) **盛んに浴びせる**
□□1265. **snow**	雪が降る	[受け身で] ～を…で圧倒させる [**under with ...**]
□□1266. sit	座る	～人を収容できる，(馬に)乗る
□□1267. wait	待つ	(機会・時を)待つ，【米口】**(人のために)遅らせる**

[重要文例]

[231] I can't **go the noise.**（**その騒音には耐え**られない）

[232] He **went 10 dollars on** the first race.（彼は第 1 レース**に10ドル賭けた**）

[233] Don't come the schoolmaster to me.（先生のような口を聞くなよ）

◆ schoolmaster は英用法で「パブリックスクールの先生」，米用法で「校長」

[234] The boy is coming 12 years old.（その少年は12才になる）

[235] The smokestacks rained black soot on the whole town.

(煙突が煤(すす)を町全域に雨のごとく降らせた)

[236] He was **snowed under with** all the questions.

(彼はそれらすべての質問**に圧倒された**)

[237] This room sits 70 people.（この部屋は70人座れる）

[238] He **sits a horse very well.**（彼は**乗馬が非常に巧い**）

[239] You must wait your turn.（順番を待たないといけません）

[240] **Don't wait lunch for us.（私達が来なくても昼食を始めておいて下さい）**

コラム approach と approach to

approach は「(場所や物に) 近づく」の意味であるのに対し，approach to は「(事に) ほぼ等しい」の意味です。このように，前置詞がある場合は，意味が抽象的になる傾向があるんですよ。

This answer approaches to denial.（この返答は拒否も同然だ）

〈2〉他動詞で有名な語の意外な自動詞用法・厳選 6

"The branch gave but did not break." という単純な表現は「その枝はたわんだが折れなかった」という意味。他動詞で有名な動詞が自動詞として使える場合が多いのも英語の特徴です。

英語	他動詞の意味	意外な自動詞の意味
□□1268. give	与える	**(人が) 貧者に物を与える, たわむ**, 譲歩する, (窓等が) 道路に面している, (ドアが) ～に通じる
□□1269. take	取る	**(薬等が) 効く, (劇等が) 人気を博す**
□□1270. find	見つける	[法]～に有利に/不利に評決する [for/against]
□□1271. beat	打つ	(風・雨が) 打ちつける, (太陽が) 照りつける, (太鼓が) 鳴る, (心臓が) 鼓動する
□□1272. wash	洗う	(布地が) 洗濯がきく, [否定文で]【口】**通用する**
□□1273. test	試験する	試験を受ける, **～の検査をする [for ～]**

[重要文例]

[241] She gives generously to the poor. (彼女は貧しい人に気前よく恵む)

[242] The sofa **gives comfortably**. (そのソファーは**ふわっとして気持ちがいい**)

[243] His courage will never give. (彼は決して挫けないだろう)

[244] The window **gives on the park**. (その窓は**公園に面している**)

[245] The inoculation **did not take**. (その予防接種は**効かなかった**)

[246] The novel **did not take with** the young. (その小説は若者**に受けなかった**)

[247] The jury **found against** the plaintiff. (陪審員は原告**に敗訴の評決をした**)

[248] The sunshine is beating down on us. (陽光が我々に照りつけている)

[249] My heart beat fast with fear. (私の心臓が恐怖でどきどきした)

[250] Will this sweater wash well? (このセーターは洗濯がよくききますか)

[251] Her excuse **won't wash with** me. (彼女の言い訳は私**には納得できない**)

[252] I **tested for** allergies. (私はアレルギー**の検査をした**)

++

参考

(1) This cloth **doesn't crease easily**. (この布は**皺になりにくい**)

(2) This photograph enlarges well. (この写真は引き伸ばしができる)

(3) She **photographs** elegantly. (彼女は**写真写りが**エレガントだ)

[6] 基本名詞の意外な意味・厳選　22

〈1〉身体の部位の意味を持つ名詞　7

英単語	有名な意味	意外な意味	追加情報
□□1274. **temple**	寺院	**こめかみ**	比喩的に「殿堂」の意味も。
□□1275. **pupil**	生徒	**瞳**	「弟子，門下生」の意味も。
□□1276. **iris**	菖蒲(あやめ)	**虹彩**	Iris（イリス：虹の女神）
□□1277. calf	子牛	**ふくらはぎ**	子牛の肉は veal と言う。
□□1278. **canal**	運河	**管**	the Suez Canal（スエズ運河）
□□1279. colon	コロン	結腸	発音は[kóulən]
□□1280. corn	トウモロコシ	たこ，**うおのめ**	【口】古くさいもの

◆語源が異なるために，意味が異なっている場合が多い。

コラム pupil と瞳

元来 pupil という単語は「小さなもの」を表していたという説があります。それが「小さな者」として「生徒」や「弟子」の意味に，「小さな物」として「瞳」（ひとみ）に発展して現在に至るようです。小さな者と瞳が関連しているのが分かりますが，これはある程度漢字の世界でも言えるようです。というのは，「瞳」という漢字が，「童」（小さな子）と「目」で出来ているからです。

〈2〉小文字で始めると別の意味になる固有名詞　7

英単語	固有名詞の意味	意外な意味	追加情報
□□1281. **japan**	日本	漆器	**japanner(漆工)**
□□1282. **china**	中国	磁器，陶磁器類	china clay(陶土)
□□1283. argentine	アルゼンチン人	銀の，銀色の	argent(銀，銀色)
□□1284. august	8月	**威厳のある**	アクセント注意。
□□1285. scotch	スコットランド(人)の	**噂をもみ消す**	「半殺しにする」の意も。
□□1286. **peter**	ピーター[人名]	【米口】**徐々に減る**	**～ out(次第に消える)**
□□1287. **roger**	ロジャー[人名]	(無線通信で)**了解！**	口語で「OK！」の意も。

〈3〉その他の重要な意外な意味を持つ名詞　8　CD-19

英単語	有名な意味	意外な意味
□□1288. **magazine**	雑誌	雑誌社，（新聞の）**文芸作品欄**，（軍需品の）**倉庫**
□□1289. frog	蛙	（生け花用の）剣山，【口】**声のしわがれ**
□□1290. **cheesecake**	チーズケーキ	【俗】性的魅力のある女性
□□1291. **floor**	床	【口】**閉口させる**，～を床になぐり倒す
□□1292. rope	綱	【口】[-s]（仕事等の）**コツ**，内情
□□1293. hop	ホップ	【口】離陸する，（飛行機で）**小旅行する**
□□1294. jump	跳ぶ	【口】{動}**（人を）騙す**　[名]（劇団の）地方巡業
□□1295. play	遊ぶ	**（噴水等が）吹き出す**，（銃等を～に）向ける [on ～]

[重要文例]

[253] **I was floored that** the testy guy was in fact a crybaby.
（あの怒りん坊が実は泣き虫だったの**には閉口した**）

[254] Though he's now on the ropes, that's not a problem ; he **knows the ropes.**
（彼は窮地に陥っているけれど問題はないよ，**コツを知っている**のだから）

[255] The canny buyer happened to **hop over to** Seoul.
（その買物上手[の人]はたまたまソウル**へ小旅行した**）

[256] The compulsive bargain hunter was **jumped into buying it.**
（その根っからの安物買いは**騙されてそれを買ってしまった**）

[257] **The fountain was playing**, which refreshed my mind with a bracing wind.
（**噴水から水が出ていた**ので，爽やかな風に吹かれて心が洗われた）

[7]〈R4文字基本語〉の意外な意味　（文字数と意味の関係は，P.139参照）

Rから始まる基本的な名詞に意外な意味があり，ほとんどがマイナスイメージです。語源が異なることも多いのですが，まずは確認してみましょう。

R4文字基本語	有名な意味	マイナスイメージの意味
□□1296. rail	レール	罵る，激しく叱る
□□1297. **rate**	割合	～に腹を立ててひどく叱る
□□1298. **rank**	ランク	雑草がはびこった，**悪臭を放つ，ひどい（全くの）**
□□1299. rack	棚	苦しめる，破壊　◆ **go to rack and ruin（破滅する）**
□□1300. rock	岩	（人が）動揺する，（人を）**動揺させる**

[重要文例]

[258] The suspect **railed at** the operative about his treatment.
（その容疑者は刑事**に**彼の扱いのことで**毒づいた**）

[259] The office girl he calls a cute number is **a rank amateur** at the job.
（彼が可愛い子ちゃんと呼んでいるOLはその仕事に関しては**ズブの素人**だ）

[260] His nose and throat **were racked with** pollenosis.
（彼の鼻と喉は花粉症**で痛めつけられた**）

[261] The fact that he died with his boots on **rocked** the villagers.
（彼が変死したという事実が村人達を**動揺させた**）

3－4　カタカナ語の視点から分類する　CD-20

[1] 和製英語を正す〈初級～中級〉

カタカナ語	英語表現	注〈～はその表現を示す〉
〈日本語と英語が一部異なる例〉		
テーブルマナー	□□1301. table manners	
レディファースト	□□1302. **ladies first**	lady を複数形にすること。
ラッキーセブン	□□1303. **the lucky seventh**	seven を序数にすること。
ハッピーエンド	□□1304. happy ending	have a ～(ハッピーエンドで終わる)
アフターサービス	□□1305. **after-sales service**	
フライパン	□□1306. frying pan	口語では frypan も可能。
マッシュポテト	□□1307. mashed potatoes	
パインジュース	□□1308. pineapple juice	
バックミラー	□□1309. **rearview mirror**	
ダンプカー	□□1310. **dump truck**	
パトカー	□□1311. patrol car	
ガソリンスタンド	□□1312. **gas station**	filling station も可能。
テレビタレント	□□1313. **TV personality**	(＝TV celebrity)

注意　① masher は,「じゃがいもつぶし器」の意味と，米俗語で「痴漢」の意味とがあります。「痴漢」は一般には，a molester of women です。

② mush には,「とうもろこしがゆ」の意味と「犬ぞり旅行（をする)」の 2 つの意味があります。

③ talent には「才能（のある人)」や「人材」という意味はありますが，いわゆる「タレント」の意味はありません。

用例・**have a talent for** writing（文筆**の才がある**)
・all the talent of the country（国内のすべての才人)
・a lack of local talent（地方の人材の不足)

〈日本語と英語が全く異なる例〉

ヒアリング	□□1314. listening comprehension	**hearing** は「**聴力**」の意味。
コンセント	□□1315. outlet； plug receptacle	【英】では plug socket と言う。
カンニング	□□1316. 【口】**cribbing**； cheating in an examination	cunning は「狡猾（こうかつ）な」。 「カンニングペーパー」は，cheating sheet と言う。
パンク	□□1317. flat tire; blowout； 【米口】**flat**	blowout は破裂の意味。 puncture も可能だが，flat tire が普通。
スキンシップ	□□1318. close contact	説明的な言い方は physical contact。
ホッチキス	□□1319. **stapler**	Hotchkiss は商標名で通じないことはない。
コインランドリー	□□1320. **Laundromat**	【英】では launderette と言う。
マンション	□□1321. apartment	mansion は「大邸宅」。
トランプ	□□1322. cards	trump は「切札」。
ベニア	□□1323. plywood	veneer は「(合板用の）薄板」。
サイダー	□□1324. **soda pop**	cider は「リンゴ酒」。 綴りの似た cedar は「杉」。
シュークリーム	□□1325. cream puff	shoe cream と言えば「靴墨」(shoe polish）に聞こえる。

[重要文例]

[262] He plugged in an electric razor to an outlet behind the table.
(彼はテーブルの後ろにあるコンセントに電気かみそりを接続した)

[263] That do-nothing pupil always **cheats on** his tests.
(あの何もしない怠惰な生徒はテストでいつも**カンニング**だけはする)

[264] I **got a flat** but a person known as a flat tire happened to fix it.
(**車がパンクした**のだが，退屈な人として知られた人が偶然直してくれた)

〈2 つ以上の訳語が存在する外来語〉

バイキング	□□1326.	[海賊]	Viking
	□□1327.	[料理]	**smorgasbord**
スナック	□□1328.	[料理]	snack
	□□1329.	[店]	snack bar
ドライブイン	□□1330.	[店]	**roadside restaurant**
	□□1331.	[簡易施設]	drive-in
カバー	□□1332.	[かぶせる物]	cover
	□□1333.	[本の]	**jacket**
ダイヤ	□□1334.	[宝石]	diamond
	□□1335.	[列車の]	**diagram**
ハンドル	□□1336.	[道具の柄]	handle
	□□1337.	[自動車の]	**steering wheel**
	□□1338.	[自転車の]	**handlebar**

コラム ベストセラーの条件?

A bestseller is a book with a heroine on the jacket and no jacket on the heroine.

[訳] ベストセラーとは本のカバーにヒロインが載っていて，そのヒロインが服を脱いでいるような本である。

[2] カタカナ語の綴りが書けますか？〈初級～中級～上級〉

カタカナ語	英語	注
〈初級〉		
アルコール	□□1339. alcohol	**alcoholicity（アルコール度）** **alcoholism（アルコール中毒）**
ラベル	□□1340. label	発音注意［leibl］
セダン	□□1341. sedan	アクセント注意［sidǽn］
〈中級〉		
アルカリ	□□1342. alkali	発音注意［ǽlkəlai］ alkalicity（アルカリ度）
イオン	□□1343. **ion**	発音注意［áiən］ 注意 anion（陰イオン）
カフェイン	□□1344. **caffein(e)**	発音注意［kǽfiːn］ caffeinated（カフェイン入）
プロパン	□□1345. propane	発音注意［próupein］
オーロラ	□□1346. aurora	アクセント注意［ərɔ́ːrə］
カースト	□□1347. caste	**chaste**［tʃeist］は「**純潔な**」
コーラン	□□1348. Koran	→(形)**Koranic**
〈上級〉		
カルデラ	□□1349. caldera	アクセント注意［kældέərə］
チクロ	□□1350. cyclamate	人口甘味料。［sáikləmeit］
ルー	□□1351. roux	カレーなどに使うつなぎ
ラザニア	□□1352. **lasagna**	
ブイヤベース	□□1353. **bouillabaisse**	魚や貝を煮込んだスープ
エホバ	□□1354. Jehovah	発音注意［dʒehóuvə］
チワワ	□□1355. chihuahua	
サザンカ	□□1356. sasanqua	
ナンテン	□□1357. nandin	南天
トローチ	□□1358. **troche**	発音注意［trouki/troutʃ］
グラビア	□□1359. gravure	
シーラカンス	□□1360. coelacanth	発音注意［síːləkænθ］

3－5　漢字の視点から分類する

［1］意外と難しい「口」編の漢字から始めよう！

★漢字を読みながら高度英語を覚えよう。

英語は漢字が意味する日本語に対応する高度なレベルの英単語を挙げています。

漢字	読み方	英語	漢字	読み方	英語
①吃る	どもる	□□1361．**stammer**	⑧呻く	うめく	□□1368．groan
②嘆く	なげく	□□1362．**lament**	⑨喘ぐ	あえぐ	□□1369．gasp/pant
③呪う	のろう	□□1363．execrate	⑩咽る	むせる	□□1370．**suffocate**
④叫ぶ	さけぶ	□□1364．**ejaculate**	⑪啜る	すする	□□1371．snivel/sup
⑤叱る	しかる	□□1365．chide	⑫呟く	つぶやく	□□1372．grumble
⑥唸る	うなる	□□1366．gnarl	⑬囁く	ささやく	□□1373．murmur
⑦喚く	わめく	□□1367．**vociferate**	⑭啀む	いがむ	□□1374．**bicker**

[2] 英語との発想の違いも学ぼう！

★漢字を読みながら，日本語と英語の違いを味わおう。

漢字	読み方	英語	漢字	読み方	英語
①海豚	いるか	□□1375. dolphin	⑧河豚	ふぐ	□□1382. balloonfish
②海象	せいうち	□□1376. walrus	⑨西瓜	すいか	□□1383. watermelon
③海豹	あざらし	□□1377. seal	⑩木瓜	ぼけ	□□1384. quince
④海鼠	なまこ	□□1378. sea cucumber	⑪糸瓜	へちま	□□1385. sponge cucumber
⑤海胆	うに	□□1379. sea chestnut	⑫胡瓜	きゅうり	□□1386. cucumber
⑥海月	くらげ	□□1380. jellyfish	⑬胡桃	くるみ	□□1387. walnut
⑦海星	ひとで	□□1381. starfish	⑭胡椒	こしょう	□□1388. pepper

[3] 一歩進んだ〈漢字・英語〉学習法

〈体と病気編〉 言える英単語の数と英単語道のレベル
10個→初段，11個→2段，12個→3段，14個全部→4段。

漢字	読み方	英語　◆＝注目事項
①鳩尾	みぞおち	□□1389. the pit of the stomach； 【口】the solar plexus
②頭垢	ふけ	□□1390. **scurf**(＝dandruff) ◆歯垢(しこう)は **dental plaque**
③黒子	ほくろ	□□1391. a mole ◆付け黒子は a beauty spot
④疣	いぼ	□□1392. a wart ◆ A wart grew[formed].（疣ができた）
⑤汗疹	あせも	□□1393. **prickly heat** ◆ have prickly heat（汗疹ができる）
⑥麻疹	はしか	□□1394. the measles ◆風疹は German measles；rubella
⑦悪寒	おかん	□□1395. a chill ◆ feel[take/catch] a chill（悪寒がする）
⑧悪阻	つわり	□□1396. **morning sickness** ◆ the morning after（二日酔）
⑨噯気	おくび	□□1397. **belch** ◆【口】Keep mum about it.（噯気にも出すな）
⑩癇癪	かんしゃく	□□1398. **【口】tantrums** ◆ in a conniption（癇癪を起こして）
⑪癲癇	てんかん	□□1399. epilepsy ◆ have an epileptic fit（癲癇を起こす）
⑫眼精疲労	がんせいひろう	□□1400. asthenopia（＝eyestrain） →(形)asthenopic
⑬歯槽膿漏	しそうのうろう	□□1401. **pyorrhoea**(＝pyorrhea) →(形)pyorrheal
⑭骨粗鬆症	こつそしょうしょう	□□1402. **osteoporosis** ◆ osteomyelitis（骨髄炎）

〈木偏・編〉 言える英単語の数と英単語道のレベル
10個→初段，11個→２段，12個→３段，14個全部→４段。

漢字	読み方	英語	注目事項
①松	まつ	□□1403．pine tree	pine（やつれる，切望する）
②柳	やなぎ	□□1404．willow	willowy（しなやかで細い）
③杏	あんず	□□1405．**apricot**	
④李	すもも	□□1406．**prune**	prune に「間抜け」の意味あり
⑤棗	なつめ	□□1407．Chinese date	（＝jujube tree）
⑥棘	いばら	□□1408．thorny shrub	（＝bramble）
⑦桐	きり	□□1409．paulownia	
⑧杵	きね	□□1410．pestle；pounder	「臼」は mortar
⑨柚子	ゆず	□□1411．**Chinese lemon**	「柚」とも書く。
⑩梔子	くちなし	□□1412．Cape jasmine	（＝gardenia）
⑪柊	ひいらぎ	□□1413．holly	
⑫欅	けやき	□□1414．zelkova	
⑬橡	とち	□□1415．horse chestnut	（＝buckeye）「栃」とも書く。
⑭橅	ぶな	□□1416．**beech**	**birch** は「樺（かば）」

注意　① prune に「(木等を) 刈り込む」と「**(不要の部分を) 除く**」という動詞がある。
用例　**prune** an essay **of redundant words**（小論文**から冗漫な語を除く**）
②「挽（ひ）き臼」は mortar ではなく，mill と言う。

3－6　ユニークな視点から分類する

［1］誕生石の発想から始めよう！

月	英　語	日本語	注目ひとくちコメント
1	□□1417. garnet	ざくろ石	「深紅色」の意味もある。
2	□□1418. **amethyst**	紫水晶	「紫色」の意味もある。
3	□□1419. heliotrope	血石	「薄紫色」の意味もある。
4	□□1420. diamond	金剛石	「菱形」の意味もある。
5	□□1421. **emerald**	エメラルド	「鮮緑色」の意味もある。
6	□□1422. pearl	真珠	**go pearling（真珠を採りにいく）**
7	□□1423. ruby	紅玉	rubify（赤くする）
8	□□1424. sardonyx	紅縞瑪瑙（めのう）	onyx（瑪瑙）は「黒色」の意味もある。
9	□□1425. **sapphire**	サファイア	「青色」の意味もある。
10	□□1426. **opal**	オパール	「蛋白石」とも言う。
11	□□1427. topaz	トパーズ	「黄水晶」とも言う。
12	□□1428. turquoise	トルコ石	「青緑色」の意味もある。

注意 ①　宝石類は一般にアクセントが第1音節にある。

②　形容詞の作り方：-INE をつけるものが目立つ。

amethystine；**sapphirine**；**opaline**；topazine

◆ pearl の形容詞形は **pearly（真珠のような）** 用例 **pearly teeth**

＝＝＝＝＝＝＝＝＝＝＝＝＝＝＝＝＝＝＝＝＝＝＝＝＝＝＝＝＝＝＝＝＝＝＝＝＝＝＝

［2］惑星の英語からの発想で語彙を増やす

No.	英　語	日本語	注目ひとくちコメント
1	□□1429. **Mercury**	**水星**	Mercurial（水星の）
2	□□1430. **Venus**	**金星**	Venusian（金星の／［想像上の］金星人）
3	□□1431. Earth	地球	**earth-friendly（地球に優しい）**
4	□□1432. **Mars**	**火星**	Martian（火星の／［想像上の］火星人）
5	□□1433. **Jupiter**	**木星**	Jovian（木星の，堂々とした）
6	□□1434. **Saturn**	**土星**	Saturnian（土星の，**平和な，繁栄した**）
7	□□1435. Uranus	天王星	ギリシア神話で「天の神」ウラノスより。
8	□□1436. Neptune	海王星	**a son of Neptune（船乗り）**
9	□□1437. Pluto	冥王星	Plutonian（冥王星の，冥界の）

注意 ① mercurial は「水銀の」と「心が変わりやすい，陽気な」の2つの意味があります。また，mercurialism と言えば「水銀中毒」のこと。 ☞ P.189

② earthy と earthly の違い：**earthy** は「土の」「(人が) **たくましい**」「(言葉が) **粗野な**」，**earthly** は「**世俗的な**」の意味。以下の earthly の用法にも注意。

There's no earthly reason for him to come.（彼が来る理由など全くない）

③「木犀（もくせい）」という植物は，a sweet osmanthus とか a devilwood（米国産）と言います。「**金木犀**（きんもくせい）」は **a fragrant olive**（＝香のよいオリーブ）と呼ばれます。

④ Saturn と混同しやすい **Satan**［seitn］は「(キリスト教の) **悪魔**」のこと。

コラム 地球を除く惑星名はそれぞれローマやギリシア神話の神々に由来する

Mercury：マーキュリー（職人・商人等の守り神：ギリシア神話の Hermes［ヘルメス］）

Venus　：ビーナス（美と愛の女神：ギリシア神話の Aphrodite［アフロディーテ］）

Mars　：マルス（軍神：ギリシア神話の Ares［アレス］）

Jupiter　：ジュピター（古代ローマの主神：ギリシア神話の Zeus［ゼウス］）

Saturn　：サトゥルヌス（農耕の神）

Uranus　：ウラノス（ギリシア神話において Gaea［ガイア］の夫で最も古い天の神）

Neptune：ネプチューン（海神：ギリシア神話の Poseidon［ポセイドン］）

Pluto　：プルート（黄泉の国の神：ギリシア神話の Hades［冥界の神］）

［3］イロハの発音に近い英単語からの発想

イロハ	英語	高度な口語の意味
い	□□1438. eel	巧みに逃げる人
ろ	□□1439. low	(気力が) 弱った
は	□□1440. her	【口】主格の代わりに用いる 用例 He is as tall as her.
に	□□1441. knee	(ズボンのひざを) だぶだぶにする
ほ	□□1442. hoe	鍬で耕す／**除草する**
へ	□□1443. hay	干し草 用例 **make hay of** ～(**～をめちゃくちゃにする**)
と	□□1444. toe	用例 step on one's toes (感情を害する)
ち	□□1445. **chill**	**素晴らしい** (＝**cool**)
り	□□1446. lee	(風からの)避難，保護 用例 under the lee of ～(～に隠れて)
ぬ	□□1447. gnu	ヌー［南アフリカ産のオオカモシカ］
る	□□1448. loo	【英】トイレ
を	□□1449. war	(病気等と) **激しく闘う**
わ	□□1450. work	【口】利用する 用例 **work one's connections** (**コネを使う**)
か	□□1451. cur	雑種犬，野良犬
よ	□□1452. your	【口】**いわゆる** 用例 So he is your good citizen？ (では彼はいわゆる善良な市民だと言うのかね)
た	□□1453. **tar**	用例 be tarred with the same brush (同じ欠点がある)
れ	□□1454. lei	レイ［ハワイ等で首にかける花輪］
そ	□□1455. sore	腹立たしい，心が痛む
つ	□□1456. two	用例 That makes two of us. (同じ立場である)
ね	□□1457. **neigh**	**(馬が) いななく**
な	□□1458. **snarl**	**(犬が) うなる**
ら	□□1459. la	ラ［音階の第6音］
む	□□1460. moo	(牛が) モーと鳴く

イロハ	英語	高度な口語の意味
う	□□1461. woo	用例 pitch the woo（いちゃつく）
ゐ	□□1462. **wee**	**【米口】非常に早い** 用例 **a wee bit**（ほんの少し）
の	□□1463. know	用例 be in the know（内情に通じた）
お	□□1464. oar	用例 rest on one's oars（一休みする）
く	□□1465. coo	(恋人が) 甘い囁きを交わす
や	□□1466. yam	ヤムイモ（ヤマノイモの一種）、【米南部】サツマイモ
ま	□□1467. **mar**	損なう，傷つける
け	□□1468. cay	(西インド諸島の) 小島
ふ	□□1469. hook	[be ～ed] 夢中になって
こ	□□1470. core	[the ～] 核心
え	□□1471. aye	[ei] まあ〈驚きの表現〉
て	□□1472. tear	[tεər] 猛烈な勢いで動く
あ	□□1473. ass	ロバ，【口】馬鹿者 用例 **make an ass of**（**馬鹿にする**）
さ	□□1474. sir	おい〈小言，怒りに用いる〉
き	□□1475. key	[be ～ed] 緊張して 用例 keyed up（酔っぱらった）
ゆ	□□1476. you	用例 Are you there, ～?（[電話で] もしもし～さんかな？）
め	□□1477. may	用例 **May he rest in peace!** （[彼の] **冥福をお祈りいたします**）
み	□□1478. me	【口】私は～であるのに 用例 He wants to marry me, and me only seventeen! （彼は私と結婚したがってる，私はまだ17歳なのに！）
し	□□1479. she	[a ～] 女の子，【口】(動物の) 雌 用例 The baby is **a she**.（赤ちゃんは**女の子**だ）
ゑ	□□1480. way	【口】はるかに 用例 way back（ずっと昔に）
ひ	□□1481. he	[H--]（キリスト教の）神 用例 I believe that He is omniscient.（神は全能と信じる）
も	□□1482. more	用例 More than one person was there.（複数の人がいた）
せ	□□1483. say	[the ～] 決定権 用例 have the say（決定権がある） 注意 have a say（発言権がある）
す	□□1484. sue	(人に) 訴訟を起こす

[重要文例] CD-21

[265] The oil is **getting low**. [＝We are getting low on the oil.]
(油が**だんだん少なくなってきた**)

[266] I'm **low on cash**. (**ふところが寒い**よ)

[267] Her knees crumbled under herself. (彼女は腰が抜けて歩けなくなった)

[268] Make hay while the sun shines. (好機を逃すな)

[269] The lazybones made hay of the project. (その怠け者が企画を台無しにした)

[270] The schmuck **stepped on her toes**. (あの間抜けな奴が**彼女を怒らせた**)

[271] The sight sent chills of delight up my spine.
(その光景を見て嬉しくなり背筋がぞくぞくした)

[272] The patient **warred against** his diabetes.
(その患者は糖尿病**と激しく闘った**)

[273] They are **tarred with the same brush**. (彼らには**同じ欠点がある**)

[274] She **felt sore about** not being invited to the party.
(彼女はパーティに招待されなかった**ことで気を悪くした**)

[275] That makes two of us. (私も同じ立場ですよ)

[276] That's the game that two can play. 〈脅し文句〉
([そっちがその気なら] 今に見ておれよ [仕返しは必ずするぞ])

[277] The square-toed old-timer snarled out the answer.
(その堅苦しい感じの古顔はつっけんどんな返事をした)

[278] They were pitching the woo. (2人は [キス等をして] いちゃついていた)

[279] Those in the know, know. (知る人ぞ知る)

[280] The bitter-ender **rested on his oar**. (その頑張り屋は**一休みした**)

[281] The know-it-all **put his oar in**. (その知ったかぶりは**余計な世話をやいた**)

[282] He is **hooked on** the magnetic girl. (彼はその魅力のある女の子**に釘づけ**だ)

[283] Let's **get to the core of** the problem. (問題**の核心に入ろう**)

[284] A villainous-looking man **tore out of** the room.
(人相の良くない男が部屋**から出てきた**)

[285] She was **all keyed up over** his impending operation.
(彼女は彼の手術が迫っている**ことで緊張の糸が張り詰めていた**)

[286] The butterfingers has **rubbed** the prim lady **up the wrong way**.
(その不注意な人がすました婦人**を苛立たせてしまった**)

[287] He **had the final say about** whether to go or not.
(行くかどうかについて彼**に最終決定権があった**)

[288] She **sued him for** 10 million yen **in damages**.
(彼女は彼に対し，1000万円**の損害賠償訴訟を起こした**)

[4] 単語の文字数と意味の不思議な傾向　CD-22

(A) D 4～6 文字語の傾向

英単語原則 (20)

Dで始まる 4～5 文字の単語，6 文字の動詞はマイナスイメージが多い。

D 4 文字高度単語	レベル	意味	用法と参考
□□1485. **daft**	C	(形)【口】**馬鹿な**	**daft about ～**で「**～に熱狂的な**」の意味。
□□1486. **damp**	A	[名]**落胆**	「**(熱意等を) くじく**」の意味の動詞がある。
□□1487. daub	C	{動}下手に描く	daub mud on ～＝daub ～ with mud
□□1488. defy	B	{動}無視する	defy tradition (伝統をものともしない)
□□1489. dire	C	(形)恐ろしい	in dire straits (八方塞がりで)
□□1490. **dope**	C	[名]【口】**麻薬**	**dope out ～**は「**～の計画を立てる**」の意味。
□□1491. **dote**	C	{動}もうろくする	**dote on ～**で「**～を溺愛する**」の意味もある。
□□1492. drat	C	{動}呪う	damnの遠回し語。／Drat it!(しまった！)
□□1493. drab	C	(形)退屈な	drab lives (単調な人生)
□□1494. drub	C	{動}【口】棒で打つ	◆ **drubbing (【口】完敗)**
□□1495. **dude**	C	[名]【口】**気取り屋**	「都会育ちの人」の意味もある。
□□1496. dupe	C	{動}騙す	「間抜け」「騙されやすい人」の意味もある。
□□1497. **dust**	A	[名]【口】**混乱**	**when the dust settles (騒ぎが治まると)**

D 5 文字高度単語	レベル	意味	用法と参考
□□1498. daffy	C	(形)【口】馬鹿な	→[名]daffiness
□□1499. dally	C	{動}ぶらぶらする	**dally with ～**は「**～をもてあそぶ**」の意味。
□□1500. daunt	B	{動}怯(ひる)ませる	nothing daunted (少しも怯まず)
□□1501. **deuce**	B	[名]【口】**災難**	deuce には「テニス等のジュース」の意味も。
□□1502. **dicey**	C	(形)【口】**危険な**	同 risky
□□1503. dicky	C	(形)【英口】弱い	a dicky heart (がたがたの心臓)
□□1504. dippy	C	(形)【俗】馬鹿げた	**dippy about ～**は「**～に夢中**」の意味。
□□1505. **dotty**	C	(形)【口】**気が変な**	**dotty about ～**は「**～に夢中**」の意味。

D 6 文字動詞	レベル	意味	用法と参考
□□1506. debase	B	{動}堕落させる	→[名]debasement(質の低下，人の堕落)
□□1507. debunk	C	{動}暴露する	debunker は「批評家」。
□□1508. **defame**	C	{動}**中傷する**	→[名]**defamation**（中傷，[法]**名誉毀損**）
□□1509. defile	C	{動}汚染する	→[名]**defilement**（**ケガレ**，冒瀆（ぼうとく））
□□1510. **deport**	C	{動}**国外追放する**	→[名]deportation（国外追放）
□□1511. derail	B	{動}脱線させる	→[名]derailment（脱線）
□□1512. **deride**	B	{動}**嘲笑する**	→[名]derision（嘲笑）
□□1513. detest	B	{動}ひどく嫌う	→[名]detestation（憎悪）
□□1514. **dawdle**	C	{動}ぶらぶらする	**dawdle away one's time(時間を空費する)**
□□1515. diddle	C	{動}【口】騙す	diddle 人 out of 金（人から金を騙し取る）
□□1516. **doodle**	C	{動}**【口】落書きする**	「のらくらする，ぐずぐずする」の意味も。
□□1517. dodder	C	{動}よろめく	dodder along（[特に年のせいで]よろよろ歩く）
□□1518. dicker	C	{動}値切る	「物々交換する」の意味もある。
□□1519. **dither**	C	{動}**【口】動揺する**	名詞で「不安，混乱」の意味もある。
□□1520. **drudge**	C	{動}**あくせく働く**	drudge at ～(～をこつこつとやる)

注意 ① **deportation** は「**国外追放**」，**deportment** は「**振舞い，**身のこなし」
② 「**(話の）脱線**」は derailment ではなく，**digression** です。

[重要文例]

[289] Her haughtiness **cast a damp over** the party.
(彼女が傲慢だったのでパーティ**は面白くなかった**)

[290] He doesn't paint but just **daubs.**
(彼は絵を描いてるのではなくただ**塗りたくっている**だけだ)

[291] His demeanor **defies understanding**；put him on his good behavior.
(彼の品行は**理解しがたい，**謹慎するよう命じなさい)

[292] They **raised a dust about** what he had divulged.
(彼が暴露したこと**で**彼ら**はごたごたを起こした**)

[293] The student was **daunted by** a raft of books he had to read.
(その学生は読まなければならないたくさんの本**にたじろいだ**)

[294] They **held** the old woman **in derision.**
(彼らは老女**をあざ笑った**)

[295] I'm all **in a dither about** my speech.
(スピーチ**がとても不安だ**)

(B) B5文字形容詞の傾向

英単語原則 (21)

Yで終わる5文字形容詞のうちBAで始まる単語はマイナスイメージ。
BEで始まる単語はプラスイメージ。

B5文字形容詞	レベル	意味	用法と参考
□□1521. baggy	C	だぶだぶの	**baggy trousers（だぶだぶのズボン）**
□□1522. bally	C	【英俗】ひどい	[bǽli] bloody の遠回し語。
□□1523. batty	C	【俗】頭の変な	【英口】go bats（気がふれる）
□□1524. bawdy	C	猥褻（わいせつ）な	bawd は古い表現で「売春婦」。
□□1525. balky	C	【俗】強情な	balk は「**妨害，尻込みする**」の意味がある。
□□1526. **balmy**	C	【米俗】**愚かな**	「**（天候等が）爽やかな**」の意味もある。
□□1527. **barmy**	C	【口】**愚かな**	「発酵した，泡の立った」が原義。
□□1528. bandy	C	(足が)がに股の	「言葉のやりとりをする」の意味もある。
□□1529. beamy	C	輝かしい	これは詩的な表現。
□□1530. beady	B	ビーズのような	beady eyes（小さく光る丸い目）
□□1531. beefy	B	筋骨たくましい	**beef up ～（～を強化する**/改善する）
□□1532. beery	B	ビールに酔った	もちろん「ビールのような」の意味もある。
□□1533. **bendy**	B	【口】**柔軟な**	「曲がりくねった」が原義。

注意 ① beef about ～ は口語で「～について不平をこぼす」の意味があります。
② small beer は「弱いビール，つまらぬ物」の意味があります。そこで，think small beer of ～で「～を軽視する」の意味になります。

(C) PR 6 文字動詞の傾向

英単語原則 ㉒

(ⅰ) Pで始まる6文字動詞で，語尾が-ERのものはマイナスイメージが目立つ。
(ⅱ) Rで始まる6文字動詞で，語尾が-LEのものはマイナスイメージが目立つ。

6文字動詞	レベル	意味	用法と参考
□□1534. **pamper**	B	**甘やかす**	spoil よりも堅い語。
□□1535. **pepper**	A	**(質問・非難等を)浴びせる**	「～をひどく罰する」の意も。
□□1536. patter	C	早口に喋る	「雨がパラパラと降る」の意も。
□□1537. putter	C	だらだらする	**putter away one's time (空費する)**
□□1538. pucker	C	皺(しわ)になる	pucker one's lips(唇をすぼめる)
□□1539. pother	C	悩む，心配する	特に「些細な心配」を暗示する。
□□1540. **pester**	C	【口】**悩ます**，せがむ	pester 人 for 金 (金をせがむ)
□□1541. palter	C	ごまかす，値切る[about]	falter は「ためらう，口ごもる」
□□1542. pander	C	売春の仲介をする	pander to ～(～に迎合する)
□□1543. **ponder**	B	あれこれ考える	ponder on ～(～をよくよく考える)
□□1544. pilfer	C	こそ泥をする	→[名]pilferage
□□1545. rabble	B	群れをなして襲う	「野次馬，暴徒」の意味もある。
□□1546. **rattle**	B	ガタガタ鳴る	口語で「いらいらさせる」の意も。
□□1547. razzle	C	【英口】馬鹿騒ぎ	go on the razzle(馬鹿騒ぎする)
□□1548. riddle	A	【口】(弾丸などで)**穴ぼこにする**	be riddled with ～(～で一杯)
□□1549. riffle	C	さざなみを立てる	「(トランプを) 切る」の意味も。
□□1550. ruffle	C	苛立たせる	the hair ruffled up (乱れた髪)

[重要文例]

[296] You'll soon **hear the patter of little feet.**
(まもなく**かわいい足音が聞こえます**よ [子供が生まれること])

[297] He puckered up his brows ; he **didn't palter with** the question.
(彼は眉間に皺を寄せた。つまり彼は問題**に真面目に取り組んだ**のである)

[298] He **got rattled by** the catty questions peppered by the woman.
(彼はその女性が浴びせた意地の悪い質問**にいらいらした**)

[299] The child couldn't rattle off **a multiplication table.**
(その子供は**九九**をぺらぺらと言うことはできなかった)

(D) H7文字形容詞の傾向

英単語原則 ㉓ Hで始まる7文字形容詞は，一部の基本語と専門語を除き，ほとんどがマイナスイメージ。

この7文字の形容詞は，4万語の範囲において，基本語では healthy；hopeful，口語では **hotshot（有能な）**，専門語では humeral（［解剖］上腕の，肩の）を除いて，すべてがマイナスイメージです。このようなことにもし以前から気づいていたら，あなたは相当な英単語マニア（私の提唱する英単語道で6段）ですよ。

H7文字形容詞	レベル	意味	用法と参考
□□1551. harmful	A	有害な，危険な	harmful to 物，harmful to[for] 人
□□1552. hurtful	B	感情を傷つける	hurtful to the health（健康を害する）
□□1553. hateful	A	憎らしい	憎い対象の人が主語になりうる。
□□1554. **hellish**	B	地獄のような	口語で「**不愉快な**」(unpleasant）の意味あり。
□□1555. **hawkish**	B	**好戦的な**	「鷹派の」の意味（↔ dovish「鳩派の」）
□□1556. haughty	B	高慢な，不遜な	haughty words（高慢な言葉）
□□1557. haunted	B	取り憑かれた	**a haunted house（幽霊屋敷）**
□□1558. huffish	C	怒りっぽい	◆ take a huff（憤慨する）
□□1559. **hoggish**	C	**貪欲な，**不潔な	「豚のような」が原義。
□□1560. haggish	C	鬼婆のような	**◆ hag は「鬼婆」，hug は「抱擁する」**
□□1561. haggard	C	やつれた	「野性の（タカ）」の意味もある。
□□1562. **haywire**	C	【口】混乱した	**go haywire**（［人が］**狂う，故障する**）
□□1563. humdrum	C	単調な，退屈な	「退屈（な話）」の意味もある。
□□1564. **hangdog**	C	しょんぼりした	「下劣な人間」の意味もある。
□□1565. hanging	B	絞首刑に値する	「意気消沈した」「未決定の」等の意味もある。
□□1566. halting	B	躊躇した	「筋が通らない」の意味もある。
□□1567. halfway	A	中途半端な	**halfway measures**（中途半端な方策）
□□1568. **heathen**	B	【口】野蛮な(人)	「異教徒（の）」(＝pagan）の意味もある。
□□1569. hedonic	C	快楽主義の	◆ hedonism（快楽主義）
□□1570. hideous	B	恐ろしい	「(道徳的に）不愉快な」の意味もある。
□□1571. heinous	B	非常に悪い	a heinous offense（ひどい罪） ◆ a minor[petty] offense（軽犯罪）

[重要文例]

[300] A long spell of rainy weather is **harmful to** plants.
（長雨は植物**に有害である**）
注意 harmful for plants は不可。

[301] He was hateful to stab me in the back.（＝to backbite me）
（彼は陰で私を中傷するなんてひどい）
[＝**It was hateful of** him **to** stab me in the back.]

[302] Let's **meet halfway** between your house and mine.
（あなたの家と私の家の**中間地点で落ち合う**ことにしよう）

[303] Out of the blue, the **heathen** gave me hell.
（いきなり，その**野蛮な人**が私をひどく叱った）

[304] When they played hell with his plan, he attributed it to his **hideous fate**.
（彼らが彼の計画を台無しにしたとき，彼はそのことを**ひどい運命**のせいにした）

[305] What made him commit a **heinous crime** can be ascribable to a blunder in his business.
（彼が**ひどい犯罪**を犯した原因は，彼のビジネスの大失敗にあるだろう）

第 4 章

語形別分類重要単語集

Am I able to get her?
—Amiable together!

「どうしたら彼女に好かれるだろうか?」
「一緒に仲良くすることだよ!」
何でもない会話ですが，この 2 文は全く同じ文字の配列です。気づきましたか。…それにしても人間はあれこれ考えてしまうものです。あれこれ考えずに即実行。これは大事なことですね。「どうしたら英語が読めるようになりますか?」に対して「英語を読むことです」という単純なことが，極めて重要です。Do not think ; just do it. または，What you should do is not to try to do it but to DO it. ということを肝に銘じましょう。

4－1　連結形で覚える　CD-23

［1］数を示す連結形 MONO から派生して覚える

□□1572. **monotheism** C ← mono + the + ism 一神教　一　神　教 →意味：神には宇宙を創造した絶対神しか存在しないという考え方 ◆ Christianity（キリスト教）; Islam（イスラム教）; Judaism（ユダヤ教）, etc.	★関連連結形チェック POLY-(多い) ☞ P.147 A-　(無い) ☞ P.181 PAN-（全体) ☞ P.147 ◎-ISM ☞ P.189

類語 □□1573. **polytheism** C　（**多神教**）：神道（Shintoism）や道教（Taoism）等に見られる，神は多く存在するという考え方

□□1574. **atheism** C　（**無神論**）：唯物論（materialism）等に代表される，神の存在を否定する考え方

□□1575. **pantheism** D　（**汎神論**）：すべての事物がある神から派生しているという考え方→大日如来を中心に置く密教（esoteric Buddhism）はこれに近い。

注意 monolatry D（一神崇拝）：他の神の存在を認めつつ，ある神のみを崇拝すること→阿弥陀信仰（Pureland Buddhism［浄土教］）がこれに近い。　◎-LATRY ☞ P.152

MONO-を使った他の例

□□1576. **monogamy** C　［+gamy（結婚）］**一夫一婦制**　→（形）monogamous
類語 polygamy（複婚制：通常，一夫多妻）

□□1577. monocracy B　［+cracy（政治）］独裁政治［=despotism］　◎-CRACY ☞ P.158

□□1578. **monomania** C　［+mania（狂）］**凝り性**，偏執狂　◎-MANIA ☞ P.151

□□1579. monocycle B　［+cycle（輪）］一輪車　同 unicycle

□□1580. monokini B　モノキニ（トップレスの女性用水着）　参考 bikini（ビキニ）

□□1581. **monochrome** C　［+chrome（色）］単色画（法），**白黒写真**／（形）**白黒の**

□□1582. **monocotyledon** D　［+cotyledon（子葉）］**単子葉植物**　→（形）-ous
参考 **bicotyledon（双子葉植物）**

＊＊

〈ラテン系とギリシア系の接頭数詞の総整理〉

意味	ラテン系接頭辞と単語例		ギリシア系接頭辞と単語例	
one	UNI-	**unilateral（一方的な）**	MONO-	monotone（単調［にする］）
two	BI-	**bigamy（重婚［罪］）**	DI-	**digamy（再婚）**
three	TRI-	triennial（3年ごとの）	TRI-	trioxide（三酸化物）
four	QUADRI-	quadrangle（四角形）	TETRA-	tetragon（四角形）
five	QUINQUE-	quinquennial（5年の）	PENTA-	pentagram（星印［＝☆］）
six	SEXI-	sextuple（6倍の）	HEXA-	**hexahedron（六面体）**
seven	SEPTI-	septuplet（7人組）	HEPTA-	heptad（7つ1組）
eight	OCT-	octogenarian（80代の）	OCT-	octad（8つ1組）
nine	NONA-	nonagenarian（90代の）	ENNEA-	ennead（9つ1組）
ten	DECI-	**decimal（10進法の）**	DECA-	decade（10年間）
eleven	UNDECA-	undecagon（11角形）	HENDECA-	hendecahedron（11面体）
twelve	DUODECI-	**duodenum（十二指腸）**	DODECA-	dodecahedron（12面体）
many	MULTI-	**multilingual**（多国語話者）	POLY-	**polyglot**（多国語話者）
all	OMNI-	**omnipotent（全能の）**	PAN-	pantheon（万神殿）
half	SEMI-	**semicircle（半円）**	HEMI-	**hemisphere（半球）**

注意　deci が10分の1，deca が10というように使い分けられる場合がある。
deciliter（10分の1リットル）／decaliter（10リットル）

[2] 数を示す連結形・その他の重要高度単語

□□1583.	unicycle	B	一輪車　◆ **tricycle** は「**三輪車**」。
□□1584.	unison	B	(1)調和 (2)［音］斉唱，斉奏（同じメロディが基本） ◆違ったメロディを調和させて歌うのは chorus。
□□1585.	**biannual**	B	（形）**年 2 回の**　◆ semiannual は「半年ごとの」。
□□1586.	**biennial**	C	（形）**2 年に一度の** ［名］二年生植物，2 年ごとの試験 ◆ perennial は「永続的な」と「多年性植物」。
□□1587.	tripod	B	（カメラ用の）三脚
□□1588.	trinity	B	三つ組 / ［the T--］三位一体 ◆「三位一体」とは神とキリストと聖霊の一体性のこと。
□□1589.	triad	C	三つ組 / ［音］三和音 ◆「釈迦三尊像」は the Sakya Triad と訳せる。
□□1590.	**multifaceted**	C	多岐に渡る，**多才な** ─┐
□□1591.	**multifarious**	C	雑多の，**多方面の** ─┼─ 三大 multi 形容詞
□□1592.	**multitudinous**	C	**多数の**，多くの部分からなる ─┘
□□1593.	multiply	A	(1)［数］掛ける　(2)増す，増やす 用例 Rabbits multiply rapidly.（兎は繁殖が早い）
□□1594.	polyandry	C	［+andry（男）］一妻多夫
□□1595.	polygyny	C	［+gyny（女）］一夫多妻
□□1596.	semifinal	A	準決勝　◆「準決勝出場者」は semifinalist。
□□1597.	hemiplegia	D	［医］半身不随
□□1598.	demitasse	B	デミタス（食後の小型コーヒー茶碗）
□□1599.	hemidemisemiquaver	D	［音］64分音符

［重要文例］

[306] They stood up **in unison**.（彼らは**一斉に**立ち上がった）

[307] His death **multiplied** our problems.（彼の死で問題は**一層増大した**）

[3] 数に関する単語を接頭辞化した単語の攻略

〈基数詞〉を利用した高度語

□□1600. two-bit	(形)【米俗】25セントの，安物の
□□1601. **two-by-four**	[名] [建築] ツーバイフォー工法 (形)【口】(**家・庭等が**) **狭い**
□□1602. two-edged	(形) (剣等が) 両刃の，**両意に解釈できる**
□□1603. two-faced	(形) 二面を持つ，(人が) 裏表のある
□□1604. two-fisted	(形) 両手の拳を使う，【米口】**力強い**
□□1605. **two-time**	{動} 騙す，**～に隠れて浮気する**
□□1606. three-decker	[名] 3 枚重ねのサンドイッチ，三部作
□□1607. three-legged	(形) 三脚の 用例 **three-legged race** (**二人三脚競走**)
□□1608. three-star	(形) (ホテル・レストランが) 三つ星の，並みの
□□1609. **four-flush**	{動}【米】**虚勢を張る**，はったりをかける
□□1610. foursquare	(形) (建物等が) 四角の，断固たる，率直な
□□1611. four-wheel	(形) 四輪式の 用例 four-wheel drive (四輪駆動 [4WD])
□□1612. **five-and-ten**	[名]【米口】(安物) **日用雑貨店** 同 five-and-dime
□□1613. five-day week	[名] 週休二日制
□□1614. five-star	(形) 五つ星の，最高級の
□□1615. six-footer	[名] 身長 6 フィートの人，長さ 6 フィートの物

〈SECOND-〉の高度語

□□1616. second-best	(形) 2 番目に良い ◆ come off second-best ([競争に] 負ける)
□□1617. **second-string**	(形)【米】**控え選手の**
□□1618. **second-guess**	{動}【米口】(**事が終わってから**) **とやかく言う**
□□1619. second fiddle	[名] 第 2 バイオリン ◆ **play second fiddle** (**脇役を務める**)
□□1620. second nature	[名] 習癖 用例 English **became second nature.** (英語**が板に付いた**)

〈DOUBLE-〉の高度語

□□1621. double-check	{動} 再点検する
□□1622. **double-park**	{動} **並列駐車する**
□□1623. **double-cross**	{動}【口】**騙す**，裏切る
□□1624. double-talk	[名] (早口で) わけの分からないお喋り，ごまかし

[4]「同」と「異」の連結形の攻略

〈HOMO-と HETERO-の攻略〉

□□1625. homonym	[名]〈homo（同）＋nym（名）〉同音異義語 ◆例：nice（素晴らしい）と gneiss（片麻岩）
□□1626. **heteronym**	[名]〈hetero（異）＋nym（名）〉**同綴異音異義語** ◆例：housewife [háuswaif]（主婦）と [hʌ́zif]（針箱）
□□1627. homograph	[名]〈homo（同）＋graph（字）〉同形異義語(異語源) ◆例：repair「修繕する」と repair「しばしば行く」
□□1628. **homogeneous**	(形) **同種の，均質の** ↔ **heterogenous**
□□1629. homogeneity	[名] 同種，均質性 ↔ heterogeneity
□□1630. homogenize	{動} 均質にする ↔ heterogenize
□□1631. homoerotic	(形) [＝homosexual] 同性愛の ◆ a homosexual とすれば「同性愛の人」
□□1632. homoeroticism	[名] [＝homosexuality] 同性愛

〈SYN-の攻略〉

□□1633. synonym	[名]〈syn（同）＋nym（名）〉同義語 ◆ 例：omnivorous（雑食性の）と polyphagous（雑食性の）
□□1634. **symbiosis**	[名]〈syn（同）＋bio（生物）〉[生] **共生**
□□1635. **symmetry**	[名]〈syn（同）＋metry（測定）〉**(左右) 対称**
□□1636. **symmetrical**	(形) (左右) 対称の，**均整のとれた**
□□1637. sympathy	[名]〈syn（同）＋pathy（心）〉同情，共感
□□1638. sympathetic	(形) 思いやりがある，[生理] **交感の**，[理] **共鳴の** ◆ **sympathetic nerve（交感神経）** ◆ parasympathetic nerve（副交感神経）
□□1639. symphony	[名]〈syn（同）＋phony（音）〉交響曲 ◆ **euphony**（口調の良いこと，**音便**）〈eu（優）〉 ◆ **cacophony**（耳障りなこと，**不協和音**）〈caco（劣）〉
□□1640. synchronism	[名]〈syn（同）＋chron（時）〉同時性 ◆ anachronism（時代錯誤）〈ana（反対）〉
□□1641. synthesis	[名] 総合（↔ analysis [分析]） →(形) synthetic ◆ **photosynthesis（光合成）**〈photo（光）〉

[5] 専門語を創る連結形の攻略

〈-NYM（語）の攻略〉

□□1642. **cryptonym** **匿名**
□□1643. **pseudonym** **仮名**
□□1644. paronym 同源語
□□1645. eponym 名祖（なおや）

〈-MANIA（狂）の攻略〉

□□1646. **phonomania** **殺人狂**
□□1647. **kleptomania** **窃盗狂**
□□1648. **erotomania** **色情狂**
□□1649. **megalomania** **誇大妄想狂**
□□1650. **dipsomania** **飲酒狂**
□□1651. pyromania 放火癖
□□1652. theomania 宗教妄想狂
□□1653. nymphomania 慕男狂
□□1654. **bibliomania** **蔵書癖**
□□1655. monomania 偏執狂

〈-PHOBIA（恐怖症）の攻略〉

□□1656. **xenophobia** **外人恐怖症**
□□1657. anthropophobia 対人恐怖症
□□1658. androphobia 男性恐怖症
□□1659. gynephobia 女性恐怖症
□□1660. heterophobia 異性恐怖症
□□1661. gamophobia 結婚恐怖症
□□1662. monophobia 孤独恐怖症
□□1663. **acrophobia** **高所恐怖症**
□□1664. **agoraphobia** **広場恐怖症**
□□1665. **claustrophobia** **閉所恐怖症**
□□1666. nyctophobia 暗所恐怖症
□□1667. necrophobia 死体恐怖症
□□1668. hemophobia 血液恐怖症
□□1669. arachnephobia 蜘蛛恐怖症
□□1670. ophidiophobia 蛇恐怖症
□□1671. astrophobia 雷恐怖症
□□1672. **erythrophobia** **赤面恐怖症**
□□1673. pyrophobia 恐火症
□□1674. hydrophobia 恐水症（狂犬病）
□□1675. mysophobia 潔癖症

〈-THERAPY（療法）の攻略〉

□□1676. electrotherapy 電気療法
□□1677. phototherapy 光線療法
□□1678. radiotherapy 放射線療法
□□1679. chemotherapy 化学療法
□□1680. physiotherapy 物理療法
□□1681. **heliotherapy** **日光浴療法**
□□1682. hydrotherapy 水治療法
□□1683. cryotherapy 寒冷療法
□□1684. **balneotherapy** **温泉療法**
□□1685. psychotherapy 心理療法
□□1686. **musicotherapy** **音楽療法**
□□1687. **bibliotherapy** **読書療法**

〈-LATRY（崇拝）の攻略〉

□□1688.	**idolatry**	**偶像崇拝**
□□1689.	iconolatry	偶像崇拝
□□1690.	zoolatry	動物崇拝
□□1691.	ophiolatry	蛇崇拝
□□1692.	**physiolatry**	**自然崇拝**
□□1693.	**heliolatry**	**太陽崇拝**
□□1694.	**monolatry**	**一神崇拝**
□□1695.	Mariolatry	女性崇拝
□□1696.	hierolatry	聖徒崇拝
□□1697.	necrolatry	死者崇拝
□□1698.	**pyrolatry**	**拝火教**
□□1699.	martyrolatry	殉教者崇拝

〈-MANCY（占い）の攻略〉

□□1700.	**chiromancy**	**手相術**
□□1701.	bibliomancy	聖書占い
□□1702.	arithmancy	数字占い
□□1703.	geomancy	土占い
□□1704.	hydromancy	水占い
□□1705.	**onomancy**	**姓名判断**
□□1706.	**cartomancy**	**トランプ占い**
□□1707.	numeromancy	数霊術
□□1708.	necromancy	降霊術
□□1709.	pyromancy	火占い

コラム　次のマニアにはなるな！

仏教の世界には厳しい戒律があり，一般人も次の「五戒」だけは守るべきだとされています。順に，不殺生戒，不偸盗(ちゅうとう)戒。不邪淫戒，不妄語戒，不飲酒(おんじゅ)戒。「五戒」を守らぬ者は，順に，phonomania, kleptomania, erotomania, megalomania そして dipsomania と「誤解」されそうですね。

[6] 専門語を創る〈I で始まる連結形〉の攻略

〈-ITIS の病名・厳選 7〉

単語	意味	関連語
□□1710. **neuritis**	[医] **神経炎**	**neuralgia（神経痛），neurosis（神経症）**
□□1711. appendicitis	[医] 虫垂炎	俗語では「盲腸炎」の意味にもなる。
□□1712. cecitis	[医] 盲腸炎	cecum（盲腸），cecal（盲腸の）
□□1713. **stomatitis**	[医] **口内炎**	(＝inflammation of the oral mucosa)
□□1714. bronchitis	[医] 気管支炎	bronchus（気管支）
□□1715. **hepatitis**	[医] **肝炎**	hepatic（肝臓の，肝臓薬）
□□1716. arthritis	[医] 関節炎	**arthropod（節足動物）** 注意 **anthropoid（類人猿）**

コラム OTO は「音」!?

「耳下腺炎」は，parotitis と言いますが，「おたふくかぜ」の症状と同じです。「おたふくかぜ」は「流行性耳下腺炎」(epidemic parotitis) という病名が正式だから当たり前ですね。「耳下腺」のことを parotid というので，それに炎症を表す -ITIS という連結形がついてできた単語が parotitis です。

さて，「耳」を表す連結形を知っていますか？　不思議にもローマ字読みが「オト(音)」になる OTO- なんですよ。だから，「痛」を意味する -ALGIA とくっついて otalgia と言えば「耳痛」(earache) のことです。でも口語では，“I have a pain in the ear.” で十分なので，“I am suffering from otalgia.” なんて言うと相手はちょっと驚くでしょう。

〈-INE の動物形容詞の制覇〉

英単語原則 ㉔「X のような」という意味の英語で X が動物の場合は-INE で終わることが多い。

動物	形容詞	特殊な意味	動物	形容詞	特殊な意味
犬 dog	□□1717. **canine**	[医] 犬歯(の)	ロバ donkey	□□1729. asinine	強情な
猫 cat	□□1718. **feline**	**陰険な**	ライオン lion	□□1730. **leonine**	勇猛な
馬 horse	□□1719. equine	図太そうな	鷲 eagle	□□1731. **aquiline**	曲がった
牛 ox	□□1720. bovine	**のろま(の)**	烏 crow	□□1732. corvine	
豚 pig	□□1721. porcine	**欲張りな**	ハゲタカ vulture	□□1733. vulturine	**強欲な**
熊 bear	□□1722. ursine		ガチョウ goose	□□1734. anserine	馬鹿な
鹿 deer	□□1723. cervine		鳩 dove	□□1735. columbine	[植]オダマキ
狐 fox	□□1724. vulpine	狡猾(こうかつ)な	蛇 snake	□□1736. colubrine	
狼 wolf	□□1725. lupine	野蛮な	大蛇 serpent	□□1737. **serpentine**	**狡猾な**
兎 rabbit	□□1726. leporine		マムシ viper	□□1738. viperine	
象 elephant	□□1727. **elephantine**	**巨大な**	魚 fish	□□1739. piscine	
山羊 goat	□□1728. hircine	**好色な**	雀蜂 wasp	□□1740. vespine	

［7］学問名の連結形の攻略

英語の世界では，「選挙学」「温泉学」「催眠学」などと語彙が豊富で，挙げ句の果てには「幽霊学」や「糞便学」まであります。日本語は漢字を用いるので，詳しくは分からなくても，何をテーマとした学問であるかは一目瞭然ですが，英単語の場合，例えば「選挙学」は electionology とはならず，psephology のようにギリシア語源の連結形が用いられるので難解ですね。ただし，musicology（音楽学）のような単語も少しあります。

とにかく学問は「楽」問でありたいですね。

レベル別・連想順の単語攻略技法

〈学問名の英語〉 Ⓑレベル単語中心

□□1741.	zoology	動物学
□□1742.	botany	植物学
□□1743.	mineralogy	鉱物学
□□1744.	biology	生物学
□□1745.	**physiology**	生理学
□□1746.	**physics**	物理学
□□1747.	psychology	心理学
□□1748.	ethics	倫理学
□□1749.	logic	論理学
□□1750.	**geography**	地理学
□□1751.	**geology**	地質学
□□1752.	**geometry**	幾何学
□□1753.	algebra	代数学
□□1754.	mathematics	数学
□□1755.	arithmetic	算術
□□1756.	**astronomy**	**天文学**
□□1757.	**astrology**	**占星術**
□□1758.	archaeology	考古学
□□1759.	anthropology	人類学
□□1760.	**ethnology**	**民族学**
□□1761.	**folklore**	**民俗学**
□□1762.	**mythology**	**神話学**
□□1763.	**theology**	**神学**
□□1764.	philosophy	哲学
□□1765.	linguistics	言語学
□□1766.	phonetics	音声学
□□1767.	phonology	音韻論
□□1768.	politics	政治学
□□1769.	economics	経済学
□□1770.	**ecology**	**生態学**
□□1771.	sociology	社会学
□□1772.	jurisprudence	法学
□□1773.	medicine	医学
□□1774.	chemistry	化学

［重要文例］

[308] **There is much logic in** what you say.（君の言うこと**は十分筋が通っている**よ）

[309] She is **playing politics.**（彼女は**何かを画策してい**る）

[310] He used to **run politics.**（彼はかつて**政治活動をしてい**た）

[311] She **practiced medicine** in this town.（彼女はこの町で医院を**開業していた**）

[312] **The chemistry is right** for us.（【口】我々はお互いに**相性がいい**）

[313] **The chemistry with** him **is terrible.**（【口】彼**とは生理的に合わない**のよ）

〈学問名の英語〉Ⓒレベル単語中心

□□1775.	ornithology	鳥類学
□□1776.	herpetology	爬虫類学
□□1777.	amphibiology	両生類学
□□1778.	ichthyology	魚類学
□□1779.	entomology	昆虫学
□□1780.	**paleontology**	**古生物学**
□□1781.	ontology	存在論
□□1782.	epistemology	認識論
□□1783.	teleology	目的論
□□1784.	telemetry	遠隔測定法
□□1785.	**meteorology**	気象学
□□1786.	**seismology**	地震学
□□1787.	oceanology	海洋学
□□1788.	hydronautics	海洋工学
□□1789.	hydrodynamics	流体力学
□□1790.	hydrobiology	湖沼学
□□1791.	pathology	病理学
□□1792.	**ophthalmology**	**眼科学**
□□1793.	otolaryngology	耳鼻咽喉科学
□□1794.	dermatology	皮膚科学
□□1795.	venereology	性病学
□□1796.	urology	泌尿科学
□□1797.	proctology	肛門科学
□□1798.	**gynecology**	婦人科学
□□1799.	**obstetrics**	産科学
□□1800.	pediatrics	小児科学
□□1801.	gerontology	老人学
□□1802.	psychiatry	精神病学
□□1803.	neurology	神経学
□□1804.	**etymology**	**語源学**
□□1805.	philology	文献学
□□1806.	**paleography**	**古文書学**

〈学問名の英語〉Ⓓレベル単語中心

□□1807.	balneology	温泉学
□□1808.	speleology	洞穴学
□□1809.	orology	山岳学
□□1810.	**petrology**	**岩石学**
□□1811.	**lithology**	**結石学**
□□1812.	osteology	骨学
□□1813.	phrenology	骨相学
□□1814.	eccrinology	分泌腺学
□□1815.	endocrinology	内分泌学
□□1816.	gastroenterology	胃腸学
□□1817.	scatology	糞便学
□□1818.	pedology ①	土壌学
□□1819.	pedology ②	育児学
□□1820.	thremmatology	飼育学
□□1821.	teratology	奇形学
□□1822.	spectrology	幽霊学
□□1823.	pteridology	シダ学
□□1824.	muscology	コケ学
□□1825.	dendrology	樹木学
□□1826.	hyetology	降水学
□□1827.	nephology	**雲学**
□□1828.	arachnology	**蜘蛛学**
□□1829.	ophiology	蛇学
□□1830.	acarology	ダニ学
□□1831.	conchology	貝類学
□□1832.	hippology	馬学
□□1833.	ethology	行動学
□□1834.	etiology	原因論
□□1835.	**eschatology**	**終末論**
□□1836.	ecclesiology	教会学
□□1837.	horology	時計学
□□1838.	hypnology	催眠学

〈-GRAPHY の高度語攻略〉

□□1839. photography	写真術	□□1850. phonography	表音速記法
□□1840. telegraphy	電信術	□□1851. **stenography**	速記術
□□1841. xylography	木版印刷術	□□1852. scenography	遠近画法
□□1842. lithography	石版印刷術	□□1853. **stereography**	**立体画法**
□□1843. typography	活版印刷術	□□1854. gypsography	石膏彫刻術
□□1844. **topography**	**地勢図**	□□1855. glyptography	宝石彫刻術
□□1845. chorography	地方地誌	□□1856. **autography**	**自筆**
□□1846. choreography	舞踏術・振付法	□□1857. **autobiography**	**自伝**
□□1847. **calligraphy**	**書道**	□□1858. hagiography	聖徒伝
□□1848. **cacography**	**悪筆**	□□1859. anthropography	人類誌
□□1849. orthography	正字法	□□1860. astrophotography	天体写真術

〈-METER の高度語攻略〉

□□1861. thermometer	温度計	□□1870. ammeter	電流計
□□1862. **hygrometer**	湿度計	□□1871. voltmeter	電圧計
□□1863. altimeter	高度計	□□1872. wattmeter	電力計
□□1864. photometer	光度計	□□1873. magnetometer	磁力計
□□1865. durometer	硬度計	□□1874. tensiometer	張力計
□□1866. densimeter	密度計	□□1875. tonometer	圧力計
□□1867. **speedometer**	速度計	□□1876. **barometer**	気圧計
□□1868. anemometer	風速計	□□1877. sphygmomanometer	血圧計
□□1869. tachometer	流速計	□□1878. ophthalmotonometer	眼圧計

〈-SCOPE 関連語の攻略〉

□□1879. telescope	望遠鏡	□□1884. **gastroscope**	胃カメラ
□□1880. microscope	顕微鏡	□□1885. endoscope	内視鏡
□□1881. **periscope**	潜望鏡	□□1886. bronchoscope	気管支鏡
□□1882. **kaleidoscope**	万華鏡	□□1887. laparoscope	腹腔鏡
□□1883. **stethoscope**	聴診器	□□1888. anemoscope	風向計

[重要文例]

[314] You can **telescope** this instrument **into** one small box.
(この器具を 1 つの小箱**にはめこむ**ことができる)

[315] I could **telescope** the story **into a fairly good summary**.
(私はその話を何とか**うまく要約する**ことができた)

[8] 文化関連語の連結形の攻略

〈-CRACY の攻略〉

英語	レベル	日本語	語源的発展等
□□1889. democracy	A	民主政治	DEMO- 人/demography（人口統計）
□□1890. aristocracy	B	貴族政治	ARISTO- 最上/aristocrat（貴族）
□□1891. autocracy	B	専制政治	AUTO- 自己/**autogamy**（自花受精）
□□1892. monocracy	B	独裁政治	MONO- 単一/ **monogamy**（一夫一婦制）
□□1893. **bureaucracy**	B	**官僚政治**	BUREAU- 官庁/bureaucrat（官僚）
□□1894. **plutocracy**	C	**金権政治**	◆ギ神話の富の神プルトス（Pluto）から。
□□1895. **theocracy**	C	**神権政治**	THEO- 神/theology（神学）
□□1896. hierocracy	D	宗教政治	HIERO- 神聖/hierology（宗教文学）
□□1897. hagiocracy	D	聖人政治	HAGIO- 聖徒/hagiology（聖人伝）
□□1898. stratocracy	D	軍人政治	STRATO- 軍隊/stratagem（戦略）
□□1899. gerontocracy	D	老人政治	GERONTO- 老人/ gerontology（老人学）
□□1900. **gynecocracy**	C	**婦人政治**	GYNECO- 婦人/ **gynecology（婦人科学）**
□□1901. juvenocracy	D	若者政治	JUVENO- 若者/juvenile（年少者）
□□1902. mobocracy	C	衆愚政治	MOB- 暴徒/mobbish（無秩序な）
□□1903. foolocracy	C	愚人政治	FOOL- 馬鹿者/foolhardy（無謀な）
□□1904. snobocracy	D	俗物社会	SNOB- 俗物/snobbery（俗物根性）
□□1905. **meritocracy**	C	実力社会	MERIT- 功績/ **meritorious（功績のある）**
□□1906. pantisocracy	D	万民平等社会	PAN- 全体/ pandemic（全国的に流行の）

[重要文例]

[316] Fujiwara Michinaga is the perfecter of Japanese aristocracy.
（藤原道長は日本の貴族政治の完成者である）

[317] **The meritocracy** are prone to becoming perfectionists.
（**エリート達**は完璧主義者になる傾向がある）

〈-CULTURE の攻略〉

英語	レベル	日本語	語源的発展等
□□1907. agriculture	A	農業	AGRI- 土/agronomy（農学）
□□1908. **horticulture**	B	園芸	◆園芸家は「horticulturalist」。
□□1909. **sericulture**	C	**養蚕**	SERI- 絹/sericeous（絹のような）
□□1910. pisciculture	C	養魚	PISCI- 魚/piscine（魚のような）
□□1911. **apiculture**	D	**養蜂**	API- 蜂/apian（蜜蜂の）
□□1912. **aviculture**	D	鳥類飼育	AVI- 鳥/avian（鳥類の）
□□1913. arboriculture	D	樹木栽培	ARBORI- 木/arboreal（樹木の）
□□1914. pomiculture	D	果樹栽培	POMI- 果物/pomology（果実栽培法）
□□1915. **viniculture**	D	**葡萄栽培**	VINE- 葡萄/vinic（葡萄酒の）
□□1916. floriculture	C	花の栽培	FLORI- 花/florist（花屋）
□□1917. aquiculture	D	水耕法	同 hydroponics
□□1918. aquaculture	D	海藻の養殖	AQUA- 水/aquarium（水族館）
□□1919. stirpiculture	D	優良種養殖	
□□1920. ostreiculture	D	牡蠣養殖	
□□1921. **monoculture**	D	**一毛作**	◆**二毛作**は「**double-cropping**」。
□□1922. **urbiculture**	D	**都市文化**	URBI- 都市/urbanism（都市生活）
□□1923. counterculture	C	反文化	COUNTER- 反/ counterclockwise（左回りの）
□□1924. **cyberculture**	C	**コンピュータ社会**	CYBER- 人口頭脳/ cyborg（サイボーグ）

4－2　語根で覚える

[1] CUR, FER, FORM, FUSE, DUCE, SISTの征服　CD-24

語根＼接頭辞	-CUR 走る	-FER 運ぶ	-FORM 作る	-FUSE 注ぐ	-DUCE 導く	-SIST 立つ
CON- (共に)	□□1925. concur 同意する **競合する**	□□1926. **confer** 協議する 授与する	□□1927. conform 一致する 順応する	□□1928. confuse 混同する 当惑する	□□1929. **conduce** 導く 助けとなる	□□1930. consist なる，ある 両立する
IN- (中に)	□□1931. **incur** (危険を)招く (被害を)被る	□□1932. infer 推論する 暗示する	□□1933. inform 通知する **密告する**	□□1934. **infuse** 吹き込む 鼓舞する	□□1935. induce 誘発する 帰納する	□□1936. insist 主張する 要求する
RE- (後)(再)	□□1937. recur 再発する **(記憶が)蘇る**	□□1938. refer 言及する 参照する	□□1939. reform 改正する 更正する	□□1940. refuse 拒絶する ～しない	□□1941. reduce 減少する **減量する**	□□1942. resist 抵抗する 我慢する
DE- (出)(下)	―――	□□1943. **defer** 延期する 譲歩する	□□1944. deform 醜くする 変形する	□□1945. **defuse** (緊張を)緩和する	□□1946. **deduce** 推論する **演繹する**	□□1947. **desist** 止める 思い止まる

[重要文例]

[318] **The circumstances concurred to** make her famous.
　(**色々な事情が重なって**彼女は有名になった)

[319] They **conferred** a blue ribbon **on** the contestant.
　(彼らはその競技者**に**最優秀賞**を授与した**)

[320] Positive thinking **conduces to** a signal success.
　(プラス思考は大成功**をもたらす**)

[321] Courage **consists in** overcoming one's fear.
　(勇気は自らの恐れを克服すること**にある**)

[322] Health does not **consist with** toping.
　(健康**と**常習的な深酒は**両立**しない)

[323] I **inferred from this that** he was against the plan.
（私は**このことから**彼は計画に反対である**と推論した**）

[324] He **informed against** his fellow spies.
（彼は仲間のスパイ**を密告した**）

[325] She **referred to** me for information.
（彼女は私**に問い合わせてきた**）

[326] She has been **reducing** for five weeks.
（彼女は 5 週間**減量して**きた）

[327] The president **deferred to** the corporation attorney's advice.
（社長は顧問弁護士の忠告**に従った**）

[328] The compulsive chocolate eater **desisted from** eating too much chocolate.
（その大のチョコレート好きはチョコレートの食べ過ぎ**を止めた**）

[2] PEL, PLY, PORT, POSE, PRESS の征服 CD-25

語根／接頭辞	-PEL 押す	-PLY 保つ	-PORT 運ぶ	-POSE 置く	-PRESS 押す
COM- (共に)	□□1948. compel 強要する 引き出す	□□1949. **comply** 従う 同意する	□□1950. **comport** 振る舞う 一致する	□□1951. compose 作曲する 静める	□□1952. compress 圧縮する **要約する**
IM- (中に)	□□1953. **impel** 推進する 促す	□□1954. imply 含蓄する 意味する	□□1955. import 輸入する **意味する**	□□1956. impose 負わせる つけこむ	□□1957. impress 感動させる 押印する
RE- (再) (後)	□□1958. repel 拒絶する 追い払う	□□1959. reply 応答する 抗弁する	□□1960. report 報告する **出頭する**	□□1961. **repose** 休息する 信頼する	□□1962. repress 制止する 抑圧する
SUP- (下に) ＝ SUB-	―――	□□1963. supply 供給する 補充する	□□1964. support 支持する **共演する**	□□1965. suppose 仮定する 推測する	□□1966. suppress 抑制する 鎮圧する

[重要文例]

[329] His illness compelled him to stay indoors.
(彼は病気のため，家に閉じこもっていなければならなかった)

[330] She **comports herself with confidence.**
(彼女は**自信に満ちあふれている**)

[331] He **composed his thoughts** for sleep.
(彼は眠るために**気持ちの整理をした**)

[332] The speaker compressed his congratulatory address into 5 minutes.
(演説者は祝辞を 5 分に短縮した)

[333] Abject poverty impelled her to steal.
(彼女は赤貧のためつい盗みを働いてしまった)

[334] What he seeks for **imports very little.**
(彼が何を求めているかは**あまり重要ではない**)

[335] He often **imposes on** accommodating persons.
（彼はしばしば世話好きの人**につけこむ**）

[336] He **impressed on** her that she get up early in the morning.
（彼は彼女**に**朝早く起きなければならないことを**分からせた**）

[337] **Report to** the office at 10 o'clock.
（10時に事務所**に来なさい**）

[338] The success of the sports day **reposes on** whether it rains or not.
（スポーツ大会の成功は雨が降るかどうか**にかかっている**）

[339] A **passer-by** suppressed the injured person's hemorrhage.
（ある**通行人**がその怪我人の出血を止めた）

4－3　接頭辞で覚える　CD-26

[1] RE で始まる語の征服

① 英単語原則㉕　**RE で始まる語は「拒絶・非難・撤回」の意味を表す動詞が目立つ。**

〈基本語〉	
□□1967. refuse	(1)拒絶する　(2)**～する傾向がない**（＝どうしても～しない）
□□1968. reject	(1)拒絶する　(2)除く　(3)**吐き出す**，もどす
□□1969. rebel	(1)謀反する　(2)調和しない　(3)**ぞっとする**［at］／反逆者
□□1970. revolt	(1)謀反する　(2)**反感をいだく**[at/against]／(1)反逆　(2)不快
□□1971. **rebuke**	～のことで厳しく叱る：rebuke a child for carelessness
〈RE＋基本語根〉	
□□1972. **repel**	(1)追い払う (2)拒絶する ◆ compel＝(1)強いる　(2)強制する
□□1973. **repeal**	(1)取り消す (2)撤回する ◆ **appeal**＝(1)訴える　(2)上告する
□□1974. reprove	(1)叱る　(2)非難する ◆ approve＝(1)許可する (2)証明する
□□1975. reproach	(1)非難する (2)恥になる ◆ **approach**＝(1)近づく　(2)**取り組む**
□□1976. reprehend	(1)非難する (2)咎める ◆ comprehend＝(1)理解する(2)**含む**
□□1977. **renounce**	(1)放棄する (2)否認する ◆ **denounce**＝(1)非難する (2)告発する
□□1978. **remonstrate**	(1)忠告する (2)抗議する ◆ demonstrate＝説明する
〈RE 高度単語〉	
□□1979. rebut	反駁（はんばく）する
□□1980. rebuff	拒絶する，挫折させる
□□1981. recant	（自分の出した声明・提案等を）公式に取り消す
□□1982. **refute**	（議論を）**論駁（ろんばく）する**，（人を）論破する
□□1983. revoke	（命令・約束・特権等を）取り消す
□□1984. rescind	（法律・条約等を）廃止する
□□1985. repulse	論駁する，拒否する
□□1986. **repudiate**	拒絶する，離婚する，（親子の）**縁を切る**
□□1987. reprimand	非難する，譴責（けんせき）する
□□1988. **relinquish**	（権利・財産等を）放棄する，**棄権する**
□□1989. **recalcitrate**	反抗する，**強情を張る**　→（形）recalcitrant（**手に負えない**）

参考

(1) The green wood refuses to burn.（生木はなかなか燃えない）

(2) **My mind rebels** at the thought.（そう考えると**ぞっとする**）

(3) **Human nature revolts against** child abuse.（幼児虐待**は人間として許せない**）

(4) This conduct will reproach you.（この行為は君の恥となるだろう）

★ REFUSE と REJECT

refuse は招待に対して，reject は提案に対して「拒絶する」ことを表す。

・He refused/×rejected her invitation.（彼は彼女の招待を断った）

・She rejected/×refused my suggestion.（彼女は私の提案をはねつけた）

② RE の後のハイフンのない語とある語の意味の違いが分かりますか？

RE ハイフンなしの単語		RE ハイフンありの単語	
□□1990. recite	暗唱する／語る	□□1991. re-cite	再び引用する
□□1992. **reclaim**	開墾する／**救う**	□□1993. re-claim	再び要求する
□□1994. recollect	回想する	□□1995. **re-collect**	再び集める
□□1996. **recount**	詳しく話す	□□1997. re-count	数え直す
□□1998. recover	回復する	□□1999. re-cover	再びかぶせる
□□2000. recreate	気晴らしさせる	□□2001. re-create	作り直す
□□2002. **redress**	矯正する	□□2003. re-dress	再び着せる
□□2004. reform	改革／改心する	□□2005. re-form	編成し直す
□□2006. relay	［放送］中継する	□□2007. re-lay	置き直す
□□2008. release	解放する	□□2009. **re-lease**	**また貸しする**
□□2010. remark	気づく／述べる	□□2011. re-mark	採点し直す
□□2012. research	研究／調査する	□□2013. re-search	再捜査する

◆1991，1997，2003，2007はハイフンなしに使用されるのが普通になっています。しかし「再」を強調する場合，ハイフンがつきます。

［重要文例］

［340］ He reclaimed her from a life of vice.（彼は彼女を悪の道から更正させた）

［341］ She managed to **re-collect herself**.（彼女は何とか**心を落ち着けよう**とした）

［342］ He recovered damages.（彼は損害賠償を勝ち取った）

［343］ I **released** him from a debt.（私は彼の借金を**免除**してあげた）

［344］ They **researched into** secondhand smoke.（彼らは 2 次喫煙**について研究をした**）

[2] 方向関係の接頭辞の攻略

意味	間	内	外	上	下	前	後	周囲
	INTER-	INTRA- INTRO- IN-	EXTRA- EXTRO- EX- OUT-	SUPER- SUPRA- OVER- UP-	SUB- DE- UNDER- DOWN-	 PRO- FORE-	 RE- BACK-	CIRCUM- PERI-

例→interstate intrastate / superexpress sub-express
(州間の) (州内の) (超特急) (準急)

international …………… supranational
(国際的な) (超国家的な)

inscribe …… superscribe subscribe ……………… circumscribe
([文字を]彫る) (上書きする) (署名する) (～の周囲を線で囲む)

intercede ………… exceed ……………………… proceed recede
(仲裁する) (越える) (前進する) (後退する)

income outcome overcome / periscope
(収入) (結果) (克服する) (潜望鏡)

inside outside upside underside forepart backside
(内側) (外側) (上側) (下側) (前部) (後部)

outright upright downright
(公然と) (正直な) (徹底的な)

introvert extrovert / overestimate underestimate
(内向的な人) (外向的な人) (過大評価する) (過小評価する)

〈INTER-〉の重要語

□□2014. intercollegiate	(形) 大学相互間の，大学対抗の
□□2015. interment	[名] 土葬　◆ cremation（火葬）
□□2016. intercommunicate	{動} 互いに通信し合う　◆ **excommunicate（破門する）**
□□2017. **interdisciplinary**	(形) **学際的な** ◆ discipline に「学問分野」の意味あり。
□□2018. intergenerational	(形) 世代間の
□□2019. intergovernmental	(形) 政府間の
□□2020. interpose	{動}（言葉を）差し挟む ─┐「差し挟む」
□□2021. interject	{動}（言葉を）**突然差し挟む** ─┘の 2 動詞
□□2022. interjection	[名] [文法] 間投詞
□□2023. interlude	[名] 合間，**間奏曲**　◆ prelude（序文，**前奏曲**）
□□2024. intercept	{動} 妨げる ─┐
□□2025. **interdict**	{動} 制止する ─┤
□□2026. intermit	{動} 中断する ─┤「妨げる」の 5 動詞
□□2027. interrupt	{動} 邪魔する ─┤
□□2028. intervene	{動} 干渉する ─┘
□□2029. intermingle	{動} 混ぜる ─┐
□□2030. intermix	{動} 混ぜる ─┤「混ぜる」の 4 動詞
□□2031. intertwine	{動} 編み合せる ─┤
□□2032. **interweave**	{動} 織り交ぜる ─┘

★ INTERPRET の話

interpret は〈inter（中に入って）＋pret（価値をつける)〉と分析できるので，「解釈する」や「通訳する」の意味になる。

参考 ⑴ appreciate［ap（に）＋preci（価値を)］→価値を認める，感謝する
⑵ depreciate［de（下）＋preci（価値を)］→価値を下げる，軽視する

〈INTRA-〉の重要語

□□2033. intramural	(形) **学内の**，都市内の，建物内の（↔ extramural）
□□2034. intranet	[名] **イントラネット**（インターネット技術を企業内の情報交換に応用したネットワーク）
□□2035. **intraparty**	(形) **政党内の**　用例 an ～ faction（党内派閥）
□□2036. intravenous	(形) [名] 静脈内の，静脈注射，点滴 ◆詳しくは，「静脈注射」を intravenous injection，「**点滴**」を **intravenous drip** と言う。

〈INTRO-〉の重要語

□□2037. introduce	{動} (1)**中へ入れる** (2)導入する (3)紹介する (4)**手引きする** (5)序文をつける 用例→(1) introduce a key into a lock (鍵を錠へ差し込む) (4) introduce a person to chess (チェスの手ほどきをする)
□□2038. introspect	{動} 内省する，自己分析する

〈EXTRA-〉の高度語

□□2039. **extraconstitutional**	(形) **憲法の及ばない**
□□2040. extracurricular	(形) 課外の 用例 ～ activity (課外活動，**【俗】不正行為**)
□□2041. extramarital	(形) 婚外の 用例 ～ partner (浮気相手)
□□2042. **extraterrestrial**	(形)[名] 地球外の (生物)，**宇宙人** (=E.T.) ★ TERRE は「地球」を表す。
□□2043. extraterritorial	(形) 治外法権の ◆「**治外法権**」は，**extraterritoriality** と言う。

〈SUPER-〉の高度語

□□2044. **supercilious**	(形) 人を上から見下ろした，**高慢ちきな**
□□2045. **superfluous**	(形) **余分の**，不必要な
□□2046. superficial	(形) 表面の，**浅薄な**，無意味な
□□2047. superintend	{動} 監督する，指揮する
□□2048. supervise	{動} 監督する，取り締まる
□□2049. supervene	{動} (不測のこと等が) 起こる，併発する
□□2050. supersede	{動} 取って代わる，取り替える，破棄する

〈SUPRA-〉の高度語

□□2051. supramundane	(形) 現世外の，霊界の ◆ **mundane** (**現世の**，世界の)
□□2052. suprarenal	(形) 副腎の 用例 ～ gland (副腎)

〈SUB-〉の重要語

□□2053. sub	[名]【口】潜水艦，補欠 {動} [for 〜] **〜の代わりをする**
□□2054. subarachnoid	(形) [解剖] 蜘蛛膜下の ◆〜 **hemorrhage**(蜘蛛膜下**出血**) ― 医学用語２つ
□□2055. subcutaneous	(形) [解剖] 皮下の ◆〜 **injection**（皮下**注射**）
□□2056. subcommittee	[名] 小委員会
□□2057. subcontinent	[名] 亜大陸
□□2058. **subcontract**	[名] {動} **下請け（をする）**
□□2059. **subdivide**	{動} **さらに細かく分ける**
□□2060. subdivision	[名] 細別，【米】(宅地の) 分譲地
□□2061. **sublet**	{動} **又貸しする**（＝re-lease）
□□2062. subordinate	(形) 下位の，[文法] 従属の　[名] **部下**
□□2063. **subsidiary**	(形) 補助的な　[名] **子会社**
□□2064. subsidize	{動} 補助金を出す ― 比較
□□2065. subsidization	[名] 補助金交付 ― 比較
□□2066. **subsidy**	[名] **補助金** ― 比較
□□2067. substandard	(形) 標準以下の
□□2068. subterranean	(形) 地下の，地中の，秘密の ★ TERRA は「地」を表す。 ◆ **Mediterranean**（地中海の）

〈OUT-〉の高度語

□□2069. outbreak	[名]（戦争・伝染病等の）勃発・発生，反乱 ◆ **breakout** は「**脱走**」。
□□2070. outlook	[名] 見晴らし，見込み [for 〜]，見解 [on 〜] ◆ **lookout** は「警戒，【口】**関心事**」。
□□2071. **outpatient**	[名] **外来患者** ◆ **inpatient** は「**入院患者**」，impatient は「性急な」。
□□2072. outsize	(形)（衣服等が）特大の
□□2073. outskirts	[名] 郊外，町外れ，**限界**
□□2074. **outplacement**	[名]（他社への）**再就職の斡旋** ◆結局は dehiring（首にすること）の遠回し表現。

□□2075. out-of-court	(形) 法廷外の, **示談による**	複合語5つ
□□2076. out-of-date	(形) 時代遅れの, **期限切れの**	
□□2077. out-of-pocket	(形) 現金払いの, 自腹の	
□□2078. out-of-print	(形) 絶版の	
□□2079. out-of-the-way	(形) 辺鄙(へんぴ)な, **珍しい**, 無礼な	

〈OVER-〉の高度語

□□2080. overbear	{動} 威圧する, 圧倒する	
□□2081. **overbearing**	(形) **傲慢な**	
□□2082. overboard	〈副〉船外へ ◆ **go overboard** は口語で「**有頂天になる**」。	
□□2083. overfish	{動} (魚を) 乱獲する	
□□2084. **overhaul**	{動} 総点検する, 【口】**精密検査する**	
□□2085. overhear	{動} 偶然耳にする 注意 **eavesdrop** (盗み聞きする)	
□□2086. **oversight**	[名] **見落とし**, 監督	比較
□□2087. **overview**	[名] **概要**, 全体像	

〈UNDER-〉の高度語

□□2088. underage	(形) 未成年の 同 minor-aged	
□□2089. underbelly	[名] 下腹部, **弱点** [of ～]	
□□2090. underclothes	[名] 下着類 同 underwear ;【口】undies	
□□2091. underdog	[名] 競争に負けた犬, (生存競争の) **敗北者** ◆ underdog-loving は「判官びいき」。	
□□2092. undergrad	[名]【口】**大学在学生**, 学部生	
□□2093. underline	{動} 下線を引く, **強調する**	「強調」の2動詞
□□2094. **underscore**	{動} 下線を引く, **強調する**	
□□2095. **underplay**	{動} 控えめに演じる	「控えめ」の2動詞
□□2096. understate	{動} 控えめに述べる	
□□2097. **undersecretary**	[名] (各省の) **次官**	
□□2098. understudy	[名] (代役を務める) 補欠俳優, (臨時の) 代理 {動} 代役の稽古をする	
□□2099. **underwhelm**	{動}【口】(人の) **興味を削ぐ**, 白けさせる ◆ overwhelm は「圧倒する, (人を) 困惑させる」。	

〈UP-〉の高度語

□□2100. upbeat	[名]（景気の）上向き，（形）**楽天的な**	「景気上昇」の 4 名詞
□□2101. upswing	[名]（景気の）上向き，{動}向上する	「景気上昇」の 4 名詞
□□2102. uptick	[名]（景気の）上向き	「景気上昇」の 4 名詞
□□2103. uptrend	[名]（景気の）上昇傾向	「景気上昇」の 4 名詞
□□2104. uppish	（形）【口】生意気な	「生意気」の 3 単語
□□2105. **upstage**	〈副〉舞台の奥で，**【口】威張った**	「生意気」の 3 単語
□□2106. **upstart**	（形）[名] **成り上がり者（の）**，生意気な	「生意気」の 3 単語
□□2107. **uphill**	（形）〈副〉上がり坂の［で］，**困難な［で］**	
□□2108. upheaval	[名]（地面の）隆起，大変動，動乱	
□□2109. uprising	[名] 反乱，暴動	
□□2110. uplift	[名] 隆起，（精神的な）高揚，ブラジャー	
□□2111. upsurge	[名]（感情等の）突然の高まり［of ～］	
□□2112. upscale	[名]【米口】上流階級の，**高収入の**	
□□2113. uproot	{動} 根絶する	
□□2114. upend	{動} 逆さにする，**【口】やっつける**	
□□2115. upholstery	[名] 室内装飾品，室内装飾業	
□□2116. upkeep	[名] 維持	
□□2117. upshot	[名] 結果　◆ **in the upshot**（結局）	
□□2118. **uptake**	[名] **理解（力）** ◆ quick on the uptake（理解が早い）	
□□2119. upstairs	〈副〉階上へ，【口】**頭の中は**	
□□2120. up-and-coming	（形）【米口】**精力的な**，前途有望な	複合語 6 つ
□□2121. up-and-down	（形）起伏のある，**波瀾万丈の**（＝eventful）	複合語 6 つ
□□2122. **up-and-up**	[on the ～]【米口】**正直な**，信頼できる	複合語 6 つ
□□2123. **up-front**	（形）【口】前もっての，**率直な**，大胆な	複合語 6 つ
□□2124. up-to-date	（形）最新式の	複合語 6 つ
□□2125. **up-to-the-minute**	（形）**ごく最新の**（情報を取り入れた）	複合語 6 つ

参考

(1) She is all vacant upstairs.（彼女の頭の中は全くからっぽだ）

(2) He is very up-front about his opinions.（彼は大変率直に意見を述べる）

〈DOWN-〉の高度語

□□2126. downfall	[名] 没落，土砂降り 同 downpour
□□2127. downhill	〈副〉下り坂の ◆ **go downhill**（没落する）
□□2128. downswing	[名]（景気の）下向き ─┐
□□2129. downtrend	[名]（景気の）下降傾向 ─┼─「景気下降」の 3 名詞
□□2130. downturn	[名]（景気の）下降，停滞 ─┘
□□2131. downcast	(形) 視線を落とした，意気消沈した
□□2132. downhearted	(形) 落胆した
□□2133. **downsize**	{動}（規模を）縮小する，（人員を）**削減する**
□□2134. **downer**	[名]【口】**鎮静剤，気がめいる人** [状況]
□□2135. down-and-out	(形) [名] 落ちぶれた [無一文の]（人）
□□2136. down-at-the-heels	(形)（靴のかかとが）擦り切れた，みずぼらしい
□□2137. **down-to-earth**	(形) **実際的な**
□□2138. **down-home**	(形)【口】**南部の**，田舎臭い，**気さくな**

〈FORE-〉の高度語

□□2139. forefoot	[名]（動物の）前足 ─┐「前足」の 2 名詞
□□2140. foreleg	[名]（昆虫の）前足 ─┘
□□2141. forefather	[名] [-s] 先祖 ─┐「先祖」の 2 名詞
□□2142. **forebear**	[名] [-s] 先祖 ─┘
□□2143. forebode	{動} 前兆となる ─┐
□□2144. **foreshadow**	{動} 前触れとなる ─┼─「前兆」の 3 単語
□□2145. **forerunner**	[名] 前兆，**先駆者** ─┘
□□2146. foreknow	{動} 予知する ─┐「予知」の 2 動詞
□□2147. foresee	{動} 予知する ─┘
□□2148. foretell	{動} 予言する 同 predict
□□2149. forego	{動} ～に先行する 同 precede
□□2150. **foregoing**	(形) **先行の**，前述の

〈BACK-〉の高度語

□□2151. **backbite**	{動}**【口】陰口を言う**，中傷する	「中傷」の2動詞
□□2152. backstab	{動}中傷する，攻撃する	
□□2153. **backfire**	{動}**裏目に出る**	
□□2154. backlight	{動}［名］逆光（で照らす）	
□□2155. **backdrop**	［名］**背景**，背景幕	「背景」の2名詞
□□2156. background	［名］背景，経歴，（織物の）地	
□□2157. **backpedal**	{動}ペダルを逆に漕ぐ，**【口】前言を取り消す**	
□□2158. backseat	［名］後部座席 ◆ take a backseat（【口】控えめにする） ◆ backseat driver は「うるさく口出しする人」。	

［重要文例］

[345] A week **intervenes between** Christmas and New Year's Day.
（クリスマスと元旦**の間は**１週間**ある**）

[346] Limited expresses may be superseded by bullet trains.
（特急が超特急に取って代わられるかもしれない）

[347] He has superseded me as treasurer of the society.
（彼は私の後任として，その会の会計に就任した）

[348] I had my car overhauled at the garage.
（私は修理工場で車の整備をしてもらった）

[349] The hurricane uprooted some of the trees lining the street.
（ハリケーンでその通りの街路樹が何本か根こそぎやられた）

[350] The municipality uprooted many families from their houses near the store.
（市当局は，その店付近の家から多くの世帯を立ち退かせた）

[351] He uttered wild words **a little while ago**, but he soon backpedaled.
（彼は**少し前に**暴言を吐いたが，すぐ取り消した）

[3] 時間関係の接頭辞の攻略

意味	前	後	中	共	再
	PRE- ANTE- FORE-	POST- BACK-	MID-	COM-	RE-

例→ prewar　　postwar
(戦前の)　(戦後の)
prescribe　postscript
(処方する)　(追伸)
↑　↑
前もって書く　後で書く

★ PRECEDE と PROCEED

precede は〈PRE（時間的な前）+CEDE（行く）〉なので，「先行する」の意味となる。

proceed は〈PRO（空間的な前）+CEED（行く）〉なので，「前進する」の意味となる。

〈PRE-+既知語〉の重要語

□□2159. precondition	[名] 前提条件
□□2160. preconference	[名] 予備会談
□□2161. **prehistory**	[名] **先史時代**
□□2162. premarital	(形) 婚前の　◆ premarital sex（婚前交渉）
□□2163. premature	(形) 早熟の　◆ premature birth（早産）
□□2164. **preoccupy**	{動} **夢中にさせる**
□□2165. prepossessing	(形) **好感の持てる**，魅力のある
□□2166. prepossession	[名] 先入観，好感
□□2167. preschool	(形) 就学前の　[名]【米】**幼稚園，保育所**
□□2168. **prescience**	[名] **予知，予見**
□□2169. **pretax**	(形) 税引き前の，**税込みの**
□□2170. **pretext**	[名] **口実**，弁解 [for ～]
□□2171. **preview**	[名]（映画の）**試写会**，（テレビ等の）**予告編**

［4］注意すべき接頭辞の傾向

英単語原則 ㉖　〈OVER-＋基本動詞〉は〈V too much〉の意味

例→ overwork（働きすぎる）

英単語原則 ㉗　〈OUT-＋基本動詞〉は〈V more than 〜〉の意味

例→ outwork（〜よりよく仕事をする）

英単語原則 ㉘　DE-の意味は次の 4 つが主流

①「下」　例→ descend（下りる），demote（降格する）

②「出」　例→ detrain（列車から降ろす），debug（虫を駆除する）

③「非」　例→ demerit（欠点），decentralize（地方分権にする）

④「強意」例→ definite（明確な），deserve（値する← ［完全に役立つ］）

〈OUT-〉（〜よりよく V する）の重要語

□□2172. outdo	{動} 〜よりもうまくやる
□□2173. outclass	{動} 〜よりも高級である
□□2174. outfox	{動}【口】〜に知恵で勝つ ┐
□□2175. outwit	{動}【口】〜に知恵で勝つ ├「賢い」3 動詞
□□2176. outsmart	{動}【口】〜に知恵で勝つ ┘
□□2177. **outgrow**	{動} **〜よりも大きくなる** ◆ **overgrow（［雑草等が］はびこる）**
□□2178. outlast	{動} 〜よりも長持ちする
□□2179. outplay	{動} 〜に競技で勝つ
□□2180. outtalk	{動} 〜にお喋りで勝つ，〜よりも多く喋る
□□2181. outwalk	{動} 〜よりも速く歩く
□□2182. **outrun**	{動} **〜よりも速く走る** ◆ **overrun（［範囲を］越える）**
□□2183. outpoint	{動} 〜よりも多く点を取る
□□2184. outpoll	{動} 〜よりも多く票を得る
□□2185. outvote	{動} 〜よりも多く票を得る，〜に票で勝つ
□□2186. **outnumber**	{動} **〜よりも数が多い**
□□2187. outperform	{動} 〜よりも性能が良い
□□2188. outrival	{動} 〜を打ち負かす
□□2189. outshine	{動} 〜より光る，〜より勝れている
□□2190. **outweigh**	{動} 〜より重い，**〜より重要である**

〈DE-〉の重要語

□□2191. debase	{動}（品位を）落とす		「堕落」の7単語
□□2192. degrade	{動} 堕落する，降格する		
□□2193. degenerate	{動} 堕落する，退化する		
□□2194. **deteriorate**	{動} 堕落する，**悪化する**		
□□2195. deprave	{動} 堕落させる，悪化させる		
□□2196. demoralize	{動} 堕落させる，士気をくじく		
□□2197. decadence	[名]（道徳・文芸等の）衰微，堕落		
□□2198. debug	{動} ～から害虫を駆除する		「除去」の7動詞
□□2199. deforest	{動} ～の森林を伐採する		
□□2200. dehumanize	{動} ～の人間性を奪う		
□□2201. demythologize	{動} ～の神話性を取り除く		
□□2202. **dehumidify**	{動} **～を除湿する**		
□□2203. **dehydrate**	{動} **～を脱水する**		
□□2204. dehydrogenate	{動} ～から水素を取り除く		
□□2205. depopulate	{動}[be depopulated by ～]（戦争・疾病等で）人口が激減する 注意 dispeople（～の住民を絶やす，人口を減らす）		
□□2206. **decelerate**	{動} ～を減速する 反 **accelerate**（加速する）		
□□2207. **detrain**	{動} ～を電車から降ろす 反 **entrain**（～を電車に乗せる）		
□□2208. dethrone	{動}（王等を）退位させる 反 enthrone（[人を] 王位につかせる）		
□□2209. decriminalize	{動} ～を**解禁する**，～を罰の対象から外す 注意 **criminalize**＝criminate（～**に罪を負わせる**）		

★ DISEASE と DECEASE

diseaseは〈dis（不）+ease（楽）〉だから「病気」。

deceaseは〈de（出）+cease（行く）〉で，この世から出ていき「死亡」の意味となる。

4－4　否定辞で覚える

[1] 否定の接頭辞一覧と 4 つの法則

UN-	MIS-	IN-	DIS-	NON-	A-	MAL-	ANTI-	COUNTER-
不	誤	不	不	無	無	悪	反	反
unused（新品の） unable ………（不可能な）	misuse ………（誤用する）	inability（不能）	disuse（廃止） disable（不能にする）	nonuse（不使用）	apathy ……（無感動）	malodor（悪臭）	antipathy（反感）	counterattack（反撃）
覚え方→「あん・みつ・いん・です・のん？　あ・まる・はんたい・かうんだ！」 （意味：あん蜜［食べて］いいの？　あ，丸反対［だったね］，買うんだ［ったね］）								

否定辞法則①　短い形容詞には UN-，長い形容詞には IN-がつくことが多い。

unable（できない），unclear（はっきりしない）
incapable（不能の），indefinite（不明確な）

否定辞法則②　UN-は-able に，IN-は-ible につくことが多い。

unthinkable（考えられない），unspeakable（言い表せない）
incomprehensible（理解不能の），inexpressible（表現不可能な）

否定辞法則③　UN-＋短い動詞で，その動詞の行為の逆を表す動詞を作る。

untie（ほどく），uncap（蓋をとる），uncage（檻から出す）

否定辞法則④　UN-で始まる表現は前置詞で終わる複合語を作る。

uncalled-for（差し出がましい），uncared-for（世話されない），
unlooked-for（思いがけない），unthought-of（途方もない）
undreamed-of（夢想だにしない），unheard-of（前代未聞の）

[2] 否定の接頭辞の攻略

〈UN-〉の高度語

□□2210. unaddressed	(形)(手紙等)宛名のない
□□2211. un-American	(形)非アメリカ的な ◆anti-American は「反米の」。
□□2212. **unassuming**	(形)**気取らない**,でしゃばらない
□□2213. unavailing	(形)効果のない,役に立たない
□□2214. unbalanced	(形)不均衡な,未決算の ◆unbalance は「不均衡(にする)」。 注意 日本語の「アンバランス」は **imbalance** が適当。
□□2215. **unbeknown**	(形)〈副〉**【口】知られない(で)**
□□2216. **unborn**	(形)まだ生まれていない,**将来の** ◆ **inborn は「生まれつきの」**。
□□2217. unchristian	(形)キリスト教的でない,**【口】無茶な**
□□2218. unclassified	(形)分類していない,(文書が)機密扱いでない
□□2219. undeceive	{動}(迷いや誤解を)解く
□□2220. **undies**	[名]**【口】**(女性や子供用の)**下着類** ◆この"un"は否定辞ではない。
□□2221. unearthly	(形)この世の物とは思えない,神秘的な,**【口】常識はずれの** ◆earthly(=fleshly=worldly)は「世俗の」。 →{動} unearth(発掘する,[秘密等を]発見する)
□□2222. uneventful	(形)波乱のない,平穏な(↔ **eventful:波瀾万丈の**)
□□2223. **unflappable**	(形)**【口】冷静な**,落ち着き払った
□□2224. unfreeze	{動}解凍する,(賃金等の)凍結を解除する
□□2225. ungainly	(形)不格好な,ぎこちない
□□2226. ungodly	(形)不信心な,**【口】ひどい**
□□2227. unholy	(形)神聖でない,**【口】ひどい**
□□2228. unlawful	(形)不法な,違法の(=illegal),非嫡出の
□□2229. unmanly	(形)男らしくない ◆manly は「(男が)男らしい」,mannish は「(女が)男っぽい」。 →{動} unman(男らしさを失わせる,[船等を]無人にする) ◆unmanned は「無人の」の意味。
□□2230. unmerciful	(形)無慈悲な,【口】ひどい
□□2231. **unpeople**	{動}**~の住民を絶やす** ◆ **dispeople** は「**~の人口を減らす**」。

□□2232. unplaced	(形) (３位以内に) 入賞しない
□□2233. unschooled	(形) 教育を受けていない，(才能等が) 生まれつきの
□□2234. **untoward**	(形) (事情等が) **不運な，好ましくない**
□□2235. unwell	(形) 体調が悪い，生理中の
□□2236. **unwonted**	(形) **異常な**，珍しい　◆ unwanted は「**好ましくない**」。

〈MIS-〉の高度語

□□2237. **misadventure**	[名] **不運**，災難
□□2238. misbegotten	(形) 卑劣な，(計画等が) まずい，(子どもが) 私生の
□□2239. miscue	[名] [玉突き] 突き損ない，【口】**失敗**
□□2240. **miscarry**	{動} **流産する**，(手紙等が) 誤配になる
□□2241. misfire	{動} 不発になる，(計画等が) 功を奏しない
□□2242. misgive	{動} 不安を抱かせる

〈IN-〉の高度語

□□2243. immaculate	(形) 汚れのない，純潔な，**欠点のない**
□□2244. impeccable	(形) **非の打ち所のない**
□□2245. impalpable	(形) 微妙な，理解しにくい　反 palpable
□□2246. impassable	(形) 通り抜けできない
□□2247. impassive	(形) 無感動な，落ち着いた
□□2248. **impecunious**	(形) **無一文の**　◆ pecuniary は「金銭上の」。
□□2249. implacable	(形) **なだめようのない**，容赦のない
□□2250. **impregnable**	(形) **難攻不落の**，(信念等が) 確固たる ◆異語源で「受胎可能の」の意味もある。
□□2251. inadvertent	(形) 不注意な，怠慢な
□□2252. inauspicious	(形) 不吉な　反 auspicious
□□2253. **incivility**	[名] 不作法，**無礼** ◆ uncivil は形容詞で「**無礼な**，無愛想な」の意味。
□□2254. incontinent	(形) [医] 失禁の，淫乱な
□□2255. incorrigible	(形) (性格等を) 直すことのできない
□□2256. incredible	(形) [事が] 信じられない，【口】途方もない　（比較：2257）
□□2257. incredulous	(形) [人が] 容易に信じない　（比較：2256）
□□2258. inculpable	(形) 罪のない，潔白な　反 culpable (有罪の)
□□2259. indecision	[名] 優柔不断
□□2260. **indelible**	(形) 消えない，**忘れられない**　◆ delete は「削除する」。

□□2261. indubitable	(形) 疑う余地のない，確実な ◆ dubious は「半信半疑の」。
□□2262. inedible	(形) 食用に適さない ◆ uneatable は「(腐ったりして)食べられない状態の」。
□□2263. ineffable	(形) 言語に絶する
□□2264. ineluctable	(形) 不可避の 同 inescapable；unavoidable ─┐─ 比較
□□2265. inevitable	(形) 必然の，【口】**お決まりの** ─┘
□□2266. infallible	(形) 絶対に間違わない ［名］絶対確実な人[物]
□□2267. **insalubrious**	(形) 不健康な 反 salubrious
□□2268. intangible	(形) 触れることのできない，つかみどころのない ◆ **intangible cultural assets** は「**無形文化財**」。
□□2269. intractable	(形) 手に負えない，強情な
□□2270. involuntary	(形) 無意識の，不本意の ◆ involuntary muscle は「不随意筋」。

〈DIS-〉の高度語

□□2271. disaffect	{動} 不満を抱かせる
□□2272. disassemble	{動} 分離する，分解する ─┐─ 比較
□□2273. dissemble	{動}（感情等を）隠す，偽る ─┘
□□2274. **disbelieve**	{動} **信じない** ◆ **unbelief** は名詞で「**不信，不信仰**」。
□□2275. disclose	{動} ～を暴露する 注意 unmask（正体を表す）
□□2276. **discolor**	{動} **変色させる** ◆ **decolor** は「**脱色する**」。 **uncolored** は「**無色**/無着色の，**誇張しない**」。
□□2277. discompose	{動} ～の心を動揺させる ◆ decompose は「分解/腐敗する」。
□□2278. disconnect	{動}（連絡を）断ち切る，（電話を）切る
□□2279. disconnected	(形) 連絡のない，一貫性のない ◆ unconected は「連続していない，無関係の」。
□□2280. disengage	{動} 解放する，撤退する →［名］disengagement（婚約解消） [be ～ed] 約束/仕事がない
□□2281. **disillusion**	{動}［名］**幻滅（を感じさせる），迷い（を覚ます）**
□□2282. disinfect	{動} 消毒する，殺菌する
□□2283. dislocate	{動} 関節を外す，混乱させる，位置を変える →［名］**dislocation**（［医］**脱臼**，［地学］**断層**）

□□2284. **dismember**	{動}（手足を）**切り離す**，（国土を）**分割する**
□□2285. disprove	{動} 誤りであることを証明する，反証する
□□2286. dissociate	{動} 分離する，関係を断つ　反 associate
□□2287. dissuade	{動} 思い止まらせる　反 persuade
□□2288. **distract**	{動}（心・注意等を）**そらす** ◆ detract は「（価値・名声を）**減じる**」。
□□2289. disunite	{動} 分裂させる，不和にする，不和になる
□□2290. disunion	[名] 分裂，不和　用例 internal disunion（内輪もめ）

〈NON-〉の高度語

□□2291. **nonevent**	[名]【口】**期待はずれの出来事**
□□2292. nonfat	(形) 無脂肪の　◆ low-fat は「低脂肪の」。
□□2293. nonflammable	(形) 不燃性の　◆ inflammable は「可燃性の」。
□□2294. nonlead	(形)（ガソリンが）無鉛の
□□2295. **nonmember**	[名] **非会員**
□□2296. nonmetal	[名] 非金属
□□2297. nonskid	(形)（タイヤ等が）滑らない
□□2298. nonstick	(形)（鍋等が）焦げ付かない，くっつかない
□□2299. nonviolence	[名] 非暴力主義

〈A-〉の高度語

□□2300. amoral	(形) 超道徳の，道徳に無関係の ◆ immoral は「不道徳的な」。
□□2301. atheism	[名] 無神論
□□2302. amnesia	[名]［医］健忘症　◆ mnemonics は「記憶術」。
□□2303. **aphasia**	[名]［医］**失語症**
□□2304. aphonia	[名]［医］失声症
□□2305. **avitaminosis**	[名]［医］**ビタミン欠乏症**

〈MAL-〉の高度語

□□2306. malcontent	(形) [名] 不満を持った，反体制派の（人）
□□2307. malfunction	[名] 機能不全，［電算］**誤作動**
□□2308. malnutrition	[名] 栄養失調
□□2309. maltreat	{動} 虐待する，冷遇する

〈ANTI-〉の高度語

□□2310. anti	[名]【口】反対者
□□2311. **antibiotic**	(形) [名] **抗生物質（の）**
□□2312. antibody	[名] [生理] 抗体
□□2313. antigen	[名] [生理] 抗原
□□2314. anticancer	(形) 抗癌性の
□□2315. antiviral	(形) 抗ウイルス性の
□□2316. antiseptic	(形) [名] 防腐の，防腐剤
□□2317. antisocial	(形) 反社会的な ◆ unsocial は「非社会的な，**非社交的な**」。
□□2318. antithesis	[名] 正反対，対照，[修辞] 対照法・対句
□□2319. antinuke	(形)【口】反核の 同 antinuclear
□□2320. antiwar	(形) 反戦の
□□2321. antitheft	(形) 盗難対策の

〈COUNTER-〉の高度語

□□2322. counteract	{動} 和らげる，**中和する**，反作用する
□□2323. counterblast	[名] 猛反対
□□2324. counterclaim	[名]{動}[法] 反訴（する） 同 countersue
□□2325. countermand	{動} 取り消す [名] 注文の取消，撤回命令
□□2326. **counterterror**	[名] **報復テロ** ◆ counterterrorism は「報復テロ行為」。
□□2327. **countervail**	{動} **相殺する** 注意 offset（相殺 [する]）

[重要文例] CD-27

[352] He is **incredulous of** such scuttlebutt.
（彼はそんな噂**は信じない**よ）

[353] She rounded off her essay with **inevitable** jokes.
（彼女は**いつもの**ジョークでエッセイを締めくくった）

[354] If he is **disengaged**, I would like to confabulate with him.
（もし彼がお**取り込み中**でなければ，彼と談笑などしたいですね）

[355] She would give the world to dissociate herself from the **queer apple.**
（彼女はその**変人**との関係を断ちたいと切望している）

[356] Their chin-wag distracted me from studying.
（彼らのお喋りで勉強に集中できなかった）

[357] It's a crying need to counteract his fever with aspirin.
（彼の熱をアスピリンで下げるのが急務だ）

4－5　接尾辞で覚える　CD-28

[1] ER と EER で終わる高度単語を克服する

〈1〉ER 関連語の克服（名詞編）

ER 語尾の名詞は，一般に「人」を表します。ただし，-AR や-OR の形もあります。

例 singer（歌手）　scholar（学者）　visitor（訪問者）

ATE 語尾の動詞を，その行為の主体である「人／物」を表すように名詞化するには，語尾を-ATOR にする必要があります。

例 percolate（漉す）→ percolator（濾過器，パーコレイター）

ER 語と AR 語と OR 語で意味が異なる場合があります。次の差を確認しておきましょう。

□□2328. lier	（横たわる人）	□□2330. sailer	（帆船）
□□2329. liar	（嘘つき）	□□2331. sailor	（船員）

〈2〉ER 語尾高度名詞の克服

ER 語尾高度名詞	口語の意味	ER 語尾高度名詞	口語の意味
□□2332. **lotus-eater**	夢想家	□□2338. soft-liner	柔軟路線の人
□□2333. castle-builder	夢想家	□□2339. hard-liner	強硬派
□□2334. **fence-sitter**	**日和見主義者**	□□2340. fashionmonger	流行を追う人
□□2335. **timeserver**	**迎合主義者**	□□2341. gossipmonger	お喋り屋
□□2336. eye-catcher	魅力的な女	□□2342. rumormonger	噂を広める人
□□2337. **eye-opener**	**朝酒**	□□2343. **scaremonger**	**世間を騒がす人**

〈3〉ER語尾高度動詞の克服

英語の上級者になると，ERで終わる動詞も多く存在することが分かってきますが，ER語尾の単語を整理している単語の本は皆無に近いですね。次の単語は重要語ばかりです。しっかり覚えましょう。

〈☞ P.142〉

ER語尾高度動詞(5〜6文字)	口語の意味	ER語尾高度動詞(7〜9文字)	口語の意味
□□2344. caper	元気よく飛び回る	□□2360. blister	水ぶくれになる
□□2345. taper	先細になる	□□2361. bluster	威張り散らす
□□2346. **peter**	**徐々になくなる**	□□2362. **blunder**	**大失敗をする**
□□2347. pepper	(質問を)浴びせる	□□2363. plunder	掠奪する
□□2348. pamper	甘やかす	□□2364. palaver	だらだら喋る
□□2349. pander	迎合する	□□2365. **snicker**	**くすくす笑う**
□□2350. ponder	沈思する	□□2366. **stagger**	**唖然とさせる**
□□2351. pucker	皺を寄せる	□□2367. saunter	散歩する
□□2352. **bicker**	**口論する**	□□2368. bolster	支持する
□□2353. **dicker**	**値切る**	□□2369. scamper	大急ぎで逃げる
□□2354. dither	(心が)動揺する	□□2370. slither	ずるずる滑る
□□2355. barter	物々交換する	□□2371. slobber	よだれを垂らす
□□2356. banter	冗談を言う	□□2372. swagger	威張って歩く
□□2357. canter	(馬の)緩い駆け足	□□2373. maunder	だらだら喋る[歩く]
□□2358. canker	〜をただれさせる	□□2374. **squander**	**浪費する**
□□2359. simper	にやにや笑う	□□2375. sequester	隔離する

[重要文例]

[358] The teacher was **peppered with** an ocean of questions by his students.
(その先生は学生達から山ほど**質問を受けて**いた)

[359] The prim-looking girl was staggered by the news on the radio.
(その上品ぶった女の子はラジオのニュースに呆然とした)

[360] The children **scampered off** in all directions.
(子供達は蜘蛛の子を散らすように**大急ぎで逃げていった**)

◎英単語道 4 段ぐらいになると，ER 語尾動詞を文字追加で増やせるようになります。例えば，utter に P を付けると putter になり，S を付けると sputter になり，L を付けると splutter になります。また，utter を除けば，U の箇所を A に変えても動詞が存在することを発見します。整理しておきましょう。

□□2376.　5 字 utter （言葉を）発する （偽札を）**行使する**	□□2377.　6 字 putter 【米口】ぶらつく （時間を）**浪費する**	□□2378.　7 字 sputter 口ごもる （エンジン等が）音を立てる	□□2379.　8 字 splutter （早口に）喋る パチパチ音を立てる
動詞存在せず	□□2380.　6 字 patter **ペラペラ**喋る **パラパラ**雨が降る **パタパタ**走る	□□2381.　7 字 spatter （泥等を）はねかける （水等を）まく （悪口等を）**浴びせる**	□□2382.　8 字 splatter （泥等を）はねかける

[重要文例]

[361] He showed a strong bent for puttering about in the country.
（彼は田舎をぶらつくのが大好きだった）

[362] She **sputtered incoherently** in a towering rage.
（彼女はプンプン怒って**しどろもどろだった**）

[363] I was listening to **the patter of rain** on the bow window.
（私は出窓を打つ**雨の音**を聴いていた）

[364] The motor hearse spattered my coat with mud［=**mud on my coat**］.
（その霊柩車が私の上着に泥をはねかけた）

[365] He spattered me with ethnic slurs.
（彼は私に民族を揶揄（やゆ）するような悪口を浴びせた）

〈4〉EER 語尾単語の克服

EER 語尾の単語は〈基本語＋-EER〉になっています。

基本語	EER 語尾語	意味
command	□□2383. commandeer	{動} (1)徴兵する (2)【口】**奪い取る**
rocket	□□2384. **rocketeer**	[名] ロケット発射員，ロケット設計技師
racket	□□2385. **racketeer**	{動} ゆする，脅迫する [名] 暴力団員
profit	□□2386. profiteer	{動} **〜から暴利をむさぼる [from 〜]**
puppet	□□2387. puppeteer	{動} [名] 操り人形師（をする）
pulpit	□□2388. pulpiteer	[名] [軽蔑的] 説教屋 {動} お説教する
auction	□□2389. auctioneer	{動} [名] 競り売りをする（人）
election	□□2390. electioneer	{動} [名] 選挙運動をする（人）
slogan	□□2391. sloganeer	{動} [名] スローガンを作る/使う（人）
pamphlet	□□2392. pamphleteer	{動} [名] **小論文を執筆する**（人）

[重要文例]

[366] The sharp fellow tends to commandeer others' cellphones.
(その要領のいい男は他人の携帯電話を勝手に使う傾向がある)

[367] The sad sack takes a lot of time to pamphleteer.
(その要領の悪い人は［時事問題の］小論文を書くのに多くの時間を費やす)

[2]〈動詞を作る語尾の代表 ATE〉で終わる高度動詞を克服する

◆〈よく似た単語の組〉で覚える

英語 A	意味	英語 B	意味
□□2393. celebrate	祝う	□□2394. cerebrate	思考する
□□2395. decorate	飾る	□□2396. decollate	～の首をはねる
□□2397. corroborate	強める	□□2398. **collaborate**	**協力する**
□□2399. **interpolate**	**改竄（ざん）する**	□□2400. interpellate	質問する
□□2401. excoriate	非難する	□□2402. exfoliate	剝離する
□□2403. expatiate	詳述する	□□2404. expatriate	追放する
□□2405. emaciate	やつれさせる	□□2406. emancipate	解放する
□□2407. culminate	南中する	□□2408. calumniate	中傷する
□□2409. enumerate	列挙する	□□2410. **remunerate**	**報酬を支払う**
□□2411. **facilitate**	**容易にする**	□□2412. felicitate	祝辞を述べる

[重要文例]

[368] They celebrated her promotion.
(彼らは彼女の昇進を祝った)
[＝They congratulated her on her promotion.]（congratulate は人が目的語）

[369] All her efforts **culminated in failure.**
(彼女の努力は**水泡に帰した**)
[＝All her efforts went up in smoke.]（英語では水泡に当たるのが smoke）

[370] The methodical woman was **amply remunerated** for her work.
(その几帳面な女性は仕事に対する**報酬をたっぷりもらった**)

[3]〈高度動詞を作る語尾の代表 IZE〉で終わる動詞を克服する

現代社会は国際化やコンピュータ化等「〜化」とつく単語が豊富です。この「化」にあたる接尾辞が-IZE です。重要なものに限って整理しておきましょう。

IZE 語尾高度動詞	意味＋α
□□2413. computerize	コンピュータ化する　→［名］computerization
□□2414. robotize	ロボット化する　→［名］robotization
□□2415. privatize	民営化する　反 nationalize（国有化する）
□□2416. **decentralize**	**地方分権化する**　反 **centralize（中央集権化する）**
□□2417. generalize	一般化する　反 specialize（特殊化する）
□□2418. **humanize**	⑴**教化する**　⑵人間化する　◆ **personify（擬人化する）**
□□2419. **personalize**	⑴（物を）**私物化する**　⑵人格化する
□□2420. victimize	〜を犠牲にする，悩ませる
□□2421. scandalize	〜を呆れさせる，中傷する
□□2422. **materialize**	具体化する　同 actualize；concretize；**embody**
□□2423. **crystallize**	⑴結晶化する　⑵**具体化する**
□□2424. standardize	⑴標準化する　⑵規格化する
□□2425. canalize	⑴運河化する　⑵**〜を…に向ける**

[重要文例]

[371] The fond mother was finally scandalized by her son's behavior.
（その甘い母親はついに息子の振る舞いに愛想をつかした）

[372] The philanthropist **canalized his energies into** charity work.
（その博愛主義者は奉仕活動**に力を入れた**）

[4]〈考え方を表す語尾の代表 ISM〉を攻略する

英単語原則 ㉙　-ISM で終わる名詞は「主義」「教義」「学説」「哲学」「宗教」「政治」「慣例」または「病気」を表す。

ISM 語尾名詞	意味	ISM 語尾名詞	意味
□□2426. liberalism	自由主義	□□2452. Shintoism	神道
□□2427. socialism	社会主義	□□2453. Buddhism	仏教
□□2428. communism	共産主義	□□2454. Hinduism	ヒンズー教
□□2429. republicanism	共和主義	□□2455. Brahmanism	バラモン教
□□2430. imperialism	帝国主義	□□2456. **Taoism**	**道教**
□□2431. conservatism	保守主義	□□2457. **Confucianism**	**儒教**
□□2432. **progressism**	進歩主義	□□2458. Lamaism	ラマ教
□□2433. **radicalism**	急進主義	□□2459. Jainism	ジャイナ教
□□2434. terrorism	恐怖政治	□□2460. Zoroastrianism	ゾロアスター教
□□2435. anarchism	無政府主義	□□2461. Islamism	イスラム教
□□2436. nihilism	虚無主義	□□2462. **Judaism**	**ユダヤ教**
□□2437. despotism	独裁政治	□□2463. Catholicism	カトリック教
□□2438. **totalitarianism**	全体主義	□□2464. Protestantism	新教
□□2439. fascism	ファシズム	□□2465. Lutheranism	ルーテル教会の学説
□□2440. Nazism	ナチズム	□□2466. Puritanism	清教（主義）
□□2441. Marxism	マルクス主義	□□2467. **puritanism**	**潔癖症**
□□2442. **Maoism**	**毛択東思想**	□□2468. alcoholism	アルコール中毒
□□2443. Gandhism	ガンジー主義	□□2469. heroinism	ヘロイン中毒
□□2444. Platonism	プラトン哲学	□□2470. cocainism	コカイン中毒
□□2445. Aristotelianism	アリストテレス哲学	□□2471. **mercurialism**	水銀中毒
□□2446. Pythagoreanism	ピタゴラス哲学	□□2472. **arsenism**	**砒素（ひそ）中毒**
□□2447. **Cartesianism**	デカルト哲学	□□2473. autism	自閉症
□□2448. **Kantianism**	カント哲学	□□2474. **hedonism**	快楽主義
□□2449. Hegelianism	ヘーゲル哲学	□□2475. **asceticism**	苦行主義
□□2450. Baconianism	ベーコン哲学	□□2476. Keynesianism	ケインズ学説
□□2451. Nietzscheism	ニーチェ哲学	□□2477. Darwinism	進化論(ダーウィン説)

[5] ギリシア語源とラテン語源の連結形を持つ高度形容詞

英単語原則 (30) **① 一般に高度なレベルの形容詞は OUS 型である。**
② OUS 形容詞の中ではラテン系よりギリシア系の方が高レベル。

「多言語を話す人」の言い方は次の3通りあります。

① He speaks many languages.

② He is a multilingual.

③ He is a polyglot.

①は英語で最も簡単な言い方，いわば英語の「大和言葉」と言えましょう。

②と③はある程度レベルの高い単語を用いています。ちょうど漢語に当たります。

②はラテン語源の連結形を用いたmultilingual（← multi［多］+ling［言語］），③はギリシア語源の連結形を用いたpolyglot（← poly［多］+glot［舌］）が使われています。

＊＊＊＊＊＊＊＊＊＊＊＊＊＊＊＊＊＊＊＊＊＊＊＊＊＊＊＊＊＊＊＊＊＊＊

「～食性の」に当たる単語は，元来の英語を用いた複合語（英語の大和言葉）と，ラテン系の単語とギリシア系単語の3種類の言い方があります。

表にして示しましょう。

意味	複合語	ラテン系単語	ギリシア系単語
草食性の	grass-eating	□□2478. herbivorous	□□2479. phytophagous
肉食性の	meat-eating	□□2480. **carnivorous**	□□2481. sarcophagous
魚食性の	fish-eating	□□2482. piscivorous	□□2483. ichthyophagous
雑食性の	—	□□2484. omnivorous	□□2485. **polyphagous**
人食いの	man-eating	□□2486. **cannibalistic**	□□2487. anthropophagous

4－6　最初の2文字の形で覚える

[1] FLで始まる単語　CD-29

FLで始まる単語の代表，flyとflowの持つイメージというと，軽くふわっと移動する感じがあります。FLの間に母音を挟めば，日本語の擬態語ヒラヒラに近くなりますね。FLをFiLaとしてみれば分かります。FLで始まる短い単語（英語版大和言葉）は，まさに，日本語の擬態語ヒラヒラと同じイメージの単語が目立ちます。Flyに母音が挟まると「飛来」に聞こえてくるから不思議です。

英単語原則 (31)
FLで始まる単語はヒラヒラと飛んで流れるイメージを持つ。

英語	レベル	意味
□□2488. flap	B	{動} (1)（カーテンなどが）ひらひらする (2)（不安で）**はらはらする**
□□2489. flip	B	{動} (1)（指で）はじく　(2)さっと動かす
□□2490. flit	C	{動} すいと飛ぶ，動く
□□2491. float	A	{動} (1)浮かぶ，漂う　(2)（噂等が）流布する
□□2492. fluent	A	(形) 流暢な　→ [名] fluency
□□2493. fluid	B	[名] (1)流体（＝液体や気体） (2)（状況・意見等が）**変わりやすい**
□□2494. flux	B	[名] 絶え間ない変化，流転
□□2495. **flash**	A	[名] {動} (1)ひらめき［く］ (2)（時等が）**さっと過ぎる**（こと） (3)【口】**見せびらかす**（こと）
□□2496. **flush**	A	{動} (1)（怒りで）赤面する　◆ blush（恥で赤面する） (2)（水が）**どっと流れる**
□□2497. flounce	B	{動} (1)（急に怒って）飛び出す　(2)もがく，のた打つ
□□2498. flare	B	{動} ぱっと燃え上がる

[373] He flipped the door open.（彼はドアをさっと開いた）

[374] Memories flitted through his mind.（様々な思い出が彼の心をかすめた）

[375] A rumor is **floating around**.（ある噂が**飛び交っている**）

[376] The plans are still **fluid**.（その計画はまだ**流動的**である）

[377] She flashed him a glance.（彼女は彼をちらっと見た）
[378] He is **flush with** money.（彼はお金**をたっぷり持っている**）
[379] She flounced out of the room **in anger.**（彼女は急に**怒って**部屋を飛び出した）
[380] He **flared into a rage.**（彼は**かっとなった**）

［2］GL で始まる単語　CD-30

GL で始まる単語は，「ギラギラ」と輝く感じの意味を持つことが多い。これも母音を挟めば，GiLa となり，日本語の擬態語になりますね。清音のキラキラも同系列の音ですが，日本語でのイメージは清音の方がいい。王子様の目はキラキラしていますが，狼の目はギラギラしています。日本語の大和言葉では濁音を含む語はマイナスイメージです（→バカ，ボケ，ゴミ，ドロ，ボロ，クズ，グズ等挙げればキリがない）。英語にはこの特徴は見られません。英語の GL で始まる語は，光り輝くイメージから，栄光や喜びを表す単語，また，磨くイメージから虚飾のイメージの単語もあります。

英単語原則 ⑶2
GL で始まる単語はキラキラ，またはギラギラ輝くイメージを持つ。

英語	レベル	意味
□□2499. glow	B	｛動｝［名］⑴輝く，輝き　⑵（人・顔等が）**紅潮する**
□□2500. glare	B	｛動｝［名］⑴ぎらぎら光る　⑵（**怒って**）**睨みつける**
□□2501. gleam	B	｛動｝［名］⑴かすかに光る　⑵（希望等の）かすかな表れ
□□2502. **glimmer**	B	｛動｝［名］⑴ちらちら光る　⑵（希望等の）わずかな印
□□2503. **glitter**	B	｛動｝［名］⑴きらきら光る　⑵華麗さ，**魅力**
□□2504. glisten	B	｛動｝［名］（磨かれて［濡れて］）ぴかぴか光る
□□2505. glaze	B	｛動｝［名］⑴光沢を出す　⑵（目を）**かすませる**
□□2506. glad	基礎	（形）喜んで　→｛動｝gladden
□□2507. glory	A	［名］栄光　｛動｝**得意がる**
□□2508. **glee**	C	［名］**歓喜**
□□2509. glamour	B	［名］魅力　→｛動｝glamorize
□□2510. gloat	C	｛動｝満足げにじっと見る
□□2511. gloss	B	｛動｝［名］⑴磨く　⑵ごまかす　⑶**曲解する**
□□2512. gloze	C	｛動｝言い繕う

[381] Her cheeks glowed with shame.（彼女は恥ずかしくて顔が赤くなった）
[382] The lecturer glared at us for shouting.（騒いでいたので講演者は我々を睨んだ）
[383] Wit gleamed in his eyes.（彼の目には機知のひらめきがあった）
[384] There was **a glimmer of** hope.（**かすかな**希望の光があった）
[385] The sky glittered with stars.（空は星できらきら輝いた）
[386] His hair glistened with oil.（彼の髪は油でピカピカ光っていた）
[387] She is **in her glory** in the new dress.（彼女は新しい服を着て**ご満悦である**）
[388] They used to glory in their success.（彼らは成功を自慢していたものだ）
[389] He attempted to **glamorize** war.（彼は戦争を**美化**しようとした）
[390] She glossed her mistakes artfully.（彼女は過ちを巧みにごまかした）

[3] SL で始まる単語　CD-31

SL は，u 音と入れて読めば，「スルスル」となり滑るイメージが沸いてきます。また，s 音は濁音になれば z 音で，それに u 音を挟めば「ズルズル」と滑るだけでなく，のろく怠けるイメージを持ちますね。「スルスル」のイメージの代表語が〈slip〉で，「ズルズル」のイメージの代表語が〈slow〉と言えるでしょう。

英単語原則 (33)
SL で始まる単語はスルスル滑り，ズルズル怠けるイメージを持つ。

英語	レベル	意味
□□2513. **slip**	A	[名]｛動｝(1)滑る（こと） (2)（時が）いつの間にか過ぎ去る (3)【口】**つまらない間違いをする**
□□2514. **slide**	A	[名]｛動｝(1)滑る（こと） (2)こっそり移動する (3)【口】**物事を成り行きに任せる**
□□2515. sled	B	[名]｛動｝そり（でいく）
□□2516. sleigh	B	[名]｛動｝大そり（でいく）
□□2517. **slick**	B	(形) (1)滑りやすい　(2)**ずるい，**口のうまい
□□2518. sleek	C	(形) (1)［毛が］滑らかな　(2)栄養がよい　(3)口のうまい
□□2519. slim	A	(形) (1)すらっとした　(2)（可能性が）**わずかな**
□□2520. slender	A	(形) (1)すらっとした　(2)（収入等が）**わずかな**

□□2521.	**slenderize**	C	{動}**【米口】すらりとさせる**
□□2522.	slow	基礎	(形) {動} (1)遅い (2)鈍い (3) (火力が) 弱い
□□2523.	sloth	C	[名] (1) [動] ナマケモノ (2)怠惰
□□2524.	slug	C	[名] (1) [動] ナメクジ (2)怠け者
□□2525.	**sluggish**	C	(形) (1)鈍い，無精な (2) (経済等が) **不活発な**
□□2526.	slack	B	(形) (1)怠惰な (2) (商売等が) 不景気な
			{動}**【口】怠ける**
□□2527.	sly	A	(形) (1)ずるい (2)陰険な (3)**ひょうきんな**，お茶目な
□□2528.	sloppy	C	(形) [服が] だらしない
□□2529.	slatternly	C	(形) [女性が] だらしない
□□2530.	slovenly	C	(形)〈副〉だらしない [く]

[391] Years **slipped by** [away/along/on/past]. (時が**過ぎ去った**)
[392] I slipped up in my grammar. (私はうっかり文法上の誤りを犯した)
[393] He slipped into his shoes. (彼はさっと靴を履いた)
[394] **Don't let this opportunity slip. (この機会を逃してはいけません)**
[395] She slid into bad habits. (彼女はずるずると悪い習慣に陥った)
[396] **Don't let things slide. (ものごとを成り行きに任せてはいけません)**
[397] We slid over the problem. (我々はその問題には触れなかった)
[398] There is a **slim** chance of winning. (**わずか**に勝つ見込みがある)
[399] He used to live on a **slender** income. (彼は**わずかな**収入で生きたものだ)
[400] Don't slack at your work. (だらだら仕事をするな)

[４] DRで始まる単語 CD-32

DRにa音を挟めば，「だらだら」となりますが，この語感がDRで始まる短い単語のイメージに合います。「だらだら」は垂直的には滴る感じ，水平的には引きずる感じが出ますね。滴る意味の代表的単語は〈drop〉，引きずる意味の典型語は〈draw〉です。ダラダラの音感の持つマイナスイメージの単語も目立ちます。

英単語原則 (34)

DRで始まる単語はダラダラ滴り，引きずるイメージを持つ。

英語	レベル	意味
□□2531. drop	基礎	{動} (1)落ちる (2)滴る (3)倒れる (4)下がる (5)脱落する [名] (1)しずく (2)落下 (3)飴玉 (4) [a 〜] **少量** ◆ eye drops (目薬) [＝eyewash ; eye lotion]
□□2532. droop	B	{動} (1)垂れる (2)**衰える**
□□2533. drip	B	{動} (1)滴る (2)一杯である [with] [名]【口】**いやなやつ**
□□2534. drool	C	{動} (1)よだれを垂らす (2)やたらに喜ぶ
□□2535. drivel	C	{動} (1)よだれを垂らす (2)たわごとを言う (3)空費する
□□2536. dribble	B	{動} (1)よだれを垂らす (2)ドリブルする [名] 少量
□□2537. **drizzle**	B	{動} [名] **霧雨 (が降る)**
□□2538. **draw**	基礎	{動} (1)引く (2)引きつける (3)描く (4)**(文書を)作成する** [up] (5)(試合を)引き分ける
□□2539. drawl	C	{動} ゆっくり話す
□□2540. **drag**	B	{動} (1)引きずる (2) **(会議等を) 長引かせる** [out] (3)〜に無関係なことを持ち出す [into 〜]
□□2541. dragging	C	(形) のろい, ぐずぐずした
□□2542. draggle	C	{動} (1) (裾を) 引きずる (2)とぼとぼと進む
□□2543. drabble	C	{動} 泥だらけにする
□□2544. drain	A	{動} [名] (1)排水 (する) (2) **(財産・精力等を) 消耗 (させる)**

[401] Let the matter **drop here**. (その問題は**ここで打ち切り**にしよう)
[402] Will you drop me here ? (【口】ここで降ろしてくれますか)
[403] He dropped me with a single blow. (【口】彼は私を一撃で倒した)
[404] She **doesn't have a drop of** pride. (彼女には誇り**というものがかけらもない**)
[405] On hearing the news, our spirits drooped. (その報せを聞いてがっくりきた)
[406] The tap is dripping. (蛇口から水が垂れている)
[407] The dress was **dripping with** jewelry. (そのドレスは宝石で**飾り立て**てあった)
[408] He drew a check **on me** for $1,000. (彼は**私に対し**1,000ドルの小切手を振り出した)
[409] The bond draws interest at 5%. (公債に5%の利子がつきます)
[410] The play is **drawing well**. (その芝居は**人気を博して**いる)
[411] Time drags when we have nothing to do. (暇なときは時間の経つのが遅い)
[412] He dragged his experiences into the talk. (彼は自分の経験談を持ち出した)
[413] Would you drain these potatoes ? (このジャガイモの水気をよく切ってください)
[414] He drained his sister of every cent she had. (彼は妹から持ち金をすべて奪った)

[5] FR で始まる単語 CD-33

FR とその仲間の VR に母音を組み合せてできる日本語の擬態語に,「フラフラ」「ブラブラ」と「ブルブル」があります。「フラフラ」は弱いイメージ,「ブラブラ」は怠惰なイメージ, また,「ブルブル」は寒さや恐さで震えるイメージがありますね。同様に, 英語でも FR で始まる単語にこれらのイメージの言葉が目立ちます。

英単語原則 (35)
FR で始まる単語はフラフラ, ブラブラ, ブルブルのイメージ。

英語	レベル	意味
□□2545. frail	B	(形) (1)か弱い (2)もろい ◆～ happiness(はかない幸福)
□□2546. **frailty**	B	[名] (1)か弱さ (2)**弱点**
□□2547. fragile	A	(形) (1) (物が) 壊れやすい (2) (人が) 虚弱の
□□2548. fragility	B	[名] (1)もろさ (2)身体的虚弱
□□2549. **frazzle**	C	[名]【口】疲れた状態 {動}【口】**へとへとにさせる**
□□2550. **freak**	B	[名]【口】**～狂**, 変人
□□2551. frivolous	C	(形) 軽薄な, 愚かな → [名] frivolity (軽薄)
□□2552. fribble	C	{動} [名] (1)軽率に振る舞う(人) (2)(時間を)空費する(人)
□□2553. fritter	B	{動} (時間・金を) 浪費する [名] 少片, 断片
□□2554. free	基礎	(形) (1)自由な (2)暇な (3)無料の (4)気前の良い [with]
□□2555. freeze	A	{動} (1)凍る (2)(体が)凍える (3)(態度が)冷たくなる (4)**立ちすくむ** (5)冷凍保存する (6) (資産等を) 凍結する
□□2556. frigid	A	(形) (1)極寒の (2)(女性が)不感症の (3)(態度が)**冷淡な**
□□2557. frigidity	B	[名] (1)寒冷 (2)不感症 (3)冷淡
□□2558. frost	A	{動} [名] (1)霜 (で覆われる) (2)**【口】(本・公演等の) 失敗**
□□2559. froth	C	[名] (1)泡 (2)**くだらぬ物／話** {動} 泡を飛ばして言う
□□2560. fright	A	[名] (1)恐怖 (2)異様な物／人
□□2561. frighten	A	{動} (1)恐がらせる (2) (人を) 脅かして～させる
□□2562. frightful	A	(形) 恐ろしい, すごい

[415] I was **worn to a frazzle.** (【口】私は**くたくたになった**)

[416] The **golf freak** is frivolous. (【口】その**ゴルフ狂**の人は愚かだ)

[417] He wasted his time on frivolous pleasures.（彼は愚かな快楽に時間を浪費した）
[418] He **fritters away** his time on watching TV.（彼はテレビを見て時間**を浪費する**）
[419] She is always **free with** her money.（彼女はいつもお金**を惜しまない**）
[420] He is too free with me.（彼は私に馴々しすぎる）
[421] He **froze at** such a silly question.（彼はその馬鹿げた質問**に黙りこんだ**）
[422] The smile on her lips froze.（彼女の唇に浮かんだ笑みがこわばった）
[423] There is frost on the ground.（地面に霜が降りている）
[424] The party was **a frost.**（【口】そのパーティは**不評**に終わった）
[425] She frosted the cake with white sugar.（彼女はその菓子に白砂糖をまぶした）
[426] The clothes he's wearing today **is a fright.**（彼の今日の服装**にはぎょっとする**）
[427] I frightened him into telling the truth.（彼をおどして真実を語らせた）
[428] She frightened him out of drinking.（彼女は彼を脅かして酒をやめさせた）

［6］GR で始まる単語　CD-34

英語の［t］は［r］のように発音される傾向があります。water が「ワラ（藁）」，butter が「バラ（薔薇）」等と聞こえたりして，日本人の耳を惑わします。patter（Ⓑ雨などがパラパラ降る）は，素早く発音すると，「パラパラ」の音感と似ています。この patter には，「パタパタと走る」の意味もあり，ゆっくりと発音されても「パタパタ」の音感に合いますね。R は T と言語的に交換可能だから，GR → GT と分析して，適当に母音をはさむと，GaTa，GoTa 等となり，「ガタガタ」「ゴタゴタ」という擬態語ができます。英語の GR で始まる単語も日本語の音感と同じく，〈不満〉を表すものが多いと言えます。

英単語原則 ㊱
GR で始まる単語はガタガタ不平を言う重々しいイメージを持つ。

英語	レベル	意味
□□2563．grief	A	［名］⑴苦悩　⑵嘆きの種
□□2564．grieve	A	{動} ⑴悩ます　⑵悲しむ
□□2565．grievous	B	(形) ⑴悲痛な　⑵**重症の，重大な**
□□2566．grievance	C	［名］不満の種
□□2567．**gripe**	C	{動} ⑴不平を言う　⑵（腹を）きりきり痛ませる
□□2568．grizzle ①	C	{動} 不平を言う，（子供などが）だだをこねる

□□2569. grizzle ②	C	{動} 灰色になる［にする］
□□2570. **groan**	A	{動} (1)呻く　(2)不平を言う
□□2571. grouch	C	{動}【口】ぶつぶつ言う
□□2572. grouchy	C	(形)【口】**機嫌の悪い**
□□2573. grouse ①	C	{動}【口】こぼす　[名] 不平
□□2574. grouse ②	D	[名] 雷鳥
□□2575. **growl**	B	{動} (1)唸る　(2)不平を言う
	C	{動} **(雷や腹が) ゴロゴロ鳴る**
□□2576. **grudge**	A	{動} (1)**与えるのを惜しむ**，〜するのを惜しむ　(2)妬む
□□2577. grum	D	(形) 不機嫌な　同 glum
□□2578. grumble	A	(1) {動} ぶつぶつ言う
	B	(2) {動} **(雷が) ゴロゴロ鳴る**
□□2579. grump	C	[名] 気難しい人
□□2580. grumpy	D	(形) 機嫌が悪い
□□2581. grunt	B	{動} (豚等が) ブーブー鳴く
	C	{動} [名] **ブツブツ (言う)**[out]　◆ that 節も可能
□□2582. grunter	C	[名] (1)豚　(2)不平家
□□2583. **grate**	B	{動} (1)**きしむ**　(2)〜をイライラさせる [on 〜]
□□2584. **gravel**	B	[名] [集合的] 砂利
	C	{動} **イライラさせる**
□□2585. gravelly	C	(形) (1)砂利の　(2)声がガラガラで
□□2586. **gravity**	B	[名] (1)重力　(2)**重大さ**
□□2587. graum	D	{動}【俗】小言を言う，いらだつ

[429] The mother was still **grieving over** her child's death.
(母親はまだ子供の死**を嘆き悲しんで**いた) [over はくよくよしていることを暗示]

[430] He made a grievous mistake in his exam. (彼は試験で大変な間違いをした)

[431] My father grudged his son nothing. (父親は息子に何も惜しまず与えた)

[432] The poor woman grudged him his success.
(その貧しい女性は彼の成功を妬んだ)

[433] She grudged wasting time on it. (彼女はそのことに時間を使うのを惜しんだ)

[434] My boss grumbled at me about my work.
(上司は私の仕事に関して文句を言った)

[435] Mustn't grumble. [=Can't complain.] (【口】[健康状態は] まずまずだ)

[436] Their rude manners and loud voices **grate on** me.
(彼らの不作法と大声が私**の神経にさわる)**

コラム のんびり L とせっかち R

L を含む単語（=L 語）はゆったりとした動き，R を含む単語（=R 語）は素早い動きのイメージを持っていることが多いようです。天気を表す英単語で確認してみましょう。

fine（晴れ）→ cloudy（曇り）→ rainy（雨）

「晴れ」には動きのイメージはありませんが，「曇り」においては，雲のゆっくりとした動きを，「雨降り」においては，さらに動きの激しさを連想させますね。そういえば，slow という単語に L が，rapid という単語に R が入っています！

また，次の単語を比較してみましょう。

tree（木）→ log（丸太）→ wood（材木）

木は成長するので動的です。確かに tree は R 語ですね。木を伐り出して丸太にすれば，転がすことぐらいはできるのですが，どちらかと言えば静的です。それで log は L 語なのでしょう。さらに加工用に作られた wood は全く動きを感じません。

sleep like a log（熟睡する）という L が3つも入っている句は，確かに相当のんびりしているニュアンスが出ますね。tree の集まりの forest もやはり生命の営み（動的）を感じます。だから forest は R 語なのでしょう。ちなみに，全生命体の宝庫である地球も R を含む earth です。

さらに，walk（L 語）よりも run（R 語），lake（L 語）よりも river（R 語），close（L 語）よりも start（R 語），そして，クラシック音楽（classical music：L 句）よりもロック音楽（rock music：R 句）の方が素早く力強い動きを感じますね。

その他の例を挙げてみましょう。

L 語　ゆっくりイメージ		R 語　素早いイメージ	
turtle	海亀	hare	野兎
foolish	愚かな	smart	賢い
dull	冴えない	bright	冴える
loll	のらくらする	roll	転がる
lock	固定する	rock	揺さぶる
locket	（アクセサリーの）ロケット	rocket	（飛ばす）ロケット

頭は冷静（calm）にして論理的（logical）な思考を保ち雄大に構え，心は温かく（warm）思いやりの（considerate）気持ちをもってすぐ動くこと，すなわち，頭は静的に，心は動的にすると，人生は豊かになると私は考えています。

第 5 章

分野別分類高度単語集

Spring, Summer, Autumn, Winter...
Time's running past we murmur.

春，夏，秋，冬…　時は速く過ぎ行くね
…と我々は呟く

これは綴り換え（anagram）という遊びの例です。Spring ～ Winter の文字を並べ換えると，Time's ～ murmur.の文になるのですよ。他に例を示しましょう。

Alphabetically... I play all the ABC.
Eleven plus Two... Twelve plus One.
Revolution... Love to ruin.

とにかく，時はどんどん過ぎていきます。過去のことには後悔よりも反省を，未来のことには期待よりも希望を抱こう！

5－1　自然科学用語

[1] 環境 (1)

生態学	□□2588. ecology
生態系	□□2589. **an ecosystem**
	参考 **eco-friendly（環境に優しい）**
光化学スモッグ	□□2590. photochemical smog
排気ガス	□□2591. exhaust (gas)
	注意 **the exhausts（排気装置）**
排ガス規制	□□2592. emission control
窒素酸化物（NOx）	□□2593. nitrogen oxide
炭酸ガス（CO_2）	□□2594. carbon dioxide
オゾン層	□□2595. an ozone layer
オゾンホール	□□2596. an ozone hole
オゾン層**破壊**	□□2597. **depletion** of ozone layer
成層圏	□□2598. the stratosphere [対流圏の上層]
対流圏	□□2599. the troposphere
	◆地表から10～20kmの間の大気圏
大気汚染	□□2600. air pollution
海洋汚染	□□2601. sea contamination
汚染物質	□□2602. **a contaminant**
温室効果	□□2603. greenhouse effect
温室効果ガス	□□2604. greenhouse gases
酸性雨	□□2605. acid rain
酸性霧	□□2606. acid mist
地球温暖化	□□2607. **global warming**
富栄養化	□□2608. eutrophication
	★ EUは「優」を表す。
	参考 eugenics（優生学）
森林伐採	□□2609. **deforestation**（↔ **forestation**）
	★ DEは「出」を表す。 ☞ P.176
砂漠化	□□2610. **desertification**
	→{動}desertify

[1] 環境 (2)

ヘドロ	□□2611. sludge
核廃棄物	□□2612. radioactive waste
	比較 industrial waste (産業廃棄物)
ごみ発電	□□2613. waste-generated electricity
ごみ焼却施設	□□2614. garbage incineration facilities
熱帯雨林	□□2615. tropical rain forest
焼畑農業	□□2616. **swidden** agriculture
有機栽培	□□2617. **organic raising**
	◆ of fruits and vegetables を続けると正確。
発癌物質	□□2618. carcinogen
ダイオキシン	□□2619. dioxin
フロンガス	□□2620. **chlorofluorocarbon** (CFC)
環境破壊	□□2621. environmental disruption
自然保護	□□2622. **conservation**
	注意 **preservation** (保存, 貯蔵)
環境ホルモン	□□2623. **endocrine disrupter**
再生紙	□□2624. recycled paper
食物連鎖	□□2625. food chain
棲息地	□□2626. a habitat
種の多様性	□□2627. **biodiversity**
絶滅	□□2628. extinction ; extermination ; extirpation ; eradication ; annihilation ; wholesale destruction (of mankind)
・絶滅する	・exterminate ; extirpate ; eradicate
・絶滅させる	・**put** [**wipe/blot**] 生物 **out of existence**
・絶滅の一途をたどる	・be on the way to extinction ; be destined to become extinct
絶滅危惧種	□□2629. an **endangered** species

[2] 気象 (1)

夏至	□□2630. **the summer solstice**
冬至	□□2631. the winter solstice
春分	□□2632. **the vernal equinox**
秋分	□□2633. the autumnal equinox
樹氷	□□2634. trees covered with ice ; trees with ice-covered foliage
雨氷	□□2635. silver thaw ; silver frost ; glaze
台風	□□2636. a typhoon
・台風が発生した。	・A typhoon was formed [born/**spawned**].
・台風が**発達して**いる。	・A typhoon is **brewing** (down south).
・台風が消滅した。	・The typhoon dissipated.
台風の目	□□2637. the typhonic center
浸水	□□2638. inundation ; submersion (under water)
床上浸水	□□2639. flooding above the floor
床下浸水	□□2640. flooding below the floor
旱魃（かんばつ）	□□2641. **a drought** ; a long spell of dry weather
寒波	□□2642. a cold wave ; a cold snap
熱波	□□2643. a hot wave ; a heat wave
前線	□□2644. **a front** →(形)frontal
・前線が**停滞して**いる。	・A front is **hovering overhead.**
寒冷前線	□□2645. a cold front
温暖前線	□□2646. a warm front
梅雨前線	□□2647. a seasonal rain front
雨の確率	□□2648. chance of rain
にわか雨	□□2649. a shower
小糠（こぬか）雨	□□2650. a fine [drizzling/misty] rain ; 【米口】**a dribble**
みぞれ	□□2651. **sleet** →(形)sleety (みぞれの降る)
あられ	□□2652. hail ; graupel (雪あられ)
ひょう	□□2653. a hailstorm
桜開花予想	□□2654. cherry blossom prediction

[2] 気象 (2)

天気図	□□2655. a weather map
気象台	□□2656. **a meteorological observatory**
低気圧	□□2657. low atmospheric pressure ; an atmospheric depression
熱帯低気圧	□□2658. a tropical cyclone
温帯低気圧	□□2659. an extratropical cyclone
高気圧	□□2660. high atmospheric pressure ; the barometric maximum
・東日本が高気圧に覆われている。	・High atmospheric pressure overlies East Japan.
移動性高気圧	□□2661. **migratory** anticyclone
吹雪	□□2662. a snowstorm
大吹雪	□□2663. a blizzard
雪崩(なだれ)	□□2664. a snowslide ; **an avalanche** (of snow)
・雪崩が起こった。	・Avalanches rushed down the mountainside.
霜柱	□□2665. ice columns ; frost columns ; frost pillars
氷柱(つらら)	□□2666. **an icicle**
流氷	□□2667. **floating ice** ; drift ice ; an ice floe
氷山	□□2668. **an iceberg** ; a floating mass of ice
小春日和	□□2669. balmy autumn weather ; 【米】Indian summer ; 【英】St. Luke's summer
竜巻	□□2670. a tornado ; a whirlwind ; a waterspout [水上の]
渦潮	□□2671. **an eddying current**
群発地震	□□2672. an earthquake swarm
震源地	□□2673. the seismic center ; the epicenter [震央]
潮の干満	□□2674. ebb and flow
紫外線	□□2675. ultraviolet rays
赤外線	□□2676. infrared rays
遠赤外線	□□2677. **far infrared rays**
マイナスイオン	□□2678. a negative ion

[３] 地理

山脈	□□2679. a mountain range
海溝	□□2680. an ocean deep ; **a sea trench**
・日本海溝	・the Japan Deep
海峡	□□2681. a strait ; a channel ; **narrows**
鍾乳洞	□□2682. a stalactite grotto ; a limestone cave
平野	□□2683. a plain ; an open field
岬	□□2684. **a promontory** ; a headland ; cape ; a point of land
渓谷	□□2685. **a ravine** ; a gorge ; a canyon ; a valley
埋立地	□□2686. a reclaimed land
湿地	□□2687. a marsh ; a bog ; a swamp
珊瑚礁	□□2688. a coral reef
活火山	□□2689. an active volcano
休火山	□□2690. **a dormant volcano**
死火山	□□2691. an extinct volcano
リアス式海岸	□□2692. a Rias coast
海岸線	□□2693. a coastline
渓流	□□2694. a (mountain) torrent
環礁	□□2695. an atoll
溶岩	□□2696. lava
溶岩流	□□2697. a lava stream
火砕流	□□2698. **a pyroclastic flow**
蜃気楼	□□2699. a mirage
入江	□□2700. an inlet
潟	□□2701. a lagoon
大陸棚	□□2702. a land shelf ; a continental shelf
火口湖	□□2703. a crater lake
崖	□□2704. a cliff ; a bluff [海に面した] ; a precipice
砂丘	□□2705. a sand dune

5－2　文化関連用語

[1] 教育 (1)

保育園	□□2706. a nursery school
託児所	□□2707. **a (day) nursery**
幼稚園	□□2708. a kindergarten
幼児教育	□□2709. infantile education
男女共学	□□2710. co-education
学校5日制	□□2711. **five-day week school system**
	比較 **five-day workweek (週休二日制)**
課外活動	□□2712. extracurricular activity
体罰	□□2713. **corporal punishment**
給食	□□2714. school lunch
小テスト	□□2715. a quiz
	→(形)quizzical (ひやかしの，妙な)
偏差値	□□2716. **deviation value**
模擬試験	□□2717. a sham examination；
	a trial examination；【英口】a mock
中間試験	□□2718. a midterm examination；
	【米口】**a midterm**
期末試験	□□2719. a term-end examination
レポート	□□2720. a term paper　◆a report は「報告書」。
○×式テスト	□□2721. a true-false test
多肢選択式テスト	□□2722. a multiple-choice test
マークシート方式テスト	□□2723. **a machine scored exam**
ペーパーテスト	□□2724. **a written test**
	◆ **paper test** は「**紙質の検査**」。
奨学金	□□2725. a scholarship [主として返済不要]；
	a student loan [要返済]
フルブライト奨学金	□□2726. a Fulbright scholarship
奨学生	□□2727. a student **on a scholarship**
研究/創作奨励金	□□2728. fellowship

[1] 教育 (2)

丸暗記	□□2729. **rote** memorization
学級崩壊	□□2730. disorder in the classroom
遅刻した	□□2731. tardy →[名]tardiness
無断欠席	□□2732. **absenteeism** ◆「欠席率」の意味もある。
公欠	□□2733. **excused absence**
退学	□□2734. withdrawal [自主的]; expulsion from school [罰として]
退学者	□□2735. a dropout ◆「落ちこぼれ」の意味もある。 参考 a dropper (点眼器, 点滴器)
除籍	□□2736. removal from the school register
留年	□□2737. staying two years or longer in the same class
留年生	□□2738. a student remaining in the same class; a repeater
塾	□□2739. **a cram school**
予備校	□□2740. a preparatory school ◆米では大学へ, 英ではパブリックスクールへ入るための学校。
(日本の) 予備校	□□2741. a cram school for college entrance examinations
現役予備校	□□2742. a cram school intended for senior high school students
浪人	□□2743. **an unsuccessful examinee** (who tries entrance exams again through another or more years' preparation); a would-be but disappointed university entrant 参考 a would-be painter (自称絵描き)
母校	□□2744. **an alma mater**
校歌	□□2745. a school song; a college song
生涯教育	□□2746. lifelong education
成人を対象にした教育学	□□2747. andragogy ← andra(人間)+gogy(指導) ◆教育学は pedagogy (← ped [子ども]+ gogy [指導])。

[2] 旅行（1）

出入国管理	□□2748. immigration control
検疫	□□2749. **quarantine**
ビザ申請	□□2750. visa application
通過旅客	□□2751. a transit passenger
搭乗券	□□2752. a boarding pass
機内持ち込みの荷物	□□2753. **carry-on** baggage
通関手続き	□□2754. customs clearance
関税	□□2755. customs duties
超過手荷物	□□2756. excess baggage
手荷物検査	□□2757. security screening
手荷物引き替え証	□□2758. baggage claim tags
金属探知ゲート	□□2759. a metal-detection gateway
出国カード	□□2760. an **embarkation** card
入国カード	□□2761. a landing card
航空路	□□2762. air route；airway
航空券	□□2763. an air ticket
航空運賃	□□2764. an air fare
滑走路	□□2765. **a runway** 参考 **a runaway（逃亡）**
乱気流	□□2766. air turbulence；turbulent air
機内映画	□□2767. **in-flight** movie
機内サービス	□□2768. in-flight service
マイレージサービス	□□2769. mileage service
搭乗	□□2770. embarkation
身の回り品	□□2771. personal effects
直行便	□□2772. a nonstop flight
不時着	□□2773. **a forced**[emergency] **landing**
・不時着する	・make a forced landing； **crash-land**［破損を伴う場合］； be ditched［海上に］
航空交通管制	□□2774. air traffic control（ATC）
タラップ	□□2775. **ramp**

[2] 旅行 (2)

時差	□□2776. time difference
時差ボケ	□□2777. **jet lag**
港湾施設	□□2778. port facilities
埠頭	□□2779. wharf ; pier
定期船	□□2780. a liner
(飛行機の)定期便	□□2781. **an airliner**
不定期貨物船	□□2782. a tramp (steamer)
水中翼船	□□2783. **a hydrofoil**
ホーバークラフト	□□2784. a hovercraft
長距離列車	□□2785. a long distance train
特急	□□2786. a limited express train
急行	□□2787. an express train
上り列車	□□2788. **an up train**
下り列車	□□2789. **a down train**
客車	□□2790. a coach
寝台車	□□2791. a sleeping car
食堂車	□□2792. a dining car
ビュッフェ	□□2793. a buffet
立食パーティ	□□2794. a buffet party
お座敷列車	□□2795. a banquet room train
回送列車	□□2796. **a deadhead** (train) 参考 deadhear (【口】鈍い人)
トロッコ列車	□□2797. a windowless train for the sightseeing purposes
往復切符	□□2798. a round-trip ticket
片道切符	□□2799. a one-way ticket
周遊券	□□2800. an **excursion** ticket
寝台券	□□2801. a **berth** ticket
回数券	□□2802. a coupon ticket
指定席券	□□2803. a reservation ticket
グリーン券	□□2804. a reservation ticket for a green car
駅入場券	□□2805. **a platform ticket**

[2] 旅行 (3)

列車**ダイヤ**	□□2806. **a diagram**
休日ダイヤ	□□2807. a diagram for holidays
時刻表	□□2808. a timetable
途中下車	□□2809. a stopover；【米】a layover
乗り換え駅	□□2810. junction
観光バス	□□2811. a sightseeing bus
高速バス	□□2812. an expressway bus
ワンマンバス	□□2813. a **one-man-operated** bus
マイクロバス	□□2814. **a minibus**；a microbus
二階だてバス	□□2815. a double-decker bus
レンタカー	□□2816. a rent-a-car
レンタサイクル	□□2817. a rent-a-cycle
ロープウェイ	□□2818. a ropeway　参考 ropewalking（綱渡り）
ケーブルカー	□□2819. a cable car
宿泊施設	□□2820. **accommodations**
国民宿舎	□□2821. an inexpensive hotel operated by a local government
民宿	□□2822. **a tourist home**
宿屋	□□2823. inn ◆「居酒屋」と「(サービスを簡略化した大型の近代的な）ホテル」の意味もある。
宿坊	□□2824. a pilgrims' lodging in a temple
下宿屋	□□2825. a lodging house；【米】**a rooming house** 注意 [食事付] a boardinghouse
ロッジ	□□2826. a mountain hut
客室	□□2827. a guest room
ボーイ長	□□2828. a bell captain
スウィートルーム	□□2829. **a suite**
宴会場	□□2830. a banquet room
空室	□□2831. a **vacant** room
宿泊者名簿	□□2832. a hotel register
送迎サービス	□□2833. a meeting service

[2] 旅行（4）

高速道路	□□2834. an expressway
有料道路	□□2835. a toll road
料金所	□□2836. a toll gate
中央分離帯	□□2837. **a median strip** (=central reserve)
滞在期間	□□2838. period of stay
出発地	□□2839. origin
目的地	□□2840. destination
観光ルート	□□2841. a tourist route
免税品	□□2842. a duty-free article
お土産	□□2843. a souvenir
民芸品	□□2844. an article of folkcraft
名産品	□□2845. a specialty ; a noted product
骨董品	□□2846. **a curio**
絵はがき	□□2847. a picture post card ; an illustrated post card
史蹟	□□2848. a historic spot ; a place of historical interest
名所	□□2849. **a famous spot** ; a place of interest
名勝	□□2850. **a beauty spot** ; a place of scenic beauty
旧跡	□□2851. ruins ; remains
吊り橋	□□2852. a suspension bridge
露天風呂	□□2853. an **open-air** bath
間欠泉	□□2854. a geyser
海中公園	□□2855. an **underwater** park
時計台	□□2856. a clock tower
国立公園	□□2857. a national park
国定公園	□□2858. a **quasi-national** park
天然記念物	□□2859. a natural monument
重要文化財	□□2860. an important cultural asset[property]
重要**無形**文化財	□□2861. an important **intangible** cultural asset
記念写真	□□2862. **a souvenir picture**

５－３　生活関連用語

［１］日常生活（１）

電話帳	□□2863. a telephone directory
住所録	□□2864. an address book
家計簿	□□2865. a housekeeping book
折り込み広告	□□2866. an inserted bill
乳母車	□□2867. a baby carriage；**a baby stroller**；【英】perambulator
哺乳ビン	□□2868. **a nursing bottle**
離乳食	□□2869. baby food
流動食	□□2870. liquid food；a liquid diet；【英】slops
・流動食をとらせる	・put 人 on a liquid diet
おむつ	□□2871. a diaper；【英】a baby's napkin；【英口】a nappy
・おむつをつける	・diaper（a baby）；put a diaper on（a baby）
・おむつを取り替える	・change the diaper of（a baby）［＝change the baby］
紙おむつ	□□2872. a **disposable** diaper
爪切り	□□2873. a nail clipper
耳掻き	□□2874. an ear pick
爪楊枝	□□2875. **a toothpick**
おしゃぶり	□□2876. a pacifier
コール天	□□2877. corduroy
・コール天のズボン	・corduroy pants
刺繍	□□2878. embroidery
ブラジャー	□□2879. a brassiere
ネグリジェ	□□2880. a negligee；a kind of nightgown
カフスボタン	□□2881. cuff links
モーニングコート	□□2882. a cutaway（coat）；a **morning** coat
喪服	□□2883. a **mourning** dress

[1] 日常生活（2）

合成洗剤	□□2884. a synthetic detergent
合成写真	□□2885. a composite (photograph)
合成皮革	□□2886. synthetic leather
牛革	□□2887. cowhide
既製服	□□2888. ready-made clothes
水玉模様	□□2889. **polka dots**
ブランド商品	□□2890. name-brand items
蝶ネクタイ	□□2891. a bow tie
二段ベッド	□□2892. **a double bunk**；a bunk bed
ほうき	□□2893. a broom
熊手	□□2894. a rake
肘掛	□□2895. an armrest
肘掛椅子	□□2896. an armchair；an elbow chair
折りたたみ椅子	□□2897. a folding chair
回転椅子	□□2898. a swivel chair
洋服だんす	□□2899. a wardrobe；【米】a bureau（整理だんす）
額縁	□□2900. a picture frame
キーホルダー	□□2901. a key chain；a key ring
屑かご	□□2902. 【米】a wastebasket；a dustbin；a trash can
ピンセット	□□2903. **tweezers**
画鋲	□□2904. **a thumbtack**
そろばん	□□2905. an abacus
粘着テープ	□□2906. an adhesive tape
セロハンテープ	□□2907. a cellophane adhesive tape
両面テープ	□□2908. a double-sided tape
修正液	□□2909. **a whiteout**
糊	□□2910. glue（←膠）；paste（←小麦粉）；starch（←澱粉）
瞬間接着剤	□□2911. an instant glue
はさみ	□□2912. scissors
バリカン	□□2913. clippers

[1] 日常生活（3）

ボールペン	□□2914. a ball-point pen
筆ペン	□□2915. a writing brush-like pen
蛍光ペン	□□2916. **a highlighter**
シャープペンシル	□□2917. a mechanical pencil； 【英】a propelling pencil
絵の具	□□2918. pigment；coloring materials ◆油絵用は oils，水彩画用は water colors。
定規	□□2919. a ruler
三角定規	□□2920. **a set square**；a triangle
消しゴム	□□2921. an eraser
カッターナイフ	□□2922. a retractable knife
下敷き	□□2923. a plastic sheet；a celluloid board
殺虫剤	□□2924. a bug spray；【米】an aerozol bomb ◆専門語は an insecticide；a vermicide；a pesticide である。
乾燥剤	□□2925. a desiccant；a drying agent
漂白剤	□□2926. a bleach；a bleaching agent
脱色剤	□□2927. **a decolorant**
脱臭剤	□□2928. **a deodorant**
使い捨てカメラ	□□2929. a **disposable** camera
誰でも写せるカメラ	□□2930. a **foolproof** camera
36枚どりフィルム	□□2931. **36-exposure** film
白黒フィルム	□□2932. black-and-white film ◆フィルム1本は a roll of film，【米】では a spool of film と言う。 参考 ① She **films well.** （彼女は**写真写りがよい**） ② Her eyes filmed over with tears. （涙で目がかすんだ）
フラッシュ撮影	□□2933. flash photography
ストロボ	□□2934. a stroboscope；a strobe light
三脚	□□2935. a tripod
一眼レフ	□□2936. **a single-lens reflex**（camera）

[1] 日常生活 (4)

商品券	□□2937. **a merchandise bond** ; a gift certificate ; a credit slip
図書券	□□2938. a book coupon ; a book token
回覧板	□□2939. a circular (notice)
・回覧板を回す	・pass on a circular notice ; send around a circular
魔法ビン	□□2940. a thermos ; a thermos bottle ; a thermos flask
加湿器	□□2941. a humidifier
除湿器	□□2942. a dehumidifier
脱水機	□□2943. a dehydrator
温度調節器	□□2944. a thermostat
換気扇	□□2945. a ventilation fan
浄水器	□□2946. **a water purifier**
	参考 a filtration plant (浄水場)
空気清浄器	□□2947. an air cleaner
エアコン	□□2948. air conditioner
湯沸かし器	□□2949. a water heater
電子レンジ	□□2950. **an electronic oven** ; a microwave (oven)
オーブントースター	□□2951. **an oven-cum-toaster**
	参考 ① a house-cum-farm (農場付き住宅) ② a bed-cum-sitting room (寝室兼居間)
耐久消費財	□□2952. **durable** consumer goods
電気カーペット	□□2953. an electric carpet
ガスストーブ	□□2954. a gas heater
洗濯機	□□2955. a washing machine
掃除機	□□2956. a vacuum cleaner
炊飯器	□□2957. a rice cooker
冷蔵庫	□□2958. a refrigerator
冷凍庫	□□2959. a freezer
圧力鍋	□□2960. a pressure cooker
CD プレイヤー	□□2961. a CD player ; a compact disk player

[1] 日常生活（5）

インターホン	□□2962. **an intercom**
蛍光灯	□□2963. **a fluorescent lamp**
電池	□□2964. an electric cell；a battery
・電池が切れた。	・The battery is dead.
乾電池	□□2965. a dry battery
洗面台	□□2966. a washstand；a basin（洗面器）
水洗トイレ	□□2967. a flush toilet；a water closet
結納	□□2968. a betrothal gift
香典	□□2969. condolence money
通夜	□□2970. a wake：**a vigil**
告別式	□□2971. a farewell service
弔辞	□□2972. a funeral address
法事	□□2973. a Buddhist memorial service
芝生	□□2974. a lawn（手入れされたもの）； a turf（芝生を作るための芝土）
・芝生**に入るべからず**。	・**Keep off** the grass.［掲示表現］
アルミサッシ	□□2975. **an aluminum window frame**
トタン板	□□2976. corrugated iron ◆材質を強調すれば galvanized sheet iron 形状を強調すれば a galvanized iron sheet
トタン屋根	□□2977. a zinc roof
切妻（きりづま）（屋根の一種）	□□2978. a gable　◆ saddle roof とも言う。
ベニヤ板	□□2979. **plywood** ◆ veneer は plywood（合板）を構成する単板。
屋根裏部屋	□□2980. an attic
出窓	□□2981. **a bay window**
玄関，廊下	□□2982. a hallway
（階段の）踊り場	□□2983. a landing
雨戸	□□2984. a rain shutter
窓ガラス	□□2985. a windowpane
網戸	□□2986. a screen door；a window screen

[1] 日常生活 (6)

物置	□□2987. a storeroom ;【英】a lumber room ;【英】a boxroom ; a cellar (地下の) ; **a loft** (天井裏の) ; **a shed** (小屋)
天窓	□□2988. **a skylight**
欄間	□□2989. a transom
断熱材	□□2990. insulation
プレハブ	□□2991. a prefabricated house
中二階	□□2992. **a mezzanine**
かわらの屋根	□□2993. a tiled roof
別荘	□□2994. a cottage
一戸建	□□2995. a detached house ; a single-family house
団地	□□2996. **a housing complex**
家主	□□2997. a landlord ; a lessor
借家人	□□2998. a lessee
ビニール	□□2999. vinyl
・ビニールハウス	・a vinyl plastic hothouse
発泡スチロール	□□3000. **styrofoam** ; foaming polystyrol
ガス漏れ	□□3001. a gas leak
火の元	□□3002. a fire hazard ; the origin of a fire
使い捨て品	□□3003. disposal goods
掘り出し物	□□3004. a bargain ; a good buy ; **a good pennyworth**
不用品即売会	□□3005. a garage sale
持ち寄りパーティ	□□3006. a potluck party
直射日光	□□3007. direct rays of the sun
自動販売機	□□3008. a vending machine ; an automat ;【米】a **penny-in-the-slot** machine
公衆トイレ	□□3009. a public lavatory
街灯	□□3010. a lamppost ; a street lamp ;【米】a road lamp

[2] 食品（1）

水割りウイスキー	□□3011. whisky **and water**
食前酒	□□3012. appetizer wine
シャンペン	□□3013. **champagne** 注意 champaign（平原）； champignon（茸の一種）
焼酎	□□3014. **low-class distilled spirits**
醸造酒	□□3015. brewage
蒸留酒	□□3016. spirits；distilled liquor； spirituous liquor
カクテル	□□3017. a cocktail；a mixed drink（混成酒）
加工食品	□□3018. processed food
冷凍食品	□□3019. frozen food
インスタント食品	□□3020. **precooked** food；convenience food； jiffy cooking food
レトルト食品	□□3021. **retort pouch**
食品添加物	□□3022. **a food additive**
化学調味料	□□3023. a chemical seasoning
薬味	□□3024. a condiment
山葵（わさび）	□□3025. **a Japanese horseradish**
芥子（からし）	□□3026. mustard
唐辛子	□□3027. red pepper；Guinea pepper；a capsicum
生姜（しょうが）	□□3028. ginger
醤油	□□3029. soy sauce
漬物 ・漬物を漬ける	□□3030. a pickled vegetable ・pickle［salt］ vegetables
梅干し	□□3031. **a pickled plum**
葱（ねぎ）	□□3032. a green onion
蕗（ふき）	□□3033. a butterbur
三つ葉	□□3034. trefoil leaves
アスパラガス	□□3035. asparagus
カリフラワー	□□3036. **cauliflower**
ブロッコリー	□□3037. **broccoli**
レタス	□□3038. lettuce

[2] 食品 (2)

カボチャ	□□3039. a pumpkin ; a squash（ひょうたん型）
茄子（なす）	□□3040. **an eggplant**
ピーマン	□□3041. a green pepper ; a pimento
オクラ	□□3042. okra
蚕豆（そらまめ）	□□3043. a broad bean ; a horsebean
枝豆	□□3044. **a green soybean**
大豆	□□3045. a soybean
隠元豆	□□3046. a kidney bean
もやし	□□3047. **soybean sprouts**
里芋	□□3048. a taro（タロイモ）
山の芋	□□3049. a yam
大蒜（にんにく）	□□3050. a garlic ; a ramson →(形)garlicky
百合根	□□3051. a lily bulb
大根	□□3052. a Japanese radish
牛蒡（ごぼう）	□□3053. a burdock ; a cocklebur
筍（たけのこ）	□□3054. **a bamboo shoot** ; a bamboo sprout
蓮根（れんこん）	□□3055. **a lotus root**
白菜	□□3056. a Chinese cabbage
ほうれん草	□□3057. spinach
セロリ	□□3058. **celery**
パセリ	□□3059. **parsley**
芽キャベツ	□□3060. Brussels sprouts
わらび	□□3061. brake ; bracken
ぜんまい	□□3062. a royal fern ; an osmund
豆腐	□□3063. bean curd ; tofu
湯葉	□□3064. **dried bean curd**
油揚げ	□□3065. **fried bean curd**
高野豆腐	□□3066. freeze-dried bean curd
納豆	□□3067. fermented soybeans ; natto
味噌	□□3068. soybean paste ; miso

[2] 食品 (3)

焼き魚	☐☐3069. broiled fish
焼き鳥	☐☐3070. grilled chicken
焼き肉	☐☐3071. roasted meat
焼き林檎	☐☐3072. **a baked apple**
焼き芋	☐☐3073. a baked sweet potato
焼きそば	☐☐3074. fried noodles ; chow mein
燻製(くんせい)の鹿肉	☐☐3075. smoked venison
お粥	☐☐3076. rice gruel
雑炊	☐☐3077. rice and vegetable porridge
刺身	☐☐3078. sliced raw fish ; sashimi
鯣(するめ)	☐☐3079. dried cuttlefish
目玉焼き	☐☐3080. **sunny-side up**
いり卵	☐☐3081. scrambled egg
半熟卵	☐☐3082. **soft-boiled** egg
落とし卵	☐☐3083. poached egg
炊き込みご飯	☐☐3084. seasoned boiled rice mixed with minced vegetables
うどん	☐☐3085. wheat noodles
そば	☐☐3086. buckwheat noodles
手打ちうどん	☐☐3087. handmade noodles
沈菜(きむち)	☐☐3088. Korean pickles
チャウダー	☐☐3089. chowder
コールスロー	☐☐3090. coleslaw
カレーライス	☐☐3091. curry and rice
ボルシチ	☐☐3092. **borscht** ; borshch
ピロシキ	☐☐3093. **piroshki**
ビーフストロガノフ	☐☐3094. beef stroganoff
ポトフ	☐☐3095. a pot-au-feu
ムニエル	☐☐3096. **meuniere**
コロッケ	☐☐3097. **a croquette**
ポタージュ	☐☐3098. potage
コンソメ	☐☐3099. consommé

[3] 交通

ミニバイク	□□3100. a mobilette
駐車場	□□3101. a parking lot
車検	□□3102. an automobile inspection
踏切	□□3103. a railway crossing
運賃表	□□3104. a fare chart ; a fare table
片道運賃	□□3105. a single fare
往復運賃	□□3106. a return fare
乗越運賃	□□3107. **an excess fare**
割引運賃	□□3108. a reduced fare
割増運賃	□□3109. an additional fare
改札口	□□3110. a ticket gate ; a (platform) **wicket**
流しのタクシー	□□3111. a **cruising** taxi
交通渋滞	□□3112. traffic congestion ; **a traffic snarl**
・交通渋滞を緩和する	・relieve traffic congestion ; ease a traffic jam
ガードレール	□□3113. **a crash barrier** ; a guardrail
歩道橋	□□3114. an overpass
交差点	□□3115. an intersection
裏道	□□3116. a back lane
横断歩道	□□3117. a crosswalk ; a zebra crossing
救急車	□□3118. an ambulance
救急病院	□□3119. an emergency hospital
ナンバープレート	□□3120. **a license plate**
アクセル	□□3121. **an accelerator**
四輪駆動車	□□3122. a four-wheel car ◆「四輪駆動」は four-wheel drive。
電気自動車	□□3123. a battery car
オープンカー	□□3124. **a convertible**
オートマ車	□□3125. an automatic transmission car
交番	□□3126. a police box
警察署	□□3127. a police station ;【米】**a station house**

［4］通信

市内電話	□□3128. **a local call**
市外電話	□□3129. **an out-of-town call**；a toll call
国際電話	□□3130. an overseas call
親子電話	□□3131. a party line；an extension（内線）
市外局番	□□3132. an area code
公衆電話	□□3133. a public telephone；a pay phone
携帯電話	□□3134. **a cell phone**；a portable phone
・プリペイド式携帯電話	・a prepaid cell[portable] phone
通話料金	□□3135. a fee for a telephone call
プッシュホン	□□3136. **Touch-Tone**（phone）
留守番電話	□□3137. an answering service phone
短縮ダイヤル	□□3138. speed dial
フリーダイヤル	□□3139. **toll-free number**
防犯ベル	□□3140. a burglar alarm
小包郵便	□□3141. parcel post
内容証明郵便	□□3142. **contents-certified** mail
郵便番号	□□3143. a postal code；a zip code
転送	□□3144. forwarding
転送先	□□3145. a forwarding address
消印	□□3146. a postmark
・5月3日の消印だった。	・The letter was **postmarked** May 3.
返信用封筒	□□3147. a self-addressed return envelope
往復はがき	□□3148. **a reply-paid postcard**
速達	□□3149. express delivery；special delivery
書留	□□3150. registered mail
・手紙を書留で送る	・send a letter registered
書留速達の手紙	□□3151. a registered letter by express
親展	□□3152. **a confidential letter**
記念絵はがき	□□3153. a souvenir picture postcard
記念切手	□□3154. a commemorative stamp
宅配便	□□3155. **a parcel delivery service**

5－4　時事関連用語

[1] 政治 (1)

国家公安委員会	□□3156. National Public Safety Commission
総理大臣	□□3157. Prime Minister
官房長官	□□3158. **Chief Cabinet Secretary**
閣僚	□□3159. a cabinet member
閣議	□□3160. a cabinet meeting
官邸	□□3161. an official residence
内閣	□□3162. the Cabinet [日本]; **the Administration** [米国]; **the Government** [英国]
内閣**総辞職**	□□3163. **a general resignation** of the Cabinet
国会	□□3164. the Diet [日本]; **Congress** [米国]; **Parliament** [英国]
・国会は現在**開会中**だ。	・The Diet is now **sitting.**
通常国会	□□3165. an ordinary Diet session
臨時国会	□□3166. an **extraordinary** Diet session
特別国会	□□3167. a special Diet session
会期	□□3168. a session
衆議院	□□3169. the House of Representatives
衆議院の**解散**	□□3170. **the dissolution** of the House of Representatives
参議院	□□3171. the House of Councilors
施政方針演説	□□3172. a policy speech
与党	□□3173. **a ruling party**
野党	□□3174. an opposition party
保守政党	□□3175. a conservative party
革新政党	□□3176. a reformist party
中道政党	□□3177. a **centrist** party
党首	□□3178. a party leader

[1] 政治（2）

政権	□□3179. a regime；an administration
政権争い	□□3180. a power struggle
政権交替	□□3181. change of power
保守政権	□□3182. a conservative government
革新政権	□□3183. a reformist government
連立政権	□□3184. a **coalition** government
金権政治	□□3185. money politics；**plutocracy**
政治理念	□□3186. political belief
政治資金	□□3187. a political fund
政治献金	□□3188. a political donation
政治団体	□□3189. a political group
国政選挙	□□3190. a national election
補欠選挙	□□3191. **a by-election**
比例代表制	□□3192. a proportional representation system；the system of proportional representation
地方自治体	□□3193. a local government
統一地方選挙	□□3194. unified local elections
有権者	□□3195. an **eligible** voter
候補者	□□3196. a candidate
棄権	□□3197. abstention from voting；**nonvoting**
・票は14対０で棄権が１つあった。	・The vote was 14-0 with one abstention. 注意 default（[競技の] 棄権）
・～を棄権する	・scratch from ～[競技の出場について言う]
棄権者	□□3198. **an abstentionist**；a nonvoter
選挙違反	□□3199. election violation
小選挙区制	□□3200. a **small constituency** system
無党派層	□□3201. **unaffiliated voters**
当確者	□□3202. **a shoo-in**（「(競技の) 本命」の意味も）
当選	□□3203. election；return；winning
・**繰り上げ**当選	・election **by ascending**
財政	□□3204. public finance
財政政策	□□3205. a fiscal policy

[1] 政治 (3)

国家予算	□□3206. a national budget
予算案	□□3207. a draft budget；a budget bill［議案］
・予算案を議会（**本会議**）に提出する	・open the budget；submit the budget bill to the **plenary session** of the Diet
・予算案**を審議する**	・**deliberate on** the budget bill
国債	□□3208.【米】government bonds；【英】government securities
・巨額の国債**を負っている**	・**be saddled with** heavy national indebtedness
赤字国債	□□3209. a deficit-covering bond
国有化	□□3210. nationalization
民営化	□□3211. **privatization**
公共事業	□□3212. public enterprise；public undertaking
国民投票	□□3213. a national referendum；**a plebiscite**
国勢調査	□□3214. census 用例 take a nationwide census
世論調査	□□3215. a public-opinion census；an opinion poll
・世論調査をする	・take a public-opinion poll on a matter；poll the public on their opinions about a matter
金融引き締め政策	□□3216. **tight-money** policy
政治資金規制法	□□3217. Political Fund Control Law
裁判	□□3218. a trial
・彼を**裁判に**かける	・bring him **to trial**＝bring him up **for trial**＝put him **on trial**
最高裁判所	□□3219. Supreme Court
高等裁判所	□□3220. a high court
地方裁判所	□□3221. a district court
家庭裁判所	□□3222. a family court
簡易裁判所	□□3223. a summary court
死刑	□□3224. death sentence；death penalty；**capital punishment**
恩赦	□□3225. an amnesty；a general pardon

[1] 政治（4）

固定資産税	□□3226. the municipal property tax
所得税	□□3227. an income tax
法人税	□□3228. a corporation tax
住民税	□□3229. a resident tax ; a local inhabitants tax
税の**滞納**	□□3230. tax **delinquency**　◆tax evader（脱税者）
累進課税	□□3231. **progressive**[graduated] taxation ◆「累計的に課税する」は impose taxes on a graduated scale。
経済援助	□□3232. an economic aid
政府開発援助	□□3233. official development assistance（＝ODA）
統一国家	□□3234. a unified country
難民	□□3235. a refugee
戒厳令	□□3236. **martial law**
平和維持軍	□□3237. peacekeeping force
国交**回復**	□□3238. **normalization** of diplomatic ties
同盟 ・～と同盟を結ぶ	□□3239. alliance ・be allied with ; league with ; confederate with ; enter into an alliance with
同盟国	□□3240. an ally ; **an allied power ; a confederate**
軍事力行使	□□3241. military action
軍事介入	□□3242. military intervention
報復措置	□□3243. a retaliatory measure
領土問題	□□3244. a territorial issue
選挙監視	□□3245. election monitoring
大使	□□3246. an ambassador
大使館	□□3247. **an embassy**
領事	□□3248. a consul
領事館	□□3249. **a consulate**
親書	□□3250. a personal message
首脳会談	□□3251. summit talks
迎賓館	□□3252. a reception hall ; a guest palace
公式晩餐会	□□3253. an official banquet

[2] 経済 (1)

貿易収支	□□3254. trade balance
貿易摩擦	□□3255. trade friction
貿易**不均衡**	□□3256. trade **imbalance**
貿易自由化	□□3257. trade liberalization
自由貿易主義	□□3258. free trade (principle)
保護貿易主義	□□3259. **protectionism**
非関税障壁	□□3260. nontariff barrier
通関	□□3261. customs clearance
税関	□□3262. **a customs house**
関税率	□□3263. customs tariff
貿易赤字	□□3264. trade deficit
貿易黒字	□□3265. trade surplus
輸出助成金	□□3266. export subsidy
加工貿易	□□3267. processing trade
物価指数	□□3268. price index
卸売り物価指数	□□3269. wholesale price index
物価スライド制	□□3270. **indexation**
外貨**準備**	□□3271. foreign currency **reserve**
外貨預金	□□3272. foreign currency account
景気	□□3273. economic performance
景気対策	□□3274. **countercyclical measures**; countercyclical actions
好況	□□3275. economic boom; prosperity
不況	□□3276. recession; depression
構造不況	□□3277. structural recession
景気停滞	□□3278. economic stagnation
内需	□□3279. **domestic demand**
株の投機	□□3280. stock speculation
株の配当金	□□3281. a dividend
債務保証	□□3282. loan guarantee; guarantee of debt
価格破壊	□□3283. **price slashing**
協調介入	□□3284. **coordinated intervention**

[2] 経済 (2)

貸し渋り	□□3285. 【口】**credit crunch** 参考 when it comes down to the crunch [＝when the crunch comes] （いざという時には）
金融**自由化**	□□3286. financial **deregulation**
公的資金	□□3287. public funds；taxpayer money
超低金利	□□3288. **rock-bottom** interest rates
電子商取引	□□3289. electronic commerce
電子マネー	□□3290. electronic money
バブル崩壊	□□3291. the bursting of the bubble； **the bubble burst**
債権	□□3292. credit；a claim；an obligatory right
・**債権者**	・**creditor**（↔ debtor）； ［法］obligee（↔ obligor）
・**不良債権**	・**bad debt**；bad loan
不動産会社	□□3293. a real estate agent
証券会社	□□3294. a stock company；a securities firm； a brokerage house
広告代理店	□□3295. an advertising agent
保険代理店	□□3296. an insurance agent
輸出代理店	□□3297. an export agent
美容院	□□3298. a beauty parlor
理容店	□□3299. a barbershop
パチンコ屋	□□3300. a pachinko parlor
玉突き場	□□3301. a billiard parlor
茶摘	□□3302. tea-picking
沿岸漁業	□□3303. coastal fishing [fishery]
遠洋漁業	□□3304. **deep-sea fishing** [fishery]
酪農	□□3305. dairy farming
兼業農家	□□3306. a **part-time** farmer
保険**外交員**	□□3307. an insurance **canvasser**
コンビナート	□□3308. **an industrial complex**

[3] 犯罪・事故 (1)

死傷者	□□3309. **casualty**
指紋	□□3310. a fingerprint ; a finger mark ◆ fingerprint＋人（人の指紋を採る）
指紋［専門語］	□□3311. a dactylogram
声紋	□□3312. **a voiceprint**
精神鑑定	□□3313. psychiatric evidence ; forensic psychiatrical testimony ; ［手段］ a psychiatric test
二重人格	□□3314. ［心］ **double personality** 参考 He lives a double life.（彼は二重人格者だ）
ひったくり	□□3315. ［事］ bag-snatching ; ［人］ **a bag-snatcher**
ぼったくり	□□3316. ［事］ **a rip-off**
万引き	□□3317. ［事］ shoplifting ; ［人］ **a shoplifter**
すり	□□3318. ［事］ pickpocketing ; ［人］ **a pickpocket**
盗難	□□3319. burglary
汚職	□□3320. corruption
窃盗	□□3321. theft ; **pilferage** ; ［法］larceny ◆ **larcener**（窃盗犯）
横領	□□3322. **usurpation** ; embezzlement ◆ **embezzler**（横領者）
詐欺	□□3323. fraud ; swindle ; 【口】**take-in**
痴漢	□□3324. a molester of women ; 【俗】**a masher**
のぞき見する人	□□3325. a Peeping Tom
露出狂	□□3326. ［病気］ exhibitionism ［人］ **an exhibitionist** ; an exposure maniac ; a maniac for indecent exposure
猥褻罪（わいせつ）	□□3327. public indecency ; a morals crime
通り魔	□□3328. **a phantom killer** ; an indiscriminative killer
無差別殺人	□□3329. indiscriminative murder
快楽殺人	□□3330. lust murder

[3] 犯罪・事故 (2)

殺人**未遂**（罪）	□□3331. **attempted** murder
おやじ狩り	□□3332. an assault on middle-aged salaried workers for money by a gang [pack] of youngsters
賄賂	□□3333. a bribe [金品]
	用例 take a bribe ↔ offer a bribe
贈収賄	□□3334. bribery [行為]
背任罪	□□3335. **breach of trust**; misfeasanse in office
証拠隠滅	□□3336. destruction of evidence
状況証拠	□□3337. **circumstantial evidence**
書類送検する	□□3338. send the papers pertaining to a case to the Public Prosecutors Office
囮（おとり）	□□3339. **a decoy**; a lure; a bait; a stool pigeon
・囮捜査	・a criminal investigation using a decoy
裏金（**帳簿外の**金）	□□3340. **off-the-books** money
裏切り行為	□□3341. a treachery;【口】a sellout
アルコール依存症	□□3342. alcohol dependence (syndrome)
ニコチン依存症	□□3343. nicotine dependence
薬物**乱用**	□□3344. drug **abuse**
薬物依存	□□3345. drug dependence
	◆薬物乱用を止められなくなった事態。
ヘロイン	□□3346. heroin
・ヘロイン中毒	**・heroinism**
	注意 heroine（ヒロイン，女主人公）
コカイン	□□3347. cocaine;【米俗】coke; heaven dust
・コカイン中毒	・cocainism
・コカイン中毒者	**・cocainist**
	★コカインの別称は多い。 snow; blow; toot; leaf; flake; happy dust; nose candy; white girl 等。
マリファナ	□□3348. marijuana;【俗】**grass**
大麻	□□3349. hemp
・大麻取締法	・the Hemp Control Act

［3］犯罪・事故（3）

人格障害	□□3350. personality disorder
アリバイ	□□3351. alibi
・**完全な**アリバイ	・**watertight** alibi
・アリバイ**をでっちあげる**	・**frame** an alibi
匿名の手紙	□□3352. an anonymous letter 注意 **anonymous** と **unanimous** と **anomalous** （↑匿名の）（↑全員一致の）（↑異常な）
少年非行	□□3353. juvenile delinquency
少年法	□□3354. the Juvenile Act
少年院	□□3355. a reform school ; a reformatory
少年鑑別所	□□3356. a juvenile classification home ; a detention home
前科	□□3357. **a criminal record**
・前科者	・**an ex-convict** ; an old offender ; a relapsed criminal
・**前科3犯**の男	・a man with **three previous convictions**
ダフ屋	□□3358. **a scalper**
覚醒剤	□□3359. a stimulant
シンナー遊び	□□3360. thinner sniffing
恐喝	□□3361. blackmail ; extortion ; **shakedown**
放火	□□3362. **arson**
放火犯人	□□3363. an arsonist ;【口】**a firebug**
ノミ行為	□□3364. bookmaking
誘拐	□□3365. kidnap ; abduction
身代金	□□3366. a ransom
・子供の釈放に身代金を1000万円要求する	・demand a ransom of 10 million yen for the child release
文書偽造	□□3367. document forgery
脱税	□□3368. tax evasion
密猟	□□3369. **poaching**
密航者	□□3370. a stowaway

[3] 犯罪・事故（4）

逮捕状	□□3371. **an arrest warrant**
・〜の逮捕状を出す	・issue a warrant for the arrest of 〜
・彼の逮捕状が出ている。	・A warrant is out against him.
検死	□□3372. autopsy ; a post-mortem (examination)
・検死を行う	・hold an inquest over a corpse ; identify a body
取り締まり	□□3373. crackdown ; clampdown
わな	□□3374. frame-up ; set-up
刑事	□□3375. a detective
拘置所	□□3376. **a detention center** ;【米俗】a tank (刑務所)
目撃者	□□3377. an eyewitness [of/to 〜]
機動隊	□□3378. **riot police**
マルチ商法	□□3379. a pyramid scheme
マルチまがい商法(=**ねずみ講**)	□□3380. **a malicious pyramid scheme**
正当防衛	□□3381. **legitimate self-defense**
尾行	□□3382. **shadowing**
・探偵が容疑者を尾行した。	・A detective shadowed the suspect.
売春	□□3383. prostitution ; harlotry ; streetwalking ; the social evil
・売春婦	・a prostitute ; a street girl ; [古] a harlot (遊女) ; a hooker
ひき逃げ事故	□□3384. an **hit-and-run** accident
スピード違反	□□3385. speeding
酔っ払い運転	□□3386. drunken driving
駐車違反	□□3387. illegal parking
信号無視	□□3388. ignoring a traffic light
信号無視する歩行者	□□3389. **a jaywalker**
正面衝突	□□3390. a head-on collision
追突	□□3391. a rear-end collision
・〜に追突する	・dash[clash/bump] against 〜 from behind ; **telescope into** 〜 ☞ P.157
鞭打ち症	□□3392. [医] **whiplash**

5－5　ビジネス用語

[1] 会社 (1)

出張費	□□3393. expense for a business trip
交際費	□□3394. entertainment expense
人件費	□□3395. personnel cost
上場企業	□□3396. **listed** companies
中小企業	□□3397. small- and medium-sized businesses
フィランソロピー	□□3398. philanthropy
工業用ロボット	□□3399. an industrial robot
	参考 **robotization**；computerization ☞ P.188
大量生産	□□3400. mass production
流れ作業	□□3401. assembly line
労働条件	□□3402. working conditions
就業規則	□□3403. labor regulations
年功序列	□□3404. **the seniority system**
終身雇用	□□3405. **lifetime employment**
通勤手当	□□3406. commuting[travel] allowance
時給	□□3407. an hourly wage
日給	□□3408. a daily wage
能力給	□□3409. pay according to ability
日雇い労働者	□□3410. a day laborer
吸収合併	□□3411. **merger and aquisition**
定年	□□3412. mandatory retirement age
定年退職	□□3413. mandatory retirement
・定年退職する	・retire under the age limit
・60で定年退職する	・**become superannuated at** 60
定年退職金	□□3414. retirement pay；a retirement allowance
関連会社	□□3415. **a firm's affiliate**
親会社	□□3416. a parent company
子会社	□□3417. **a subsidiary**
多国籍企業	□□3418. a multinational enterprise

[1] 会社 (2)

有給休暇	□□3419. a paid holiday
育児休業	□□3420. maternity leave
産休	□□3421. leave for childbirth
代休	□□3422. **a compensatory day off**
休日出勤	□□3423. holiday work
内職，副業	□□3424. **an avocation**；a side job；bywork
天職	□□3425. **a vocation**；a calling
転職	□□3426. job change；**job hopping**　→{動}job-hop
転勤	□□3427. transfer
左遷	□□3428. **demotion transfer**
栄転	□□3429. **promotion transfer**
辞表	□□3430. a letter of resignation
希望退職	□□3431. voluntary retirement
倒産	□□3432. bankruptcy
・銀行の倒産	・bank failure
不渡り手形	□□3433. a **dishonored** bill；a bill of dishonor
・～に手形を振り出す	・draw a bill on ～
会社更正法	□□3434. the Company Resuscitation Law
見習い	□□3435. probation
臨時雇い	□□3436. a temporary worker
時差出勤する	□□3437. **stagger commuting hours** (=stagger working hours)
時限スト	□□3438. time limited strike
春闘	□□3439. spring labor offensive
得意先	□□3440. a client
弁護士の依頼人	□□3441. a clientele　◆「常連客」の意味もある。
部長	□□3442. a department manager
部長**代理**	□□3443. a **deputy** department manager
課長	□□3444. a section manager
係長	□□3445. a chief clerk
支店長	□□3446. a general manager
工場長	□□3447. a plant manager

[2] オフィス事務

アルバイト	□□3448. **moonlighting**；a side job；a sideline
・アルバイトをする	・work part-time；**odd-job**
契約社員	□□3449. an just-in-time employee
最小限度のスタッフ	□□3450. skeleton staff
会長（最高経営責任者）	□□3451. CEO<Chief Executive Officer
アポなしの顧客	□□3452. **a walk-in**
内線番号	□□3453. an extension number
更衣室	□□3454. a locker room ◆ **a fitting room** は「**試着室**」で，**a dressing room** は「**楽屋**（greenroom）」をふつう意味する。
求人広告	□□3455. a classified ad
募集広告	□□3456. a want ad
チラシ	□□3457. ［折り込み広告］a leaflet ［手で配るもの］a handbill；a flyer
口コミによる宣伝	□□3458. **word-of-mouth** advertising
社内報	□□3459. an internal house organ； an employee magazine
議事（日程表）	□□3460. agenda ◆ on the agenda（協議事項となって）
事務用備品	□□3461. **office supplies**；office equipment
事務上の誤り	□□3462. **a clerical error** [mistake]
システムを起動させる	□□3463. **boot**
初期化する	□□3464. **initialize**
情報検索	□□3465. information retrieval
情報処理	□□3466. data processing
画像処理	□□3467. image processing
企業内インターネット	□□3468. intranet
ホームページ	□□3469. **Web site**
ホームページへのアクセス	□□3470. site visit
総合デジタル通信網	□□3471. **ISDN**<Integrated Services Digital Network
国際標準図書番号	□□3472. ISBN<International Standard Book Number

5－6　マスメディア・広告・書類に関する用語

[1] マスメディア

新聞社	□□3473. a newspaper office
・新聞社に勤める	・**be on a newspaper**
新聞記者	□□3474. a newsman ; a newspaperman
・新聞記者の身分証明書	・a press card [pass]
新聞配達	□□3475. [人] a newsboy ; a paper boy ; a carrier [事] delivering newspapers
・新聞配達をする	・deliver newspapers ; take a paper route
小型新聞	□□3476. a tabloid paper
号外	□□3477. an extra (edition) ; **a special**
三面記事	□□3478. **city news** ; stories of human interest
新聞の切り抜き	□□3479. a newspaper clipping
発行部数	□□3480. **a circulation**
・この雑誌の発行部数は～	・This magazine **has a circulation of** ～
新聞口調	□□3481. **journalese**
新聞界	□□3482. the press ; the newspaper world ; the newspaperdom
新聞取次店	□□3483. a newspaper agency ┐比較
通信社	□□3484. a press agency ; a news agency ┘
ラジオ体操	□□3485. the radio gymnastics
取材	□□3486. **coverage**
・～を取材する	・cover[collect data on] ～
全国中継	□□3487. a countrywide relay ; a nationwide hookup
実況放送	□□3488. [ラジオ] minute-to-minute broadcasting [テレビ] an on-the-spot telecast [スポーツの] play-by-play broadcasting
生放送	□□3489. live broadcasting
テレビ放送	□□3490. a telecast
・テレビで放送する	・telecast ; televise
・テレビ放送に向いている	・**be telegenic** ; be videogenic

[2] 広告のための表現

経験者	□□3491. an experienced hand
経験豊かな人	□□3492. a man **of ripe experience**; 【英口】an old stager
経験の有無を問わない。	□□3493. Experience not necessary.
委細	□□3494. details; particulars; a minute account; **ins and outs**
・委細は面談の上。	・Particulars to be arranged personally.
・委細面談。	・Further details at interview.
履歴	□□3495. one's personal history; one's career
・経歴が豊富な人	・a person of good antecedents
・そんなことをすると経歴**に傷がつきます**よ。	・It will **mar** your record if you do such a thing.
・彼の素性は**全然分からぬ**。	・His past life is **a sealed book to** me.
履歴書	□□3496. one's personal history; a resume; **one's curriculum vitae**
学歴	□□3497. a school career; an academic background; formal schooling
・ほとんど学歴がない	・**have little formal schooling**
・学歴に関係なく	・irrespective of the academic background
求む	□□3498. preferable
・ワープロ経験者求む。	・Word processing experience preferable.
返却いたしません	□□3499. not returnable
・写真は返却いたしません。	・Photo not returnable.
勤務時間	□□3500. office hours; on-duty hours
・勤務時間は10時より。	・Work starts at ten.
募集	□□3501. recruitment; enlistment
・受付係を募集する	・invite applications for the position of front desk clerk
・懸賞小説を募集する	・**open a prize list for** novels
・募集を締め切る	・close the list
急募	□□3502. hurried recruiting; urgent invitation
・夜勤係急募。	・Night clerk urgently wanted.

[３] 各種書類の表現（１）

署名	□□3503. a signature
サイン（**有名人等の**）	□□3504. **an autograph** —— 混乱しないように。（3503〜3505）
合図，身振り，標識	□□3505. a sign
親書	□□3506. an autograph letter
親署［国王等の署名のこと］	□□3507. a Royal signature
手話	□□3508. **sign language**
身体言語	□□3509. body language（動作・表情による意思表示）
看板屋	□□3510. a sign painter
申し込み（結婚等の）	□□3511. an offer（of marriage） ◆ propose より口語。
申し込み（和平等の）	□□3512. **an overture（of peace）**
申し込み（決闘等の）	□□3513. a challenge（to a duel）
申し込み（要求すること）	□□3514. a request（for an interview）
・申し込みあり次第	・upon request；on demand
・申し込み順に	**・in order of application**
申込書	□□3515. a written application； a letter of application
申込用紙	□□3516. 【米】an application blank 【英】an application form
申し込む（新聞等の購読を）	□□3517. send a subscription to（a newspaper）
応募する（職種に対して）	□□3518. make an application for（a position）
応募する（会社に対して）	□□3519. **file an application with（a firm）**
予約する	□□3520. book（a seat）；reserve（a room）
・席は予約されています。	・The seat is spoken for.
・あのホテルはよく**二重に予約する**。	・The hotel often **double-books.**
注文書	□□3521. an order sheet
注文用紙	□□3522. an order blank［form］
注文する	□□3523. order 注文品 from 注文先［会社/国］； **place an order with 会社 for 注文品**
請求書	□□3524. a bill；an account
・請求書**を書く**	・**write out** a bill；**make out** a bill
・請求書を出す	・send in an account；submit a bill to ～

［3］各種書類の表現（2）

証明書（事実・免許等の）	□□3525. a certificate
証明書（人物・資格等の）	□□3526. **a testimonial**
出生証明書	□□3527. a birth certificate
健康診断書	□□3528. a health certificate
死亡診断書	□□3529. a death certificate
教員免許状	□□3530. a teaching certificate
運転免許証	□□3531. a driver's license； 【英】a driving license
証明する	□□3532. **testify**（**to a fact**）； **attest**（**to a fact**）； bear witness（to a fact）； confirm；certify；**verify**； demonstrate；substantiate；authenticate
・ここに～を証明する	・This is to certify that ～； I hereby certify that ～
領収	□□3533. receipt
・金～正に領収しました。	・I acknowledge receipt of the sum of ～； Receipt from 人 the sum of ～[証書等に]
領収済	□□3534. Received.；Paid.［書類における表記］
領収書	□□3535. a receipt［for ～］；a voucher［for ～］； an acknowledgement［for ～］
・領収書を書く	・**make out a receipt**［for ～］
・領収書を出す	・give 人 a receipt［for ～］
仮領収書	□□3536. an interim receipt
取扱説明書	□□3537. **an instruction manual**
取扱注意。	□□3538. Handle with care.［包装表記］
天地無用。	□□3539. **This side up.**［包装表記］
切手	□□3540. a stamp；【米俗】a sticker
・切手を貼る	・stamp（a letter） ・put a stamp（on an envelop）
・～の切手代はいくら？	・**What is the postage for** ～？
・切手はここに貼ること。	・Place postage here.［封筒上の印刷文句］

IT 関連基本用語集

●●●●●●● TOEIC 問題に必ず出る重要表現 ●●●●●●●

〈IT 関連重要動詞〉

動詞	IT 用語としての意味	一般的な意味（主として口語）
□□3541．boot	（コンピュータを）起動させる［up］	ブーツ，【口】蹴飛ばす，【米俗】解雇する
□□3542．format	（ディスクを）初期化する［＝initialize］	（番組・企画等の）構成，（書籍等の）型，判
□□3543．install	（ソフトウェアなどを）インストールする	（設備を）据え付ける，（正式に）任命する，【口】着席する［oneself］
□□3544．click	クリックする	【口】成功する，【口】意気投合する
□□3545．search	検索する	探す，凝視する，（風等が）染み渡る
□□3546．save	（データをディスクに）保存する	救う，貯金する，節約する ◆ store は「記憶装置に入れる」。
□□3547．reverse	（文字などを）反転させる	逆（の），（硬貨の）裏側，取り消す
□□3548．overwrite	上書きする	書き過ぎる，乱作する
□□3549．load	（データなどを本体記憶装置に）読み込む	荷，重荷，積む，浴びせる，（カメラにフィルムを）入れる，苦しめる
□□3550．browse	（ファイルなどを）読む	（動物が）草等を食べる［on］
□□3551．optimize	（プログラムを）最適化する	楽観する，最大限に利用する
□□3552．customize	カスタマイズする［ユーザーが操作しやすい設定にすること］	特別注文に応じて造る，好みに合わせて変更する
□□3553．back up	バックアップする［データファイルをコピーすること］	支持する，援助する，（交通等を）渋滞させる，（車等が）後退する
□□3554．paste	ペーストする	糊，こね粉，人造宝石，糊付けする

[重要文例] CD-35

[437] It took time to boot up my computer.（コンピュータの立ち上げに手間取った）

[438] He gave the ball a boot.（彼はボールを一蹴りした）

[439] The boot is on the other foot.（事態は逆転しているよ）

[440] The Minister installed him in the office.（大臣は彼をその職に任命した）

[441] Grandfather installed himself in a big chair.（祖父は大きい椅子に座った）

[442] I clicked with her from the start.（最初から僕は彼女と気が合った）

[443] It clicked with me that he was lying.（彼が嘘をついているのが分かった）

[444] The cold searched my marrow.（寒さが骨まで染み渡った）

[445] He saved the classified data.（彼はその機密データを保存した）

[446] Sending the fax saved me calling.（FAX 送信したため電話せずに済んだ）

[447] The judge reversed the decision.（判事は判決を翻した）

[448] The driver put the car into reverse.（運転手は車のギアをバックに入れた）

[449] He loaded her with abuse.（彼は彼女に悪口を浴びせた）

[450] The table was loaded with food.（食物が食卓に所狭しと並べられていた）

[451] I loaded my camera with film quickly.（私はカメラにフィルムをさっと入れた）
[＝I loaded film into my camera quickly.]

[452] The deer are browsing on tender shoots.（鹿は新芽を食べている）

[453] She backed up into the garage.（彼女は車をバックさせてガレージに入れた）

[454] They pasted up posters on the wall.（彼らはポスターを壁に貼り付けた）
[＝They pasted the wall with posters.]

＝＝

参考

(1) He bought the article in ten monthly installments of 5,000 yen each.
（彼はその商品を１回5,000円の10ヵ月月賦で買った）

(2) What he is always boasting of is a custom-built car.
（彼がいつも自慢しているのは，特注の車だ）

コラム IT is it!

IT は Information Technology（情報技術）の略ですね。また，英語の代名詞 it には口語で「最高のもの」という意味があります。

例 The steak I ate last night was really it!（昨日のステーキ最高だった）

そこで，ジョークで次のことが言えそうです。IT is it!（IT は素晴らしい！）

〈IT 関連重要名詞〉

一般にも使う名詞	IT 用語としての意味	一般的な意味
□□3555. transformation	変換	変形，変質，［生］変態，［電気］変圧
□□3556. justification	行端揃え［各行の左右の端を揃えること］	正当化，正当とする根拠
□□3557. configuration	環境設定	配置，輪郭，外形，地形
□□3558. compatibility	互換性	両立性，適合性
□□3559. trash	「ごみ箱」	ゴミ，【口】くだらない作品
□□3560. server	サーバー［ネット上でサービスや情報を提供するコンピュータ］	奉仕者，給仕人，（テニスで）サーブをする人，茶器一式 ◆ servery（配膳室）
□□3561. provider	プロバイダー［インターネットへの接続サービスを行う組織］	供給者，販売業者，（家族を）扶養する人，大黒柱 ◆ universal ～(よろず屋)
□□3562. contents	コンテンツ	内容，目次，含有量，産出量

ひとこと ソフトウェアの中身の情報そのものを「コンテンツ」と言う。

IT の技術や製品は，① platform（ハードウェアと基本ソフト），② network，③ contents の 3 つから成っています。例えば，パソコンがプラットフォーム，インターネットがネットワーク，ホームページがコンテンツということになります。

IT 分野独自の名詞	IT 用語としての意味	もうひとこと説明すると…
□□3563. hacker	ハッカー［不正にアクセスする人］	悪質なハッカーは cracker と呼んで区別されることがある。
□□3564. byte	バイト［情報の 1 単位(bit）の集まり］	通例 8 ビットが 1 バイト。
□□3565. search engine	検索エンジン	ネット上で目的のものを探すときに利用する検索専用システムのこと。Yahoo !が有名。
□□3566. thermal paper	感熱紙	FAX 等の記録紙としても利用。

□□3567. domain name	ドメイン名	数値で表わされる IP アドレスを分かりやすくしたもの。

ひとこと 筆者のメールアドレスを用いてドメイン名等を確認しよう。

e n g l i g h t @ a r i o n . o c n . n e . j p

english(利用者名) / arion(ホスト名) / ocn(組織名) / ne(組織ドメイン名) / jp(国ドメイン名)

利用者名　ホスト名　組織名　組織ドメイン名　国ドメイン名

★国ドメイン名の例

jp（日本），uk（イギリス），ca（カナダ）等。アメリカにはない。

★組織ドメイン名の例

ne（プロバイダー），co（企業），go（政府），ac（学術機関），or（その他の団体）

[重要文例] CD-36

[455] Eastern Europe underwent a great transformation after the collapse of communism.（東ヨーロッパは共産主義の崩壊後，大きな変化を遂げた）

[456] Her latest work is absolute trash.（彼女の最新作は全くの駄作だ）

コラム 情報の量と知識の数と知恵の質

一般に「情報」（Information）は大量にあるので，数えられない不可算名詞です。その情報を整理してまとまったものにすると「知識」（Knowledge）となります。だから知識は可算名詞になるのです（例 He has a good knowledge of English.）。そして，その知識を活用して役立てることが「知恵」（Wisdom）と言えます。つまり，情報は量に，知識は数に，知恵は質に関係あると思われます。そして，この IT 時代こそ，情報の量より知識の数が，知識の数より知恵の質が問われるのは言うまでもありません。単語の学習を例にとり情報と知識と知恵の関係を示しましょう。

情報の量		知識の数		知恵の質
legend という単語には「伝説，伝説的人物，説明文，（絵等の）題，（地図，図表等の）凡例」の意味がある。辞書は，このように情報が詰まっていますね。	→	legend の原義が「読まれるもの」であることが分かれば，なぜ「凡例」の意味があるのかが分かる。これが 1 つの知識となります。	→	実際に，この単語 legend が使いこなせるようになった段階で，知識が知恵に発展したと言えるのです！

〈IT 関連略語・厳選　12〉

名詞	元の英語表現＋（日本語訳）＋ひとくち説明
□□3568. **OS**	Operating System（基本ソフト）
□□3569. **CPU**	Central Processing Unit（中央処理装置） コンピュータの性能を直接左右する頭脳部分。
□□3570. **GUI**	Graphical User Interface（グイ） コンピュータに対する処理の command（実行命令）や機能を icon（アイコン＝小さな図形）で画面に表示し，マウス等を利用し操作することによってコンピュータを動かす方法。GUI 以前は，キーボードで行う CUI（＝Character-based User Interface）が中心であった。
□□3571. **WWW**	World Wide Web（ウェブ） ネット上にあるホームページ（Web site）の作成や閲覧を可能にしている仕組み。
□□3572. **BBS**	Electronic Bulletin Board System（電子掲示板） １人から不特定多数へ情報を発信できる点が email と異なる。
□□3573. **LAN**	Local Area Network（構内通信網） 会社や学校等の範囲でファイルやプリンターを共有するネットワークのこと。
□□3574. **WAN**	Wide Area Network（広域通信網） 複数の LAN を接続した広域のネットワークのこと。
□□3575. **VAN**	Value Added Network（付加価値通信網） 通信回線に情報処理機能を付加する通信サービスのこと。
□□3576. **URL**	Uniform Resource Locator（ホームページアドレス） 〈プロトコール://サーバー名〉からなる。(3578.HTTP 参照)
□□3577. **HTML**	Hyper Text Markup Language ネット上のホームページの作成に使用される言語。
□□3578. **HTTP**	Hyper Text Transfer Protocol ネット上で，WWW サーバーとユーザーのパソコン等の間で HTML 文書を送受信するための protocol（通信規約）。 ホームページの URL の先頭に〈http://〉という形で記される。
□□3579. **CASE**	Computer Aided Software Engineering コンピュータを利用してソフトウェアを開発する技術。

終　章

究極の英単語力増強法

◆英単語征服の R&D

R&D という言葉がありますが，これは Research and Development（研究と開発）の略です。企業の発展や技術の進展に欠かせない要素が「研究と開発」というわけですが，英単語の攻略にも R&D があると私は考えています。

英単語攻略の R&D はズバリ Reading and Dictionary です。すなわち「読みと辞書」が英単語増強に必要なコンセプトと言えるのです。

英単語は序章で述べたように，句の形でそのパワーを発揮します。つまりどのように使われるかを覚えることがポイントです。単語の用法を体得する最善の方法は「読むこと」と言えます。読むことは単語力を増やすための地道な活動なのです。

しかし，読むだけでは「非効率的」（unefficient）な側面があります。よほどの量をこなさない限り，出会わない単語があるのも事実です。そこで辞書との併用が意味を持つのです。逆に辞書だけでは単調になるし，スペース上，具体的な使い方が習得しにくいし，何よりもストーリー性がないので，覚えるには「非効果的」（uneffective）と言えます。その意味でも，読みとの併用が重要になってきます。具体的な勉強法もあわせて，まとめてみましょう。

〈英単語力増強の R&D〉

R	Reading	TOEIC 高得点対策のための READING の学習法としては，英字新聞や雑誌を幅広く読むこと。図や表，広告，記入用紙等にも着目し，SCAN することを学ぶ。	効果的
D	Dictionary	例文や語法の説明が多い中辞典クラス（10万語前後）の辞書を「じっくり読む」ことが基本。そして新たな発見を「書き写す」ことが単語の定着につながる。	効率的

私はかつて「辞書健康法」という妙なタイトルで講演を行ったことがあります。眠れない夜は辞書を読めば，眠たくなるので体の健康に良いし，たとえ眠れなくても単語や表現を覚えることができるので，頭の健康によい等と主張しました。つまり，辞書は使い方が大事だということです。

英語学習のために英文を読む場合,「できるだけ辞書に頼らない」ことが基本ですが,もしどうしても頼らないといけないことが生じた場合は「徹底的に辞書に頼る」ことをお薦めします。(P.256に挙げている辞書類は私の推薦図書でもあります)

◆単語を覚える3つの方法──「分ける」と「つかむ」と「さとる」

ものの理解の仕方には3種類あります。まずは分析する方法です。これは単語,特に難しい単語を覚えるのに大変役立ちます。どんな複雑な単語も分析すればピタリと分かるものですよ。単語を「分ける」ことによって覚えることができるわけです。

例えば,最長語と評判の(?)次の単語を分けてみましょう。

pneumonoultramicroscopicsilicovolcanoconiosis

↓　分けてみると…

pneumono ＋ ultra ＋ micro ＋ scopic ＋ silico ＋ volcano ＋ coniosis

(肺)　(超)　(微)　(視)　(珪(けい)素)　(火山)　(症)

意味は,「肺に,非常に小さく見える珪素の粒が火山から入った病気」ということで「珪性肺塵症」と訳されています。

注意 ultra [ʌltrə] と micro [maikrə] の発音に注意しましょう。「ウルトラ」や「ミクロ」ではありません。

そのまま単語を丸呑みする方法もあります。「門前の小僧習わぬ経を読む」(A saint's maid quotes Latin.) というのがあります。門前の小僧のように何度も繰り返して丸暗記するという方法が,批判はありますが,根強く支持されているのも現状です。私も丸暗記には反対しませんが,体全体を使って覚えるべきでしょう。楽しく英語を「つかむ」(丸暗記する) 方法で伝統的なのがゴロ合わせです。ゴロ合わせは,本書のCレベル以上(特にDレベル) の単語に有効だと私は思っています。

私のオリジナルをいくつか挙げてみましょう。(関西弁も出てきます)

asceticism	[苦行主義]	→	焦って沈む苦行主義。
hedonism	[快楽主義]	→	非道に住む快楽主義。
dodecagon	[十二角形]	→	どでかい十二角形。
hendecagon	[十一角形]	→	変でっか?十一角形。
newt	[イモリ]	→	イモリがにゅーっと現われた。
orchid	[ラン]	→	ランの花は大きいど。

◆「〈連想発展式〉英単語増強法」の勧め

「分ける」「つかむ」に続いて，「さとる」という覚え方があります。これは感動して覚える方法です。「さとり」の単語学習法とも言える，連想発展式の英単語増強法を紹介しましょう。以後，連想発展法と略します。

〈連想発展式〉の意味は，文字通り，頭で連想した単語を調べ，そこから発展させていろんな単語の情報を獲得することを通じて，単語を増強する方法です。このような単語学習法の過程で必ず，小さな知的感動があります。この感動が単語を定着させるのです。人生で幾つの単語に感動したかが，英語力を決定すると言っても過言ではありません。

このような単語学習のきっかけは，日常に転がっています。例えば，皆さんが扁桃腺が腫れたとします。その時が絶好のチャンスです。扁桃腺は英語で何と言うのか調べるのです。tonsil が正解ですね。ここから，連想してゆけばいいのです。

私は，連想発展法は，むしろ易しい単語からスタートさせるほうがよいと思います。えっと思うかもしれませんが，その種明かしをします。例えば，腹痛の英語からスタートしましょう。その際，例文もためになりそうなものは書き出すようにします。

← stomachache	例 She lost her stomachache.（彼女は腹痛が治った）	NO.1
↓ ↓		
↓ stomach	例 1. The girl had no stomach for cake.	
↓ ↓	（その少女はケーキを食べる食欲がなかった）	
↓ ↓	2. The man didn't have the stomach for such work.	
↓ ↓	（その男はそのような仕事をする気はなかった）	
↓ stomachful	例 I have had a stomachful of your complaints.	
↓	（おまえの愚痴にはもううんざりだよ）	
→ bellyache	例 I want you to stop bellyaching.	
↓	（ぶつぶつ言わないでもらいたい）	
bellyful	例 We've had a bellyful of debating.	
↓	（我々はいやというほど討論し合った）	
← mouthful	例 You said a mouthful!	【口】
↓ ↓	（【米】よくぞ言った，ご名言）	
↓ mouth	例 He is all mouth.	
↓	（彼はお喋りだ）	
→ handful	例 Only a handful of people waited for him.	
↓	（ほんの少数の人たちが彼を待っていた）	
hand	例 They are making money hand over fist.	
	（彼らは濡れ手に粟で金を儲けている）	

単語の意味が分かっていても，その単語を使った文が書けないと本当に分かっているとは言えません。また，意外な例文に出くわして，新たな意味を知ってハッとすることもあります。意外な意味に感動するだけで十分です。感動すれば自然に単語は覚えますよ。

◆言語は文化を〈反映〉し，文化を〈繁栄〉させる

単語を悟るための〈連想発展法〉は，単語学習上，思わぬ副産物が生じます。それは，連想を通じて文化の新しい側面を発見することができるということです。〈連想発展〉の〈発展〉の意味するところは，まさにそのような文化の新発見にあります。

連想発展法を続けましょう。

NO.2

　↓
←foot　この単語を用いたイディオムはプラスイメージが多い。
↓　① a foot in the door（成功への糸口）
↓　② fall[drop/land] on one's feet（【口】運が良い）
↓　③ feel one's feet（自信がつく）
↓　④ find one's feet（新しい環境に慣れる）
↓　⑤ keep one's feet（成功する／慎重に行動する）
↓　↓ 例 She has found her feet in her new surroundings.
↓　↓（彼女は新しい環境にも慣れたことでしょう）
↓　↓
↓　footless（足のない／非現実的な／【口】手際の悪い）
↓
→waltz【口】軽々とこなす
　↓ 例 He waltzed through his entrance examinations.
　↓　（彼は軽々と入学試験に通った）
waltz off with ～(＝walk away with ～)【口】（試合等に）楽々と勝つ
　例 She waltzed off with the first prize.
　（彼女は楽々と一等賞をさらっていった）

西洋文化は，太古の狩猟文化（hunting culture）の影響が強く，狩猟に必要な「足」を重視するため，足に関する英語表現にプラスイメージが多いと言えます。これに対し，農耕文化（farming culture）を色濃く残す日本は，農耕に大切な役割を果たす「手」の方が重宝され，手を使ったプラスイメージの日本語表現が目立ちます。

足に関する英語表現は，上の連想発展法（NO.2）で確認できますね。手を使った日本語表現の主なものを挙げましょう。英語表現と比較してみて下さい。

・手本	a model；a paragon　◆take pattern by him（彼を手本にする）
・手頃な	handy（size）；a suitable（book）；a reasonable（price）
・手軽な	easy；light（気軽な）；informal（略式の）；offhand（即席の）
・手短に	shortly（＝in short）；briefly（＝in brief）
・手厚く	warmly；heartily；hospitably；cordially；courteously
・手堅く	firmly；steadily；securely；prudently；cautiously
・手広く	widely；largely；extensively；on an extensive scale
・手助け	a help；assistance　◆give a（helping）hand（手助けする）
・手立て(手段)	a means；a measure；a step　◆an unjust step（不正手段）
・手強(てごわ)い	stiff；tough；unyielding；redoubtable；hard-bitten
・手解(てほど)き	introduction；initiation；the elements［rudiments］（of ～）
・お手柔らかに	kindly；gently；mildly；tenderly；leniently
	例 Be easy with me !/ Draw it mild, please !（～願います）

他にも英語ではhandを用いない「手形」(bill）や「切手」(stamp）や「手柄」(merit）までも手を使いますね。日本文化は手の文化と言えます。逆に，日本では足は〈悪し〉に通じることもあり，マイナスイメージですね。英語ではfootはマイナスイメージではないので，興味深いことに，「～から足を洗う（＝～をやめる)」は英語では次のようになります。

～から足を洗う＝wash one's hands of ～

日本語には手の表現が多く，「足を洗う」は「手を引く」や「手を切る」のようにも表現できますね。日本人のDNAに手の重要性が擦り込まれているのでしょう。

前ページのfootlessが「手際の悪い」と訳せることから分かるように，同じ概念を表す場合でも，英語ではfoot，日本語では手の表現が好まれることも文化の反映と言えます。

そして，文化の反映としての単語や表現が増えてくると，それによるコミュニケーションに彩りと味わいが増し，文化そのものを繁栄させることになるのです。

さらに，「言葉を学ぶ」ということは「言葉」を学ぶことだけではないことも分かってきます。「言葉を学ぶ」ことは「文化を学ぶ」ことでもあるのです。

〈分かる〉〈つかむ〉〈さとる〉…この3つの単語の覚え方のうち，最後の「さとる」を実践した場合が最も忘れないでしょう。単語を学び，意外な表現を発見して感動し，さらに文化の奥深さを味わい，自分自身をも研いていくような，そんな単語の学習法を貫いて下さい。そのような単語増強法を実践する過程で，念願のTOEIC高得点，悲願のTOEIC 990点は自然に達成されるでしょう。

では，皆さん，無理せず，頑張って下さい。応援しています。

英語語彙問題・超難問12

問題 【　】内に最もよく当てはまる単語を書き入れ，(　)内に最もよく当てはまる単語を下の枠内から選んで，その記号を答えて下さい。〈制限時間10分〉

(1) The soldiers didn't flinch【　】(　) against the enemy.
(2) There was a (　) of sadness in her【　】of babbling.
(3) Nancy knocked【　】a meal for the man who called on her (　).
(4) Jack always harps【　】his (　) in business.
(5) The lecturer likes to tell【　】tales to (　) his audience.
(6) In a domestic (　), words can wound, especially when your wife throws a dictionary【　】you.
(7) John is sitting【　】because he fell (　) to his father's estate.
(8) Susan sprang the news of her (　)【　】her partner.
(9) Bob got a (　) thrill【　】of watching his subordinate clinch the deal.
(10) They (　) all the streets in their town at one【　】swoop.
(11) The crystals of【　】, or rock salt, are (　) of sodium and chlorine ions.
(12) What did the bull say when it (　) down a bomb? ---【　】!

a. gravity	b. gravidity	c. aggregates	d. agglomerates
e. advancing	f. progressing	g. scavenged	h. scrounged
i. capitulate	j. captivate	k. heir	l. inherit
m. speechless	n. unannounced	o. bicker	p. dicker
q. vicarious	r. vivacious	s. viviparous	t. fiasco
u. fidgety	v. swallowed	w. gulped	x. choked
y. suspicion	z. predisposition		

★日本語訳を見ながら，解答を試みると少し易しくなりますよ。

日本語訳

⑴ 軍人たちは的に向かって怯(ひる)まず進撃した。

⑵ 彼女のお喋りの仕方にはどことなく寂しそうなところがあった。

⑶ ナンシーは突然訪ねてきた男に有り合わせの食事を作ってあげた。

⑷ ジャックはいつもビジネス上の大失敗のことをくどくど言っている。

⑸ その講演者は聴衆を魅了するためにほら話をするのが好きである。

⑹ 夫婦喧嘩では，言葉があなたを傷つけます。特にあなたの奥さんが辞書をあなたに向かって投げつけた場合にはね。〈一種のジョーク〉

⑺ ジョンはお父さんの財産を受け継いだので現在は左団扇である。

⑻ スーザンは連れ合いに妊娠したことを不意に知らせた。

⑼ ボブは自分の部下がその取引に成功するのを見て，わがことのように興奮した。

⑽ 彼らは町のすべての通りを一気に清掃した。

⑾ 岩塩の結晶はナトリウムイオンと塩素イオンの集合体である。

⑿ 牛は爆弾を飲み込んでなんと言ったか？---「も〜，弾(たま)げたよ」〈しゃれ〉

解説

⑴ flinch from は「〜から尻込みする」，同意表現に recoil from ; shrink (back) from ; hold back from ; shy at ; jib at などがある。advance に「(敵に向かって) 進撃する」の意味があるが，progress にはない。advance にあって progress にない意味は，あと２つ「(値が) 上がる」「(人が) 年を取る」が重要。

⑵ suspicion に「気味，気配」の意味がある。他に，touch ; dash ; shade ; tinge などがある。「お喋りをする」(babble) の同意語としては他に，chatter ; jabber ; patter ; prattle ; rattle ; burble がある。

⑶ knock up は口語で「〜を急いで作る」の意味。他に knock の口語表現で重要なものは，knock out ([人を] 喜ばせる[疲れさせる]) ; knock over (〜を盗む［に強盗に入る]) ; knock together (〜を大急ぎで組み立てる)。(　　) には speechless (唖然とする) は合わない。参考 He stood speechless and motionless. (彼は唖然として身動き１つせず立っていた)

⑷ harp on は「〜をくどくど言う［書く］」の意味。fiasco は「大失敗」の意味。高度な同類表現に blunder ; bungle ; 【口】flop ; 【俗】washout がある。参考 That plan of yours was a complete washout. (君のその計画は完全に失敗だったね)

⑸ tall に口語で「法外な，大袈裟な」の意味がある。tall order (無理な注文) や walk tall (偉そうに歩く) は重要表現。captivate は「魅了する」で (　　) にぴったり。他に重要同意表現として，fascinate ; bewitch ; allure ; cast a spell on [over] ; hold (人) spellbound ; turn one's charm on がある。

⑹ bicker は「口論」。他に高度同意語として，row；jangle；wrangle；brawl；fracas；【米俗】rhubarb；altercation がある。(　　) に入る最適な前置詞は at。「人にぶつけるように投げる」の意味は at によって出る。本文は，辞書には言葉 (words) がいっぱい詰まっているということから，それが当たると「身体的に怪我する」ということと「言葉によって人を傷つける」の2つの意味を同時に出すのを目的としたジョークである。ちなみに bicker に似た綴りの dicker は「交渉（する）」という意味の単語。

⑺ sitting pretty は「楽な立場にある，左団扇である」の意味。fall heir to ～は「～を相続する」の決まった言い方。be heir to ～の形も OK。

⑻ gravidity は「妊娠」の高度な言い方。高度同類語は他に foetation；conception（受胎：妊娠の改まった表現）；gestation（懐胎：妊娠の古風な表現）がある。spring ～ on ...の形で「...に～を不意に知らせる」の意味が出る。

⑼ vicarious は「代理の」という基本意味を持つので，「代理体験の，わがことのように感じる」という意味が派生している。clinch は口語で「(取引・契約などを) まとめる」の意味がある。自動詞と名詞の口語用法で「抱擁（する)」という意味もある。

⑽ scavenge は「(道路などを) 掃除する」の意味。at[in] one fell swoop は口語のイディオムで「一気に，同時に」の意味。この場合の fell は元来「獰猛（どうもう）な」の意味。

⑾ 岩塩（rock salt）の鉱物学的な専門語 halite を書く極めて難しい問題。綴りがよく似た単語に halide（ハロゲン化物）がある。aggregate は「集合体」の意味。綴りの似た agglomerate は「団塊」の意味で，本問には関係がない。

⑿ choke down（[固形物を] 呑み込む）が最適。swallow は down を通例伴わないし，gulp down は通例，液体を飲み干す場合に用いる。本文は気づくのが極めて難しい洒落である。bull が bomb を呑み込むと，その状況は a bomb in a bull となり，これは発音が abominable に酷似してくる。そこで「爆弾を呑み込んだ時に何と言ったの」に対して「嫌だね（abominable)」と返答する。この本文の日本語訳もシャレになっているので味わって欲しい。

〈枠内の単語で解説に入っていない単語の意味〉

gravity	⑴引力，重力　⑵重大さ，深刻さ　◆ specific gravity（比重）
scrounge	【口】⑴～をただでもらう　⑵～をこっそり盗む
capitulate	⑴（条件付きで）降伏する　⑵～に根負けする［to ～］
inherit	⑴相続する　⑵（性質・体質を）遺伝的に受け継ぐ
vivacious	(特に女性が) 陽気な，快活な　→［名］vivacity（陽気，快活）
viviparous	[動物]胎生の 注意 oviparous(卵生の)；ovoviviparous(卵胎生の)
fidgety	【口】（日頃から）落ち着きのない，そわそわする　→{動}[名]fidget
predisposition	傾向，素地，［医］～の素質［to/toward ～］

解答 (1)	【 from 】	(e)	(2)	【 way 】	(y)
(3)	【 up 】	(n)	(4)	【 on 】	(t)
(5)	【 tall 】	(j)	(6)	【 at 】	(o)
(7)	【 pretty 】	(k)	(8)	【 on 】	(b)
(9)	【 out 】	(q)	(10)	【 fell 】	(g)
(11)	【 halite 】	(c)	(12)	【 Abominable 】	(x)

完成の英文

(1) The soldiers didn't flinch from advancing against the enemy.
(2) There was a suspicion of sadness in her way of babbling.
(3) Nancy knocked up a meal for the man who called on her unannounced.
(4) Jack always harps on his fiasco in business.
(5) The lecturer likes to tell tall tales to captivate his audience.
(6) In a domestic bicker, words can wound, especially when your wife throws a dictionary at you.
(7) John is sitting pretty because he fell heir to his father's estate.
(8) Susan sprang the news of her gravidity on her partner.
(9) Bob got a vicarious thrill out of watching his subordinate clinch the deal.
(10) They scavenged all the streets in their town at one fell swoop.
(11) The crystals of halite, or rock salt, are aggregates of sodium and chlorine ions.
(12) What did the bull say when it choked down a bomb? --- Abominable!

参考 問題の狙い

(1) 中級動詞の語法の違い
(2) 基本語の意外な用法
(3) 基本動詞の語法
(4) 中級熟語と上級名詞
(5) 基本形容詞の語法
(6) 上級名詞と前置詞の語法
(7) 基本動詞による上級口語熟語
(8) 上級名詞と基本動詞の語法
(9) 上級形容詞の語法
(10) 上級動詞と上級口語イディオム
(11) 専門知識と専門的名詞
(12) マニアックなシャレの理解

注意 1．超難問と言えども，(1)から(10)までは，TOEICに出題されそうな英文を揃えています。もちろん，その場合でも最高水準の英文です。

2．(11)と(12)は超難問中の超難問です。もし，2問とも，つまり合計4つ正解したら，あなたは英単語界の超大物，あるいは，完璧な英単語マニアです。

★正解総数と実力の関係図（全問正解は24）

正解総数	TOEIC予想スコア	英単語道ランク	正解総数	TOEIC予想スコア	英単語道ランク
0～2	395以下	4級以下	12～13	880～895	1級
3	400～465	3級	14～15	900～925	
4	470～495		16～17	930～955	初段
5	500～595	準2級	18～19	960～985	2段
6	600～725		20～21	990	3段
7～8	730～855	2級	22～23		4段
9～11	860～875	準1級	24		5段以上
↑	正解が半数未満		↑	正解が半数以上	

◆等級はTAC言語文化研究所の英単語道のランクで英検のランクではない。巻末のランク表（P.260）を参照。

参考 ①3分の1以上正解しただけで，TOEICではAランク（860以上）のスコアに相当します。

②15分以上かかった場合や和訳を見て答えた場合は，等級が1ランク下がります。

◎◎◎ 推薦参考文献 22 ◎◎◎

1.『ジーニアス英和辞典』(大修館書店)　〈文法・語法の説明が豊富で明解な辞典〉
2.『パーソナル英和・和英辞典』(学研)　〈使用頻度に着目したコンパクトな辞典〉
3.『キャンパス英和辞典』(講談社)　〈口語表現を重視し用例が充実している辞典〉
4.『リーダーズ英和辞典』(研究社)　〈収録単語数27万語で百科事典性を持つ辞典〉
5.『最新日米口語辞典』(朝日出版社)　〈日英語の発想差と口語表現が学べる辞典〉
6.『英語類義語活用辞典』(研究社)　〈類語のニュアンスの差が研究できる用語集〉
7.『ビジネス英会話表現辞典』(旺文社)　〈ビジネスにおける会話表現が学べる本〉
8.『NTC's American Idioms Dictionary』(National Textbook Company)
〈アメリカのイディオムと用例が充実した辞典〉
9.『発信型英語スーパーボキャビル』植田一三著(ベレ出版)　〈高度な語彙が豊富〉
10.『発信型英語スーパー口語表現』植田一三著(ベレ出版)　〈高度口語表現が充実〉
11.『シンボルビルディング』松本道弘著(実業之日本社)　〈新しい発想で語彙拡充〉
12.『英単語スピーキング』松本道弘著(KK ベストセラーズ)　〈英語的表現を学ぶ〉
13.『速読英熟語』温井史朗著(増進会出版社)　〈基礎的な英熟語を速読により学ぶ〉
14.『システム英単語』刀弥雅彦・霜康司共著(駿台文庫)　〈基礎的な英単語を学ぶ〉
15.『社会人の英単語』長崎玄弥著(旺文社)　〈様々な角度から英単語を楽しく学ぶ〉
16.『楽しむ英語』中村保男著(中央公論社)　〈英語そのものの面白さを再発見する〉
17.『ことば遊び』(河出書房新社)　〈言葉そのものの面白さと奥深さを再発見する〉
18.『The Anagram Dictionary』Michael Curl 著(PAPERMAC)
〈アナグラム(綴り換え)を収録した珍しい辞典〉
19.『TOEIC TEST 990点満点英文法』石井隆之著(明日香出版社)〈英文法を再発見〉
20.『論理的に話すための基本英語表現』石井隆之・村田和代共著(ベレ出版)
〈論理的に話すために考え方と用例を示した本〉
21.『英語から英悟へ』石井隆之著(TAC)〈ユニークな視点で英単語の世界を悟る本〉
22.『英語マンダラ発想法』石井隆之著(ACE)〈ユニークな視点で言語文化を語る本〉

★〈　〉内は推薦理由を簡単に表しています。
★最後の2冊は市販していません。TAC 言語文化研究所までお問い合わせください。

TAC 言語文化研究所
〒573-0106　大阪府枚方市長尾台1-2-3
TEL:072(858)6946/FAX:072(859)8617
e-mail:englight@arion.ocn.ne.jp

◎◎◎ 英単語力即席チェック表 ◎◎◎

LEVEL	動詞	形容詞	名詞	生活/ビジネス/専門語	認識語数
5 級	swim	large	apple	desk	①
4 級	hold	tough	elephant	company	②
3 級	pretend	generous	democracy	furniture	③
準 2	reconcile	ingenuous	evolution	jug	④
2 級	inhibit	imminent	milestone	creditor	⑤
準 1	unearth	obnoxious	quorum	outsourcing	⑥
1 級	tantalize	tantamount	milieu	xenophobia	⑦
初段	constipate	obstreperous	karst	yolk	⑧
2 段	nitpick	fetid	stethoscope	phosphorus	⑨
3 段	cavil	pachydermatous	topsy-turvydom	tectonism	⑩
4 段	vamoose	catadromous	chihuahua	tantalum	⑪
5 段	preen	rhizanthous	spinescence	balneology	⑫
6 段	この分野の単語は存在しない			jhala	⑬
7 段				trogositidae	⑭
認識語彙数					/50

英単語力即席チェック表の使い方と見方

この表は，私が主宰するTAC言語文化研究所が提唱する「英単語道」(EVER：English Vocabulary Educational Ranking）の各レベル（5級から7段まで）の単語を4つずつ挙げたものです。この表により，あなたの現在の単語数の予想と単語力のレベル，さらに今後の勉強法に対するヒントが得られます。

意味が1つでも言える単語に丸印をつけてください。1語につき制限時間は10秒です。丸印のついた単語の数を右の枠内に書き入れて，下にある計算式に当てはめてください。その答えがあなたの現在知っている英単語の概数予想です。(レベルはTAC言語文化研究所の「英単語道」のレベルを意味します。巻頭の「単語レベルについて」参照)

チェック表で概算できる単語は，sight vocabulary（見て分かる程度の語彙）で，チェック表では「認識語彙」と言っています。これは，use vocabulary（使える語彙)，すなわち「運用語彙」とは異なります。英語学習者における「ある程度まで使える」単語の数は，平均して認識語彙の6分の1です。「ネィティブと同様の程度まで使える」語彙数は，さらにその6分の1，つまり認識語彙の36分の1になるでしょう。

また，チェック表の一番下の欄にも，丸印のついた単語を，各ジャンル別に書いてください。その単語の数が平均より少ないジャンルは，自分の弱いジャンルと言えます。(6段以上に関しては，動詞，形容詞と名詞がカウントされませんが，教育的，統計学的に問題はありません)

◆総認識語彙（SV：sight vocabulary）の計算式

①(　　)× 250＋②(　　)× 500＋③(　　)× 750＋④(　　)× 750＋
⑤(　　)× 750＋⑥(　　)× 750＋⑦(　　)× 750＋⑧(　　)×1500＋
⑨(　　)×1500＋⑩(　　)×1500＋⑪(　　)×3000＋⑫(　　)×4500＋
⑬(　　)×9000＋⑭(　　)×18000＝あなたの総認識語彙数の予想値

結論：あなたの語彙数は（　　　）語

チェック単語の意味一覧表

LEVEL	動詞	形容詞	名詞	生活/ビジネス/専門語	認識語数
5級	泳ぐ	大きい	リンゴ	机	①
4級	保つ	丈夫な	象	会社	②
3級	ふりをする	寛大な	民主政治	家具	③
準2	和解させる	率直な，純真な	進化	ジョッキ	④
2級	禁止する	差し迫った	画期的な事件	債権者	⑤
準1	発掘する	嫌な，悪評の	定足数	外注	⑥
1級	じらす	同等の，相当の	環境	外国人嫌い	⑦
初段	便秘する	暴れる，やかましい	カルスト地形	卵の黄身	⑧
2段	あら探しする	悪臭のする	聴診器	燐（りん）	⑨
3段	難癖をつける	厚顔無恥な	混乱状態	地殻変動	⑩
4段	【米俗】ずらかる	[魚が]河を下る	チワワ [犬の種類]	タンタル [元素名]	⑪
5段	めかす，得意になる	根から直接花を咲かせる	とげ状であること	温泉学	⑫
6段	この分野の単語は存在しない			ジャーラ [インド音楽]	⑬
7段	この分野の単語は存在しない			コクヌスト科 [昆虫類]	⑭
認識語彙数					/50

◆意味は代表的なもの1つまたは2つに限っています。

英単語道ランキング早見表

LEVEL	どんなレベル？	一言アドバイス！	SV 単語数	TOEIC レベル
5級	真面目な中2のレベル	辞書の使い方を習得せよ	1,000	250〜
4級	英検4〜3級のレベル	辞書を徹底的に利用せよ	3,000	300〜
3級	国公立大学受験レベル	辞書を読んで感動しよう	6,000	450〜
準2	洋書が少し面白くなる	英字新聞で単語を学ぼう	9,000	550〜
2級	英検準1級可能レベル	たくさん洋書を読破せよ	12,000	730〜
準1	英検1級突破のレベル	TIME ESSAY 速読に挑戦を	15,000	860〜
1級	簡単な通訳が可能な域	前置詞の語法を研究せよ	18,000	900〜
初段	TIME がある程度読める	基本動詞語法を確認せよ	24,000	930〜
2段	英語プロで独立できる	イディオムの数を増やせ	30,000	960〜
3段	本場の会話がペラペラ	俗語の語彙を広げ極めよ	36,000	990
4段	本物の作文がスラスラ	語源を徹底的に研究せよ	42,000	−
5段	専門書等の読破が楽々	自分の専門を磨き極めよ	60,000	−
6段	究極の英単語マニア	自分の世界を確立しよう	96,000	−
7段	英単「悟」の仙人に迫る	謙虚な気持ちで生きよう	132,000〜	−
備考	SV 単語数とは，「見てある程度意味が理解できる単語の総数」のことである。			

◎◎◎ 英単語原則 36 ◎◎◎

頁

原則 1　「詳述する」意味の動詞に on がつく。……………………………18
原則 2　-SCENCE で終わる名詞は科学的専門語である。…………………19
原則 3　-UM で終わる外来名詞の複数形は-A である。……………………19
原則 4　短い名詞（X）+y は「X がいっぱい」の意味の形容詞を作る。…23
原則 5　-ID で終わる形容詞には高レベルなものが多い。…………………23
原則 6　J から始まる基本単語には意外な意味を持つものが多い。………29
原則 7　〈V＋one's way〉は「V の状態で進む」の意味である。…………62
原則 8　〈V＋with〉は「～をもてあそぶ」の意味が多い。 ………………63
原則 9　英語と日本語の発想は異なる。…………………………………………65
原則10　「ぶらぶら歩く」は〈V＋about〉型が多い。……………………66
原則11　「ぶらぶら過ごす」は〈V＋away one's time〉の形が多い。……66
原則12　身近な単語には熟語や慣用句が豊富である。…………………………67
原則13　「胡麻すり」は〈N＋V-er〉の形をはじめ色々な表現が存在する。
　　………………………………………………………………………………70
原則14　英語はマイナスイメージの単語に同義語が多い。…………………76
原則15　英語では動物にマイナスイメージがある。……………………………79
原則16　PS, PT, PN, GN, MN, KN で始まる語は最初の文字を発音しない。
　　………………………………………………………………………………84
原則17　〈a＋意外な名詞＋of〉で「少しの」の意味の表現が多い。………89
原則18　基本名詞には動詞としての用法があることが多い。 ……………118
原則19　基本動詞には名詞としての用法があることが多い。 ……………120
原則20　D で始まる 4 ～ 5 文字の単語，6 文字の動詞はマイナスイメージが
　　多い。 ……………………………………………………………………139

原則21　Y で終わる 5 文字形容詞で BA で始まるものはマイナスイメージが多い。……141
原則22　P で始まる 6 文字動詞で，語尾が-ER のものはマイナスイメージが目立つ。……142
原則23　H で始まる 7 文字形容詞は，ほとんどがマイナスイメージである。……143
原則24　「X のような」の意味の英語で X が動物の場合は-INE で終わることが多い。……154
原則25　RE-で始まる単語は「拒絶・非難・撤回」の意味を表す動詞が目立つ。……164
原則26　〈OVER-＋基本動詞〉は〈V too much〉の意味である。……175
原則27　〈OUT-＋基本動詞〉は〈V more than 〜〉の意味である。…175
原則28　接頭辞 DE-は「下」「出」「非」「強意」の 4 つの意味を持つ。…175
原則29　-ISM は主義・教義・学説・哲学・宗教・政治・慣例または病気を表す。……189
原則30　一般に高度なレベルの形容詞は OUS 型である。……190
原則31　FL で始まる単語はヒラヒラと飛んで流れるイメージを持つ。…191
原則32　GL で始まる単語はキラキラまたはギラギラ輝くイメージを持つ。……192
原則33　SL で始まる単語はスルスル滑り，ズルズル怠けるイメージを持つ。……193
原則34　DR で始まる単語はダラダラ滴り，引きずるイメージを持つ。…194
原則35　FR で始まる単語はフラフラ，ブラブラ，ブルブルのイメージを持つ。……196
原則36　GR で始まる単語はガタガタ不平を言う重々しいイメージを持つ。……197

索引

A

abacus 214
abdicate 34
abduction 232
abject 109
abominate 34
about-face 41
absenteeism 208
absolute 116
abstentionist 225
abstract 116
acarology 156
accelerator 222
accentuate 33
accident-prone 38
acclaim 97
acclamation 110
acclimation 110
accommodations 211
account 239
acid 24
acknowledgement 240
acrid 24
acrophobia 151
across-the-board 43
adaptation 59
additive-free 38
Administration 224
admonish 32
adoption 59
adulterate 34
advent 19
adventitious 26
affectation 59
affection 59
afforestation 116
after-sales service 126
agenda 236
aggravate 34
agin 48
agoraphobia 151
agriculture 159
air 118
albumen 110
albumin 110
alcohol 129
alcoholism 189
algebra 155
alibi 232
alkali 129
alliance 227
allocation 110
allocution 110
allude 114
ally 227
altimeter 157
amalgamate 34
amateur 116
ambassador 227
amber 110
ambulance 222
ameliorate 34
amend 109
amethyst 134
ammeter 157
amnesia 181
amnesty 226
amoral 181
amphibian 21
amphibiology 156
analyst 105
anarchism 189
androphobia 151
anemometer 157
anemoscope 157
annalist 105
annihilation 203
anomalous 26
anserine 154
antediluvian 51
antenna 58
anthem 84
antheropophobia 151
anthropography 157
anthropology 155
anthropophagous 190
anti 48,182
antibiotic 182
antibody 182
anticancer 182
antigen 182
antinuke 182
antiseptic 182
antisocial 182
antitheft 182
antithesis 182
antiviral 182
antiwar 182
A-OK 41
A-one 41
apartment 127
aphasia 181
aphonia 181
apiculture 159
apparently 92
appendicitis 153
apple-polisher 70
apposition 109
appreciable 54
appreciative 54
apricot 133
aquaculture 159
aquiculture 159
aquiline 154
Arabic 108
arachnephobia 151
arachnology 156
arboriculture 159
arcana 19
archaeology 155
argentine 123
aristocracy 158
Aristotelianism 189
arithmancy 152
arithmetic 108,155
armchair 214
armrest 214
arsenic 87,108
arsenism 189
arson 232
arsonist 232
arthritis 152
artist 113
artiste 113
asceticism 189
asinine 154
asparagus 219
ass 137
asthenopia 132
asthma 72
astrology 155
astronomy 155
astrophobia 151
astrophotography 157
atheism 64,82
atoll 206
atrocious 26
attenuate 34
attest 240
attic 217
auctioneer 186
audacious 26
august 123

aurora 129
authenticate 240
autism 189
autobiography 157
autocracy 158
autograph 239
autography 157
automat 218
autopsy 233
avalanche 205
aviculture 159
avitaminosis 181
avocation 235
avoid 109
aye 137
azure 21

B

back up 241
backbite 173
backdrop 173
backfire 173
background 173
backlight 173
backpedal 173
backseat 173
backstab 173
Baconianism 189
baggy 141
bag-snatching 230
bail 104
bait 231
bale 104
balky 141
ballad 113
ballade 113
balloonfish 131
bally 141
balmy 141
balneology 156
balneotherapy 151
bamboozle 51
bandy 141
bankruptcy 235
banter 184
barbershop 229
bare-bones 38
bargain 218
bargain-basement 38
barhop 47
barleycorn 45
barmy 141
barometer 157
barrelhouse 45
barter 184
basin 217
batter 109
battery 217
batty 141
bawdy 141
BBS 245
beady 141
beamy 141
beanpole 45
beastly 86
beat 122
beech 132
beefy 141
beery 141
belch 132
bellow 110
bellybutton 45
benchmark 45
bendy 141
benzene 105
benzine 105
biannual 148
bibliomancy 152
bibliomania 151
bicker 130,184
biennial 148
bighead 45
bigmouth 45
big-ticket 38
big-time 38
bill 239
billow 110
billy 48
biodiversity 203
biology 155
blabbermouth 51
blackmail 232
bleach 215
blister 110,184
blizzard 205
blow 37
blow-by-blow 43
blow-dry 39
blowhard 45
bluff 206
blunder 184
bluster 110,184
bog 206
boloney 48
bolster 184
bombshell 45
bone 119
bonesetter 44
boneshaker 44
boob 48
book 239
bookmaking 232
boondoggle 51
boot 236,241
bootlicker 44
booze 48
border 91
boron 58
borscht 221
borshch 221
botany 155
bottele-fed 38
bottom-line 38
bouilllabaisse 129
bound 77
bovine 154
bow 107
box-office 38
bracken 220
Brahmanism 189
brake 220
brassiere 213
breadwinner 44
break 120
break-even 41
brewage 219
bribe 231
bribery 231
broccoli 219
bronchitis 153
bronchoscope 157
broom 214
brotherly 57
brown-bag 39
browse 241
Buddhism 189
buffet 210
bumpy 23
burdock 220
bureau 22
bureaucracy 158
burglary 230
burn 71
bust-up 40
butter 109
butterbur 219
button-down 40
buttoned-up 40
buttonhole 47
buzzword 45
by-election 225
byte 243
bywork 235

C

Cabinet 224
cacao 108
cache 105
cacography 157
caffein(e) 129
cag(e)y 48
caldera 108,129
calf 123
calligraphy 157
calling 235
calumniate 187
camera-shy 41
canal 123
canalize 188
canary 108
candidate 225
canine 154
canker 184
cannibalistic 190
cannonball 45
canoe 108
cantankerous 26
canter 184
canyon 94
cape 206
Cape jasmine 133
caper 48,184
capitalist 116
capitulate 34
capsicum 219
carcinogen 203
cards 127
career 108
carnivorous 190
carrier 237
cartel 108
Cartesianism 189
cartomancy 152
CASE 245
cash 105
caste 129
castigate 32
castle-builder 183
casualty 230
catarrh 108
catch-up 40
Catholic 108
Catholicism 189
cauliflower 219
cause 116
cavort 48
cay 137
cecitis 153
celebrate 187
celery 220
censorious 26
census 226
cereal 105
cerebrate 187
ceremonial 54
ceremonious 54
certainty 95
certificate 240
certify 240
cervine 154
challenge 239
chameleon 79
champagne 105,219
champaign 105
chance 69
channel 206
chant 84
chaos 92
chappy 34
check 37
checkmate 34
cheesecake 124
chemistry 155
chemotherapy 151
chicken-and-egg 43
chide 130
chihuahua 129
chill 136
china 123
Chinease lemon 133
Chinese date 133
chin-up 40
chiromancy 152
chit 48
choir 105
choleric 108
chophouse 100
chopper 48
choreography 157
chorography 157
chowder 221
chrolofluorocarbon 203
chum 48,79
chump 48
chutzpa(h) 48
cinque 105
circular 216
circulation 237
citrin 113
citrine 113
claim 229
clampdown 44,233
clash 95
classic 54
classical 54
claustrophobia 151
cleanly 107
click 241
client 235
clientele 235
cliff 206
climacteric 114
climactic 114
climax 58
clippers 214
close contact 127
clossal 48
coach 210
coastline 206
cocaine 231
cocainism 189
cocklebur 220
cocktail 219
co-education 207
coelacanth 129
cold-shoulder 39
coleslaw 221
collaborate 187
collision 110
collusion 110
colon 123
colorable 53
colored 53
colorfast 53
colorful 53
colorless 53
colubrine 154
columbine 154
column 65
come 121
comic 54
comical 54
command 101
commandeer 186
communism 189
comparable 54
comparative 54
compatibility 113
compel 162
complement 105
compliment 105
comply 162
comport 162
compose 162
composite 214
compress 162
compulsory 116
computerize 188
conchology 156

concrete 116
concur 160
condiment 83,219
conduce 160
confederate 227
confer 160
conference 59
conferment 59
configuration 243
confirm 240
confiscate 34
conform 160
Confucianism 189
confuse 160
Congress 224
conservation 203
conservatism 189
considerable 54
considerate 54
consist 160
consomme 221
constellate 34
consternate 34
constipate 34
consul 227
consulate 227
contaminant 202
contents 243
contiguous 26
continual 54
continuous 54
convertible 222
coo 137
cooky 101
coquille 108
corduroy 213
core 137
corn 123
cornerstone 45
corny 56
coronary 48
corps 113
corpse 113
corroborate 187
corruption 230
corvine 154
cottage 218
council 105
counsel 105
counteract 182
counterblast 182
counterclaim 182
counterculture 159
countermand 182
counterterror 182
countervail 182
cover 128,237
coverage 237
cowhide 214
CPU 245
crack 37
crackdown 44,233
crash-land 209
crawl 93
cream puff 127
credible 52
credit 229
creditable 52
creditor 116
crib 48
cribbing 127
croquette 221
crosswalk 222
crummy 48
crybaby 48
cryotherapy 151
cryptonym 151
crystallize 188
cucumber 131
culinary 101
culminate 187
cur 136
curio 212
curvaceous 26
cushy 48
customize 241
cutaway 213
cyberculture 159
cyclamate 129
cymbal 105
Cyprus 22

D

dactyrogram 230
daffy 139
daft 139
dally 139
damp 139
Darwinism 189
daub 139
daunt 139
dawdle 140
deadbeat 45
dead-beat 38
deadly 87
dead-on 40
deadpan 46
debase 140,176
debilitate 34
debtor 116
debug 176
debunk 48,140
decadence 176
decelerate 176
decentralize 188
decollate 187
decolorant 215
decorate 187
decoy 231
decriminalize 176
deduce 160
deep-fry 39
deep-six 39
defame 140
defendant 116
defer 160
deference 59
deferment 59
defile 140
deforest 176
deforestation 116,202
deform 160
defuse 160
defy 139
degenerate 34,176
degrade 176
degression 110
dehumanize 176
dehumidifier 216
dehumidify 176
dehydrate 176
dehydrator 216
dehydrogenate 176
deli 48
delicacy 83
delicatessen 83
delineate 34
delirious 26
demitasse 148
democracy 158
demon 58
demonstrate 240
demoralize 176
demythologize 176
dendrology 156
denigrate 34
denominate 34
densimeter 157
deodorant 215
depopulate 176
deport 140
deportation 59
deportment 59
deprave 176
depreciate 34

depression 228
derail 140
deride 140
dermatology 156
Descartes 58
desertification 202
desiccant 215
desist 160
desolate 86
despotism 189
destination 212
details 238
detective 233
deteriorate 34,176
detest 140
dethrone 176
detrain 176
deuce 139
devil 58
devolve 116
diagram 128,211
diamond 118,134
diaper 213
dicey 48,139
dicker 140,184
dicky 139
diddle 140
Diet 224
digression 110
dilapidate 34
dilly-dally 30
dimwit 45
dinky 48
dioxin 203
diplomat 113
diplomate 113
dippy 139
dipsomania 151
dire 139
disaffect 180
disassemble 180
disbelieve 180
disclose 180
discolor 180
discompose 180
disconnect 180
disconnected 180
discourteous 26
discreet 105
discrete 105
disengage 180
disillusion 180
disinfect 180
dislocate 180
dismember 181
disprove 181
dissemble 180
dissociate 181
dissuade 116,181
distilled 219
distract 181
disunion 181
disunite 181
dither 140,184
dividend 228
dock 30
doctor 51
dodder 140
dolphin 57
domain name 244
domineering 78
doodle 140
dope 139
dote 139
dotty 139
double-check 149
double-cross 149
double-park 149
double-talk 149
doughty 114
doughy 114
douse 48
down-and-out 172
down-at-the-heels 172
downcast 172
downer 172
downfall 172
downhearted 172
downhill 172
down-home 172
downplay 47
downsize 172
downswing 172
down-to-earth 172
downtrend 172
downturn 172
drab 139
drabble 195
drag 195
dragging 195
draggle 195
drain 195
drat 139
draught 114
draw 37,195
drawer 22
drawl 195
dribble 195
drip 195
drive-in 55
drivel 195
drizzle 195
drizzling 204
drool 195
droop 195
drop 195
dropout 208
drought 114,204
drub 139
drudge 140
dude 139
dump truck 126
dupe 139
durometer 157
dust 139
dustbin 214
duteous 53
dutiable 53
dutiful 53
dwindle 114
dyed-in-the-wool 43

E

ear pick 97
earful 100
earth 118
Earth 135
eavesdrop 47
ecclesiology 156
eccrinology 156
ecology 155,202
economic 54
economical 54
economics 155
ecosystem 202
eel 136
effect 116
efflorescence 19
egghead 45
eggplant 220
ejaculate 130
elastic 88
election 225
electioneer 186
electrotherapy 151
elephantine 154
elude 114
emaciate 187
e-mail 99
emancipate 187
emasculate 34
embarkation 209
embassy 227
embezzlement 230
embroidery 213

emcee 48
emend 109
emerald 134
empirically 18
endocrinology 156
endoscope 157
endurable 54
enduring 54
enlarge 88
enlistment 238
entomology 156
entry-level 38
enumerate 187
epic 116
epilepsy 132
epistemology 156
eponym 151
equine 154
eradicate 203
eradication 203
eraser 215
erotomania 151
erroneous 26
erythrophobia 151
escapism 114
escapology 114
eschatology 156
esoteric 89,114
esotericism 19
estivate 116
ethics 155
ethnology 155
ethology 156
etiology 156
etymology 156
eutrophication 202
evolve 116
exacerbate 34
exasperate 34
exceptionable 54
exceptional 54
excommunicate 34
ex-convict 232
excoriate 32,187
excruciate 34
exculpate 34
execrate 130
exfoliate 187
exhaust 202
exhilarate 34
exiguous 26
exoteric 114
expatiate 187
expatiation 18
expatriate 187
expectorate 34
expeditious 26
expostulate 34
expressway 212
expropriate 34
extemporaneous 26
extend 88
extenuate 34
exterminate 35,203
extermination 203
extinction 203
extirpate 203
extirpation 203
extortion 232
extra 237
extraconsititutional 168
extracurricular 168
extramarital 168
extraterrestrial 168
extraterritorial 168
exuberant 97
eye-catcher 183
eye-opener 183
eyewitness 233

F

fabulous 26
facelift 45
facetious 26
facilitate 187
fallout 44
fascism 189
fashionmonger 183
fast-forward 39
fastidious 26
fast-talk 39
fatal 87
father 119
fatherly 57
faultfinder 44
faze 48
felicitate 187
felicitous 26
feline 154
fellowship 207
fence-sitter 183
fence-mending 41
ferocious 26
fertile 114
fervid 24
fetid 24
fiddle-faddle 30
filial 116
filter 105
final 113
finale 113
find 122
fine 204
fingerprint 230
fire 58,118
fission 116
five-and-ten 149
five-day week 149
five-star 149
flabbergasted 51
flaccid 24
flak 48
flammable 116
flap 191
flapdoodle 51
flare 191
flash 109,191
flat tire 127
flimflam 31
flip 191
flit 191
float 191
flood 93
floor 124
floriculture 159
flounce 191
fluctuate 35
fluent 191
fluid 191
flummox 51
flunkout 44
flush 109,191
flux 191
flyer 236
foggy 56
folklore 155
foolocracy 158
forced 209
forebear 172
forebode 172
forefather 172
forefoot 172
forego 172
foregoing 172
foreknow 172
foreleg 172
forerunner 172
foresee 172
foreshadow 172
foretell 172
forgetful 54
forgettable 54
format 95,241
forwarding 223
foul-up 40

four-flush 149
foursquare 149
four-wheel 149
fragile 196
fragility 196
frail 196
frailty 196
frame 119
frame-up 40,233
fraud 230
frazzle 196
freak 196
freakout 44
free 196
freeze 196
freeze-dry 39
freezer 216
fribble 196
fright 196
frighten 196
frightful 196
frigid 196
frigidity 196
fritter 196
frivolous 196
frog 124
front 204
frontal 204
frost 196
frostbite 47
frosty 56
froth 196
frying pan 126
full-bodied 38
full-dress 38
fulminate 35
funk 48
furniture 114
fusion 116
futile 114

G

gab 48
gable 217
gamophobia 151
Gandhism 189
garlic 220
garnet 134
garniture 114
garrulous 26
gas 58
gas station 126
gasp 130
gastroenterology 156
gastroscope 157
gate-crash 39
gaze 85
generalize 188
geography 155
geology 155
geomancy 152
geometry 155
german 113
germane 113
gerontocracy 158
gerontology 156
get-tough 41
getup 44
get-well 41
geyser 97
ginger 219
give 122
glad 192
glamour 192
glance 85
glare 192
glaze 192
gleam 192
glee 192
glimmer 192
glimpse 85
glisten 192
glitter 192
gloat 192
glory 192
gloss 192
glow 192
gloze 192
glue 98
glutenous 105
glutinous 105
glutton 20
glyptography 157
gnarl 130
gneiss 105
gnu 136
go 121
go-by 41
godly 57
go-getter 41
goings-on 40
good-for-nothing 43
gorge 206
gorilla 105
gossip 90
gossipmonger 183
Government 224
grandfatherly 57
grandmotherly 57
grate 198
graum 198
graupel 204
gravel 198
gravelly 198
gravity 198
gravure 129
grief 197
grievance 197
grieve 197
grievous 197
grill 113
grille 113
gripe 197
grizzle① 197
grizzle② 198
groan 198
grouch 198
grouchy 198
grouse① 198
grouse② 198
growl 71,198
grudge 198
grum 198
grumble 130,198
grump 198
grumpy 198
grunt 198
grunter 198
guerrilla 105
GUI 245
gumdrop 45
gynecocracy 158
gynecology 156
gynephobia 151
gypsography 157

H

habitat 203
hacker 243
haggard 143
haggish 143
hagiocracy 158
hagiography 157
hail 104,204
hailstorm 93
haily 56
hale 104
halfway 143
hallmark 45
hallway 217
halting 143
handbill 236
handle 128
handlebar 128
hands-down 40

hands-off 40
hands-on 40
hand-to-mouth 43
hang 37,78
hangdog 143
hanger 109
hanger-on 40
hanging 143
hanky-panky 30
happy ending 126
hardhat 45
hard-hitting 38
hard-liner 183
harmful 143
harum-scarum 30
has-been 41
hat 109
hateful 143
haughty 143
haunted 143
have-not 41
hawkish 143
hay 136
haywire 143
he 137
headland 206
heartthrob 45
heathen 143
hedonic 143
hedonism 189
heft 48
Hegelianism 189
heinous 143
heliolatry 152
heliotherapy 151
heliotrope 134
hell-bent 38
hellish 143
helter-skelter 30
hemidemisemiquaver 148
hemiplegia 148
hemophobia 151
hemp 231
hepatitis 153
herbivorous 190
heretic 108
heroin 231
heroinism 189
herpetology 156
heteronym 150
heterophobia 151
hibernate 116
hideous 143
hideout 44
hierocracy 158
hierolatry 152
higgledy-piggledy 30
higher-up 40
highfalutin 51
high-hat 38
highlighter 98
hightail 47
hilarious 26
Hinduism 189
hippology 156
hircine 154
historic 54
historical 54
hit-or-miss 43
hobnob 31
hocus-pocus 30
hodgepodge 31
hoe 136
hoggish 143
hoity-toity 30
hokey-pokey 30
hold 120
holdup 44
hole-and-corner 43
holus-bolus 30
homebody 45
homemade 67
homoerotic 150
homoeroticism 150
homogeneity 150
homogeneous 150
homogenize 150
homograph 150
homonym 150
honorable 54
honorary 54
hoodoo 31,48
hoodwink 47
hook 137
hop 124
horology 156
horrid 24
horse chestnut 133
horticulture 159
hostility 97
housebroken 67
housewife 107
hovercraft 96
HTML 245
HTTP 245
hubbub 31
huffish 143
hugger-mugger 30
human 113
humane 113
humanize 188
humdrum 143
humidifier 216
humoral 53
humoristic 53
humorous 53
humorsome 53
Humpty Dumpty 31
hunch 48
hunger 109
hurdy-gurdy 30
hurly-burly 30
hurry-scurry 30
hurtful 143
hut 109
hydrobiology 156
hydrodynamics 156
hydrofoil 210
hydromancy 152
hydronautics 156
hydrophobia 151
hydrotherapy 151
hyetology 156
hygrometer 157
hymn 84
hype 48
hypnology 156

I

iceberg 205
ichthyology 156
ichthyophagous 190
icicle 205
iconolatry 152
idle 105
idolatry 152
idyll 105
imaginable 52
imaginary 52
imaginative 52
immaculate 179
immanent 110
imminent 110
impalpable 179
impassable 179
impassive 179
impeccable 179
impecunious 26,179
impel 162
imperial 54
imperialism 189
imperious 54
impersonate 35
implacable 179
implement 99

imply 162
import 162
impose 162
impregnable 179
impress 162
inadvertent 179
inauspicious 179
incivility 179
incontinent 179
incorrigible 179
incredible 179
incredulous 179
incriminate 35
inculcate 114
inculpable 179
inculpate 114
incur 160
indecision 179
indelible 179
indexation 228
indolent 81
indomitable 81
indubitable 180
induce 160
industrial 54
industrious 54
inedible 180
ineffable 180
ineluctable 180
inevitable 180
infallible 180
infatuate 35
infer 160
inform 160
infuse 160
ingenious 114
ingenuous 114
ingratiate 35
inhabit 110
inhale 72
inhibit 110
initialize 236
inlet 206
inn 211
innocuous 26
insalubrious 180
in-service 41
insinuate 35
insist 160
inspire 97
install 241
instigate 35
insulation 218
intangible 180
intellectual 52
intelligent 52
intelligible 52
intension 114
intention 114
intercept 167
intercollegiate 167
intercom 217
intercommunicate 167
interdict 167
interdisciplinary 167
intergenerational 167
intergovernmental 167
interject 167
interjection 167
interlude 167
interment 167
intermingle 167
intermit 167
intermix 167
interpellate 187
interpolate 187
interpose 167
interrogate 35
interrupt 167
intersection 222
intervene 167
interweave 167
interwine 167
intractable 80,180
intramural 167
intranet 167,236
intraparty 167
intravenous 167
intrepid 24
introduce 168
introspect 168
inundation 204
invigorate 35
involuntary 180
ion 129
iris 123
irony 107
irradiate 35
ISBN 236
ISDN 236
Islamism 189
isthmus 116
itemize 33

J
jab 29
jacket 128
jag 29
Jainism 189
jam 29
japan 123
jar 29
jaw 29
jawbone 47
jawbreaker 44
jay 29
jaywalk 47,63
jaywalker 233
jazzy 48
Jehovah 129
jell 48
jellyfish 131
jet 29
Jew 29
jib 28
jinks 48
jinx 48
jitter 48
job 29
job-hop 39
jog 29
jot 28
journalese 237
joy 29
Judaism 189
judicial 54
judicious 54
jug 29
jump 124
jumped-up 40
junction 96
Jupiter 135
jurisprudence 155
justification 243
juvenocracy 158

K
kaleidoscope 157
Kantianism 189
key 105,137
Keynesianism 189
kidnap 232
kindergarten 207
kingly 57
kingmaker 44
kingpin 45
kleptomania 151
knee 136
know 137
know-it-all 43
known 90
know-nothing 41
Koran 129
kosher 48

L

la 136
label 129
laborer 116
lack 111
la-di-da 43
Ladies first 126
ladykiller 44
lag 111
lagniappe 51
lagoon 94
Lamaism 189
lament 130
lamppost 218
LAN 245
landing 99
landlord 218
laparoscope 157
lasagna 129
lather 48
laugh-in 40
Laundromat 127
lava 206
lawn 217
leaflet 236
learned 107
leastwise 46
lee 136
legman 48
leg-pull 41
lei 136
leonine 154
leporine 154
lessee 218
lessor 218
letdown 44
letter-perfect 38
lettuce 219
liar 183
liberalism 189
licentious 26
lick 112
lier 183
limitation 80
limpid 24
line 91
liner 210
linguistics 155
liquor 218
list 105
listening comprehension 127
Liszt 105
literature 22
lithography 157
lithology 156
livid 24
load 112
local 113
locale 113
lockup 44
logic 155
loo 136
look 69
loopy 48
lotus-eater 183
low 136
lowbrow 46
low-cal 38
low-down 38
lower 107
lubricate 35
lucid 24
luck 111
lucubrate 35
lug 111
lumbar 109
lumber 109, 119
lump 48
lunatic 108
lupine 154
lure 106
lurid 24
Lutheranism 231
luxuriant 54
luxurious 54
lyric 116

M

Madagascar 58
madcap 46
magazine 124
magnanimous 26
magnetometer 157
mail 104
mainstay 45
make 120
make-do 41
malcontent 181
male 104
malfunction 181
malnutrition 181
maltreat 181
manipulate 32
manner 105
manor 105
Maoism 189
mar 137
marijuana 231
Mariolatry 152
mark 91
Mars 135
marsh 206
martyrolatry 152
Marxism 189
mash 112
mashed potatoes 126
materialize 188
mathematics 155
matriculate 35
matter 109
maturate 35
maunder 184
may 137
me 137
mealy 56
measles 132
meat-and-potatoes 43
meaty 56
medicine 155
megalomania 151
melt 112
mendacity 114
mendicancy 114
mercurialism 189
Mercury 135
meritocracy 158
meritorious 26
meteorologically 38
meteorology 156
me-too 41
meuniere 221
mezzanine 218
microscope 157
milestone 45
millstone 45
mind-blow 39
mineralogy 155
minibus 211
minute 107
mirage 206
misadventure 179
misbegotten 179
miscarry 179
miscue 179
misfire 179
misgive 179
misty 56
mite 112
mobilette 222
mobocracy 158
momentary 54
momentous 54
monkey 62
monochrome 146
monocotyledon 146

monocracy 146,158
monoculture 159
monocycle 146
monogamy 146
monokini 146
monolatry 152
monomania 146,151
monophobia 151
monotheism 146
moo 136
mooch 48
moonlighting 236
moose 105
moral 113
morale 113
morbid 24
more 137
morning sickness 132
mortal 87
mother 112
motherly 57
mousse 105
mudslinging 51
multifaceted 148
multifarious 148
multiply 148
multitudinous 148
murmur 130
muscology 156
mushroom 47
musicotherapy 151
muss 48
mustard 219
mutilate 35
mutter 109
muzzy 48
mysophobia 151
mythology 155

N
nab 48
nail-biting 38
namby-pamby 30
nandin 129
narrows 206
nationalization 226
navigate 99
Nazism 189
necrolatry 152
necromancy 152
necrophobia 151
negligee 213
negotiable 102
neigh 136
nephology 156
Neptune 135
nervy 48
neuritis 153
neurology 156
newsboy 237
newshound 46
newsman 237
newspaperdom 237
newspaperman 237
nice 105
nickel-and-dime 43
Nietzscheism 189
nightcap 45
nightie 48
nihilism 189
nitty-gritty 30
nitwit 48
no-good 75
nonevent 181
nonfat 181
nonflammable 116,181
nonlead 181
nonmember 181
nonmetal 181
nonskid 181
nonstick 181
nonviolence 181
nonvoter 225
nonvoting 225
nosedive 47
no-show 41
numeromancy 152
numskull 48
nursery 207
nuts-and-bolts 43
nyctophobia 151
nymphomania 151

O
oar 137
object 109
obliterate 35
obnoxious 26
obstetrics 156
obstreperous 26
oceanology 156
oculist 59
odds-on 40
offer 239
official 54
officious 54
off-the-cuff 43
off-the-record 43
off-the-wall 43
oily 56
okra 220
old-timer 41
oleaginous 26
omnivorous 190
once-over 41
one-track 41
onomancy 152
on-the-job 43
on-the-spot 43
ontology 156
oodles 48
opal 134
open-and-shut 43
open-date 39
ophidiophobia 151
ophilogy 156
ophiolatry 152
ophthalmology 156
ophthalmotonometer 157
opponent 116
opposition 109
optician 59
optimize 241
orchestrate 35
order 92,239
ordinance 114
ordnance 114
origin 212
ornithology 156
orthography 157
OS 245
oscillate 35
osmund 220
osteology 156
osteoporosis 132
ostreiculture 159
otolarynology 156
outbreak 169
outclass 175
outdo 175
outfox 175
outgrow 175
outlast 175
outlet 127
outlook 169
outnumber 175
out-of-court 170
out-of-date 170
out-of-pocket 170
out-of-print 170
out-of-the-way 170
outpatient 169
outperform 175
outplacement 169
outplay 175

outpoint 175
outpoll 175
outrival 175
outrun 175
outshine 175
outsize 169
outskirts 169
outsmart 175
outspoken 81
outstanding 81
outtalk 175
outvote 175
outwalk 175
outweigh 175
outwit 175
overbear 170
overbearing 170
overboard 170
overfish 170
overhaul 170
overhear 170
overpass 222
oversight 170
over-the-counter 43
overture 239
overview 170
overwrite 241
ovoid 109
ozone-friendly 38

P

pacemaker 44
pachydermatous 25
pacificate 35
pacifier 213
page 77
Paid 240
pair 104
palaver 184
paleography 156
paleontology 156
pallid 24
pally 48
palm 58
palter 142
pamper 142,184
pamphleteer 186
pander 142,184
panhandle 51
pantheism 146
pantisocracy 158
paper 58,207
paradise 58
pare 104
parental 116
Parliament 224
paronym 151
paroxysm 20
parsimonious 20
parsley 220
particulars 238
partner 99
paste 214
pathfinder 44
pathology 156
patrol car 126
patter 142,185
paulownia 133
pay 79
peacemaker 44
peak 105
pear 104
pearl 134
pediatrics 156
pedology 156
pell-mell 30
pellucid 24
pendant 110
pendent 110
pep 48
pepper 142,184
pepper-and-salt 43
peppy 48
percolate 35
periscope 157
perish 88
perpetrate 35
persecute 114
persnickety 51
personable 53
personal 53
personalize 85
personative 53
perspicacious 26
persuade 116
pertinacious 27
pesky 48
pest 48
pester 142
pestle 133
peter 123,184
petrology 156
phase-in 41
phase-out 41
philanthropy 234
philology 156
philosophy 155
philter 105
phonetics 155
phonography 157
phonology 155
phonomania 151
photography 157
photometer 157
phototherapy 151
phrenology 156
physician 59,116
physicist 59
physics 155
physiolatry 152
physiology 155
physiotherapy 151
phytophagous 190
pickpocketing 230
picnic 105
pier 210
piffle 48
pigeonhole 47
pigment 215
pileup 44
pilfer 142
pilferage 230
pimento 220
pinch-hit 39
pine tree 133
pineapple juce 126
pinpoint 47
pique 105
piroshki 221
pisciculture 159
piscine 154
piscivorous 190
piz(z)azz 48
placid 24
plain 206
plaintiff 116
Platonism 189
play 124
play-by-play 43
plunder 184
Pluto 135
plutocracy 158,225
plywood 127,217
poaching 232
pocket 76
point-blank 38
politic 54,108
political 54
politics 155
polyandry 148
polygyny 148
polyphagous 190
polytheism 146
pomiculture 159
ponder 142

pontificate 35
popular 54
populous 54
porcine 154
possibility 95
posteriority 59
posterity 59
postmark 223
potage 221
pot-au-feu 221
potbelly 45
potboiler 44
pother 142
pothunter 44
potluck 45
practicable 54
practical 54
prayer 107
precipice 206
precipitate 35
precipitous 27
precondition 174
preconference 174
preferable 240
preference 59
preferment 59
prehistory 174
prejudice 97
premarital 174
premature 174
preoccupy 174
prepossessing 174
prepossession 174
preposterous 27
presbyopia 114
presbyopic 114
preschool 174
prescience 174
prescribe 77,110
presentiment 114
presentment 114
press 237
pretax 174
pretense 59
pretension 59
pretext 174
preview 174
prickly 49
prickly heat 132
priestly 57
privatization 226
privatize 188
probation 235
procrastinate 35
proctology 156
prodigious 27
professional 116
profiteer 186
prognosticate 35
progressism 189
proliferate 35
promiscuous 27
promontory 206
promulgate 35
prone 116
pronouncement 59
pronunciation 59
propagate 35
propane 129
proponent 116
proscribe 46
prosecute 48
prosperity 105
protectionism 228
Protestantism 189
provider 243
prune 133
psalm 84
pseudonym 151
psychiatry 156
psychology 155
psychotherapy 151
pteridology 156
pucker 72,142,184
puff 72
puke 49
pulpiteer 186
pumpkin 220
punch-drunk 38
punctilious 27
punctuate 35
punishable 54
punishing 54
pupil 123
puppeteer 186
Puritanism 189
puritanism 189
push 120
push-up 40
pussyfoot 47
put 37
putdown 44
putrid 24
putter 142,185
pyknic 105
pyorrhoea 132
pyrolatry 152
pyromancy 152
pyromania 151
pyrophobia 151
Pythagorianism 189

Q
quarantine 209
quay 105
queenly 57
quince 131
quire 105
quiz 207

R
rabble 142
rabble-rouse 39
rabid 24
rack 111,125
racketeer 186
radicalism 189
radiotherapy 151
rag 111
rail 125
raiload 119
rain 121
rainy 56
rake 214
ramble 85,109
rambunctious 51
ramp 209
rancid 24
rank 125
ransom 232
rap 49
rapacious 27
raring 49
rate 125
rattle 142
ravine 206
razzle 142
rearview mirror 126
rebel 164
rebuff 164
rebuke 164
rebut 164
recalcitrate 35,164
recant 164
recapitulate 32
receipt 240
Received 240
recession 228
reciprocate 35
recite 165
reclaim 165
recollect 165
recount 165
recover 165
recreate 165

recriminate 35
recruitment 238
recuperate 35
recur 160
redaction 109
redress 165
reduce 160
reduction 109
refer 160
reform 160,165
re-form 165
reformatory 107
refrigerator 216
refugee 227
refuse 160,164
refute 164
regime 225
regurgitate 36
rehab 49
reinstate 36
reiterate 36
reject 164
relative 116
relaunch 95
relay 165
release 165
relinquish 164
remains 212
remark 165
remonstrate 164
remunerate 187
renounce 164
rent-a-car 211
rent-a-cycle 211
rep 49
repeal 164
repel 162,164
reply 162
report 162
repose 162
reprehend 164
repress 162
reprimand 164
reproach 164
reprove 164
republicanism 189
repudiate 164
repulse 164
request 239
rescind 164
research 165
reserve 239
resist 160
respectable 52
respectful 52
respective 52
resumption 95
resuscitate 36
retail 116
retailer 99
retaliate 36
return 225
revamp 41
reverberate 36
reverse 241
revoke 164
revolt 164
rhetoric 108
rheum 105
rhino 49
riddle 142
riffle 142
riffraff 31
right-on 40
rile 49
ringleader 44
rip-off 40,230
river 58
roadside restaurant 128
robotize 188
rock 125
rock-bottom 38
rocketeer 186
roger 123
room 105
rope 124
ropeway 211
roughhouse 47,86
roughneck 45
roux 129
row 107
rubber-stamp 39
ruby 134
ruck 111
ruffle 142
rug 111
ruins 212
ruler 215
rumble 109
rumbustious 51
ruminate 36
rumormonger 183
rumpus 49
runaround 45
runaway 45
run-down 38
run-in 41
runner-up 40
run-of-the-mill 43
runway 209

S

saccharin 113
saccharine 113
sail 104
sailer 183
sailor 183
sale 104
sanctimonious 27
sandman 45
sanguineous 27
sap 49
sapid 24
sapphire 134
sarcophagous 190
sardonyx 134
sasanqua 129
sashay 49
sass 49
Saturn 135
saunter 184
savage 86
save 241
say 137
scads 49
scalper 232
scamper 184
scandalize 188
scaremonger 183
scatology 156
scatterbrain 45
scenography 157
schizo 49
schlock 49
schmal(t)z 49
schmuck 49
scholarship 207
scissors 214
scissors-and-paste 43
scotch 123
screed 49
scrumptious 51
scum 49
scurf 132
scurrilous 27
scuttlebutt 51
sea cucumber 131
seal 71,131
search 241
search engine 243
second fiddle 149
second nature 149
second-best 149
second-guess 149
second-string 149

sedan 129
sedulous 27
seedy 56
seek 100
seismology 156
sell-off 40
semifinal 148
send-off 40
sensible 52
sensitive 52
sensory 52
sensual 52
sensuous 52
sentential 54
sententious 54
sequester 184
serial 105
sericulture 159
serpentine 154
server 243
session 224
set 37
set-to 41
set-up 233
shack 49
shadowing 233
shakedown 232
shake-up 40
share-out 41
sharp-freeze 39
she 137
shebang 49
sheepskin 46
shenanigan 51
shilly-shally 28
shindig 49
Shintoism 189
shoo-in 225
shoot-out 41
shoplifting 230
shortchange 47
short-circuit 39
shower 204
show-off 40
shut-eye 41
shut-in 41
shutterbug 46
sideline 236
sidesplitting 36
sidetrack 47
sign 239
signature 239
sign-in 41
silicon 58,113
silicone 113
simper 184
simultaneous 27
sink 105
sir 137
sisterly 57
sit 37,121
sit-up 40
six-footer 149
size-up 40
skedaddle 51
skeletonize 32
skinny-dip 39
skulduggery 51
skylight 218
skyrocket 47
slack 194
slapdash 46
slaphappy 46
slather 49
slatternly 194
sled 193
sleek 193
sleet 204
sleigh 193
slender 193
slenderize 194
slick 112,193
slide 193
slim 193
slip 193
slither 184
slob 49
slobber 184
sloganeer 186
sloppy 194
sloshed 49
sloth 194
slovenly 194
slow 93,194
slowpoke 46
sludge 203
slug 194
sluggish 194
sly 194
smash 112
smelt 112
smite 112
smoggy 56
smoky 56
smorgasbord 128
smother 112
smuggle 114
snack 128
snack bar 128
snappy 49
snarl 59
snazzy 49
snicker 184
snivel 130
snobocracy 158
snow 121
snowslide 205
snowstorm 205
snowy 56
snuggle 114
socialism 189
sociology 155
soda pop 127
soft-liner 83
soft-pedal 39
soft-soap 39
solar plexus 132
solicitous 27
solidarity 59
solidity 59
sooty 56
sordid 24
sore 136
sorehead 46
soup 119
sourpuss 90
southpaw 46
souvenir 212
souvenir picture 212
sow 107
soybean 220
spacious 110
spatter 185
special 237
specialty 212
specious 110
specs 49
spectrology 156
speculate 36
speeding 233
speedometer 157
speleology 156
sphygmomanometer 157
spicery 82
spick-and-span 43
spigot 49
spinach 220
spirits 219
spiritual 54
spirituous 54
splatter 185
splendiferous 37
splurge 49
splutter 185
sponge 119

sponge cucumber 131
spontaneous 49
spoof 49
spook 49
spoon-feed 39
spread-eagle 38
sputter 185
squalid 24
squall 49
squander 184
squash 220
staff 109
stagger 83
stake 112
stalk 65,66,112
stammer 83
stamp 109,240
standardbearer 44
standardize 85
standoffish 46
standpat 46
stapler 127
starch 214
stare 85
starfish 131
stargazer 92
stash 49
state-of-the-art 43
stationary 105
stationery 105
steering wheel 128
stenography 157
step-up 40
stereography 157
stethoscope 157
stick-in-the-mud 75
stimulant 232
stipulate 36
stirpiculture 159
stolid 24
stomach 58
stomatitis 153
stop-over 211
storeroom 218
stowaway 232
straggle 109
straight-arrow 38
straight-out 41
strait 116,206
straphanger 44
stratocracy 158
stratosphere 202
stretch 88
stricture 109
stroboscope 215
strong-arm 38
structure 109
struggle 109
stuck-up 40
stuff 109
stump 109
stupendous 27
styrofoam 218
sub 169
subarachnoid 169
subcommittee 169
subcontinent 169
subcontract 169
subcutaneous 169
subdivide 169
subdivision 169
sublet 169
sublimate 36
submersion 204
subordinate 169
subsidiary 169,234
subsidization 169
subsidize 169
subsidy 169
substandard 169
substantiate 36,240
subterranean 169
sue 137
suffocate 36,130
sugar-coat 39
suite 211
summing-up 40
sumptuous 25
supercilious 168
superficial 168
superfluous 168
superintend 168
supersede 168
supervene 168
supervise 168
supine 116
supply 107,162
support 162
suppose 162
suppress 162
supramudane 168
suprarenal 168
surefire 46
surgeon 116
surreptitious 27
suspend 39
suspense 59
suspension 59
swagger 83
swamp 206
swank 49
swiched-on 40
swindle 114,230
swipe 49
symbiosis 150
symbol 105
symmetrical 150
symmetry 150
sympathetic 150
sympathy 150
symphony 150
synchronism 150
synonym 150
syntactical 25
synthesis 150

T

table manners 126
tachometer 157
tacky 49
tact 101
tail 104
tailspin 46
take 37,112,122
tale 104
talk 112
talking-to 41
tank 233
tantrums 132
Taoism 189
tap-dance 63
taper 184
tar 136
tardy 208
taro 220
tea-picking 229
tear 137
teeny-weeny 30
telecast 237
telegraphy 157
telemetry 156
teleology 156
telescope 157
televise 237
tell 69
telltale 46
temple 123
tensiometer 157
tenuous 27
tepid 24
teratology 156
terrorism 189
test 122
testify 240
testimonial 240

text 58
the lucky seventh 126
theft 230
theocracy 158
theology 155
theomania 151
theoretically 18
thermal paper 243
thermometer 157
thermostat 216
thorny shrub 133
three-decker 149
three-legged 149
three-star 149
thremmatology 156
throughput 46
thumbtack 214
thyme 105
tight-fisted 38
tight-lipped 38
tile 58
time 105
timeserver 83
timetable 211
tiptop 31,46
titillate 36
titivate 36
title 58
tittle-tattle 30
toadeater 44
toe 136
tog 49
tommyrot 51
tonometer 157
toothpick 213
topaz 134
topography 157
topsy-turvy 30
torchbearer 44
tornado 205
torpid 24
torrent 94
torrid 24
tot 49
totalitarianism 189
tote 49
touch 89
Touch-Tone 223
tout 49
trail 21
tramp 210
transfer 235
transformation 243
transmigrate 113
transom 218
trash 243
trendsetter 44
triad 65
trial 226
triangle 98
trick 72
trigger-happy 38
trinity 65
tripod 148,215
troche 129
troposphere 202
troublemaker 44
troubleshooter 44
true-blue 42
truffles 83
tucker 49
turbid 24
turf 217
turgid 24
turmeric 108
turquoise 134
tux 49
TV personality 126
tweezers 214
two 136
two-bit 149
two-by-four 43,149
two-edged 149
two-faced 149
two-fisted 149
two-time 71,149
typhoon 204
typo 49
typogaphical 25
typography 157

U
ubiquitous 27
umber 46
umpteen 49
unaddressed 178
un-American 178
unassuming 178
unavailing 178
unbalanced 178
unbeknown 178
unborn 178
unchristian 178
unclassified 178
undeceive 178
underage 170
underbelly 170
underclothes 170
underdog 170
undergrad 170
underline 170
underplay 170
underscore 170
undersecretary 170
understate 170
understudy 170
under-the-counter 43
underwhelm 170
undies 178
unearthly 178
uneventful 178
unflappable 51,178
unfold 31
unfreeze 178
ungainly 178
ungodly 178
unholy 178
unicycle 148
unison 148
unlawful 178
unmanly 178
unmerciful 178
unpeople 178
unplaced 179
unschooled 179
untoward 179
unwell 179
unwonted 179
up-and-coming 43,171
up-and-down 171
up-and-up 171
upbeat 171
upend 47,171
up-front 171
upheaval 171
uphill 171
upholstery 171
upkeep 171
uplift 171
uppish 171
uprising 171
uproot 171
upscale 171
upshot 171
upstage 171
upstairs 171
upstart 171
upsurge 171
upswing 171
uptake 171
uptick 171
up-to-date 171
up-to-the-minute 43,171
uptrend 171
Uranus 135

urban 48
urbane 48
urbiculture 159
URL 245
urology 156
ursine 154
usurpation 230
utter 185

V

vacation 109
vacillate 36
vague 109
vail 104
vain 104
vale 104
valley 206
VAN 245
vane 43
vapid 24
veep 49
veil 104
vein 104
venereology 69
ventilate 36
Venus 135
veracious 27
verify 240
vespine 154
vet 49
vibes 49
victimize 85
vigil 217
Viking 128
vindicate 36
viniculture 159
vinyl 218
viperine 154
vital 87
vitiate 36
vituperate 36
vocation 109,235
vociferate 36,130
vogue 109
voiceprint 230
voltmeter 157
voucher 240
vulpine 154
vulturine 154

W

wad 49
wail 43
wait 121
wake 217
wale 43
walk 76
walk-in 41,236
wallflower 46
wallop 49
walnut 131
walrus 131
WAN 245
wangle 49
war 136
wardrobe 214
wart 132
wash 122
washed-out 41
washed-up 40
washstand 217
wastebasket 214
water 78,118
watermelon 57
waterspout 205
watertight 46
watery 56
wattmeter 157
way 137
way-out 37
wee 137
weed 119
weenie 49
weeny 49
wet-nurse 39
whack 49
wharf 210
whiplash 233
whirlwind 205
whiteout 214
whiz(z) 49
wholesale 116
whop 49
widget 49
widow 116
widower 116
willow 133
willy-nilly 30
wind 118
windfall 46
windjammer 46
windowpane 217
windy 20
wine 42
winning 103
wino 49
wipeout 44
wiretap 47
wishy-washy 30
withdrawal 208
with-it 42
woo 137
woolly 49
woozy 49
work 59
workout 44
worldbeater 45
world-weary 38
wriggle 62
write-off 40
WWW 245

X

xenophobia 151
xylography 157

Y

yam 137,220
yammer 49
you 137
your 136
Yuletide 84

Z

zilch 49
zillion 49
zing 49
zippy 49
zonked 49
zoolatry 152
zoology 155
Zoroastrianism 189

索引（日本語）

あ

合図、身振り、標識　239
赤字国債　226
アクセル　222
アスパラガス　219
圧力鍋　216
油揚げ　220
アポなしの顧客　236
雨戸　217
網戸　217
雨の確率　204
霰[あられ]　204
アリバイ　232
アルコール依存症　231
アルバイト　236
アルミサッシ　217
育児休業　235
委細　238
一眼レフ　215
一戸建　218
移動性高気圧　205
入江　206
いり卵　221
隠元豆　220
インスタント食品　219
インターホン　217
渦潮　205
饂飩[うどん]　221
乳母車　213
雨氷　204
埋立地　206
梅干し　219
裏金(帳簿外の金)　231
裏切り行為　231
裏道　222
運賃表　222
運転免許証　240
エアコン　216
栄転　235
駅入場券　210
枝豆　220
絵の具　215
絵はがき　212
宴会場　211
沿岸漁業　229
遠赤外線　205
遠洋漁業　229
横断歩道　222
往復運賃　222
往復切符　210
往復はがき　223
応募する(会社に対して)　239
応募する(職種に対して)　239
横領　230
オートマ車　222
オープンカー　222
オーブントースター　216
お粥　221
オクラ　220
お座敷列車　210
おしゃぶり　213
汚職　230
汚染物質　202
オゾン層　202
オゾン層破壊　202
オゾンホール　202
落とし卵　221
囮[おとり]　231
驚くべき　115
お土産　212
おむつ　213
親会社　234
親子電話　223
おやじ狩り　231
折り込み広告　213
折りたたみ椅子　214
愚かな人間　115
卸売り物価指数　228
温室効果　202
温室効果ガス　202
恩赦　226
温帯低気圧　205
温暖前線　204
温度調節器　216

か

ガードレール　222
外貨預金　228
外貨準備　228
海岸線　206
会期　224
海峡　206
戒厳令　227
海溝　206
改札口　222
会社更生法　235
回数券　210
回送列車　210
(階段の)踊り場　217
海中公園　212
会長(最高経営責任者)　236
回転椅子　214
街灯　218
海洋汚染　202
快楽殺人　230
回覧板　216
課外活動　207
化学調味料　219
価格破壊　228
係長　235
書留　223
書留速達の手紙　223
閣議　224
革新政権　225
革新政党　224
覚醒剤　232
核廃棄物　203
額縁　214
閣僚　224
学歴　238
崖　206
家計簿　213
火口湖　206
加工食品　219
加工貿易　228
火砕流　206
貸し渋り　229
加湿器　216
ガスストーブ　216
ガス漏れ　218
画像処理　236
潟　206
片道運賃　222
片道切符　210
課長　235
活火山　206
学級崩壊　208
学校5日制　207
滑走路　209
カッターナイフ　215
家庭裁判所　226
画鋲[がびょう]　214
カフスボタン　213
株の投機　228
株の配当金　228
南瓜[かぼちゃ]　220
紙おむつ　213
芥子[からし]　219
カリフラワー　219
仮領収書　240
カレーライス　221
かわらの屋根　218
簡易裁判所　226

換気扇　216
環境破壊　203
環境ホルモン　203
間欠泉　212
観光バス　211
観光ルート　212
環礁　206
関税　209
関税率　228
乾燥剤　215
官邸　224
乾電池　217
寒波　204
旱魃[かんばつ]　204
看板屋　239
官房長官　224
寒冷前線　204
関連会社　234
キーホルダー　214
企業内インターネット　236
棄権　225
棄権者　225
議事(日程表)　236
気象台　205
既製服　214
切手　240
機動隊　233
機内映画　209
機内サービス　209
機内持ち込みの荷物　209
記念絵はがき　223
記念切手　223
記念写真　212
希望退職　235
期末試験　207
沈菜[きむち]　221
客室　211
客車　210
休火山　206
牛革　214
救急車　222
救急病院　222
急行　210
休日出勤　235
休日ダイヤ　211
吸収合併　234
給食　207
求人広告　236
旧跡　212
急募　238
教員免許状　240
恐喝　232
協調介入　228
切妻[きりづま](屋根の一種)　217
金権政治　225
金属探知ゲート　209
勤務時間　238
金融自由化　229
金融引き締め政策　226
空気清浄器　216
空室　211
屑かご　214
下り列車　210
口コミによる宣伝　236
熊手　214
グリーン券　210
軍事介入　227
軍事力行使　227
燻製[くんせい]の鹿肉　221
群発地震　205
景気　228
景気対策　228
景気停滞　228
経験者　238
経験の有無を問わない　238
経験豊かな人　238
蛍光灯　217
蛍光ペン　215
渓谷　206
経済援助　227
警察署　222
刑事　233
携帯電話　223
迎賓館　227
契約社員　236
渓流　206
ケーブルカー　211
夏至　204
消印　223
消しゴム　215
下宿屋　211
検疫　209
現役予備校　208
玄関、廊下　217
研究/創作奨励金　207
兼業農家　229
健康診断書　240
検死　233
更衣室　236
校歌　208
号外　237
光化学スモッグ　202
高気圧　205
好況　228
公共事業　226
工業用ロボット　234
航空運賃　209
航空券　209
航空路　209
公欠　208
広告代理店　229
交際費　234
交差点　222
公式晩餐会　227
公衆電話　223
公衆トイレ　218
工場長　235
合成写真　214
合成洗剤　214
合成皮革　214
構造不況　228
高速道路　212
高速バス　211
拘置所　233
交通渋滞　222
公的資金　229
香典　217
高等裁判所　226
交番　222
候補者　225
高野豆腐　220
港湾施設　210
コールスロー　221
コール天　213
子会社　234
コカイン　231
小型新聞　237
国債　226
国際電話　223
国際標準図書番号　236
国政選挙　225
国勢調査　226
国定公園　212
告別式　217
国民宿舎　211
国民投票　226
国有化　226
国立公園　212
国会　224
国家公安委員会　224
国家予算　226
国交回復　227
小包郵便　223
骨董品　212
固定資産税　227
小糠[こぬか]雨　204
小春日和　205
牛蒡[ごぼう]　220
ごみ焼却施設　203
ごみ発電　203
コロッケ　221
混成酒　219
コンソメ　221
コンビナート　229

さ

債権 229
最高裁判所 226
最小限度のスタッフ 236
財政 225
再生紙 203
財政政策 225
裁判 226
債務保証 228
サイン(有名人等の) 239
詐欺 230
砂丘 206
桜開花予想 204
刺身 221
左遷 235
殺人未遂(罪) 231
殺虫剤 215
里芋 220
砂漠化 202
三角定規 215
参議院 224
三脚 215
産休 235
珊瑚礁 206
酸性雨 202
酸性霧 202
36枚どりフィルム 215
山脈 206
三面記事 237
潮の干満 205
市外局番 223
紫外線 205
市外電話 223
死火山 206
時給 234
死刑 226
時限スト 235
時刻表 211
時差 210
時差出勤する 235
時差ボケ 210
刺繍 213
死傷者 230
システムを起動させる 236
施政方針演説 224
史蹟 212
自然保護 203
下敷き 215
実況放送 237
湿地 206
指定席券 210
CD プレイヤー 216
支店長 235
自動販売機 218
市内電話 223
芝生 217
辞表 235
死亡診断書 240
事務上の誤り 236
事務用備品 236
霜柱 205
指紋 230
指紋[専門語] 230
シャープペンシル 215
借家人 218
車検 222
社内報 236
シャンペン 219
衆議院 224
衆議院の解散 224
就業規則 234
住所録 213
終身雇用 234
修正液 214
秋分 204
自由貿易主義 228
住民税 227
周遊券 210
重要文化財 212
重要無形文化財 212
塾 208
宿泊施設 211
宿泊者名簿 211
宿坊 211
取材 237
出国カード 209
出生証明書 240
出張費 234
出入国管理 209
出発地 212
首脳会談 227
種の多様性 203
樹氷 204
手話 239
瞬間接着剤 214
春闘 235
春分 204
生姜[しょうが] 219
生涯教育 208
奨学金 207
奨学生 207
定規 215
状況証拠 231
証券会社 229
証拠隠滅 231
上場企業 234
浄水器 216
小選挙区制 225
醸造酒 219
焼酎 219
小テスト 207
鍾乳洞 206
少年院 232
少年鑑別所 232
少年非行 232
少年法 232
商品券 216
情報検索 236
情報処理 236
証明書(事実・免許等の) 240
証明書(人物・資格等の) 240
証明する 240
正面衝突 233
醤油 219
蒸留酒 219
初期化する 236
食前酒 219
食堂車 210
食品添加物 219
食物連鎖 203
除湿器 216
除籍 208
所得税 227
署名 239
書類送検する 231
白黒フィルム 215
人格障害 232
蜃気楼 206
震源地 205
人件費 234
信号無視 233
信号無視する歩行者 233
親書 227,239
親署[国王等の署名のこと] 239
浸水 204
寝台券 210
身体言語 239
寝台車 210
親展 223
シンナー遊び 232
新聞界 237
新聞記者 237
新聞口調 237
新聞社 237
新聞取次店 237
新聞の切り抜き 237
新聞配達 237
森林伐採 202
水洗トイレ 217
水中翼船 210
炊飯器 216
スウィートルーム 211
ストロボ 215
素晴らしい 115
スピード違反 233

すり　230
鯣[するめ]　221
税関　228
請求書　239
政権　225
政権争い　225
政権交代　225
政治献金　225
政治資金　225
政治資金規制法　226
政治団体　225
政治理念　225
精神鑑定　230
成層圏　202
棲息地　203
生態学　202
生態系　202
正当防衛　233
税の滞納　227
政府開発援助　227
声紋　230
赤外線　205
窃盗　230
絶滅　203
絶滅危惧種　203
セロハンテープ　214
セロリ　220
世論調査　226
前科　232
選挙違反　225
選挙監視　227
全国中継　237
前線　204
洗濯機　216
薇[ぜんまい]　220
洗面台　217
送迎サービス　211
総合デジタル通信網　236
掃除機　216
贈収賄　231
雑炊　221
総理大臣　224
速達　223
蕎麦[そば]　221
蚕豆[そらまめ]　220
算盤[そろばん]　214

た

ダイオキシン　203
退学　208
退学者　208
大気汚染　202
代休　235
耐久消費財　216
大根　220
滞在期間　212
大使　227
大使館　227
大豆　220
体罰　207
台風　204
台風の目　204
大吹雪　205
逮捕状　233
大麻　231
大陸棚　206
対流圏　202
大量生産　234
炊き込みご飯　221
託児所　207
宅配便　223
筍[たけのこ]　220
多国籍企業　234
多肢選択式テスト　207
脱臭剤　215
脱色剤　215
脱水機　216
脱税　232
竜巻　205
ダフ屋　232
玉突き場　229
タラップ　209
誰でも写せるカメラ　215
炭酸ガス(CO_2)　202
短縮ダイヤル　223
男女共学　207
団地　218
断熱材　218
痴漢　230
地球温暖化　202
遅刻した　208
窒素酸化物(NOx)　202
地方裁判所　226
地方自治体　225
チャウダー　221
茶摘　229
中央分離帯　212
中間試験　207
駐車違反　233
駐車場　222
中小企業　234
中道政党　224
中二階　218
注文書　239
注文する　239
注文用紙　239
超過手荷物　209
長距離列車　210
弔辞　217
超低金利　229
蝶ネクタイ　214
直射日光　218
直行便　209
チラシ　236
追突　233
通過旅客　209
通関　228
通関手続き　209
通勤手当　234
通常国会　224
通信社　237
通話料金　223
使い捨てカメラ　215
使い捨て品　218
漬物　219
爪楊枝　213
爪切り　213
通夜　217
氷柱[つらら]　205
吊り橋　212
低気圧　205
定期船　210
定年　234
定年退職　234
定年退職金　234
手打ちうどん　221
手荷物検査　209
手荷物引き替え証　209
出窓　217
テレビ放送　237
電気カーペット　216
電気自動車　222
天気図　205
転勤　235
電子商取引　229
電子マネー　229
天職　235
転職　235
電子レンジ　216
転送　223
転送先　223
電池　217
天地無用　240
天然記念物　212
天窓　218
電話帳　213
統一国家　227
統一地方選挙　225
当確者　225
唐辛子　219
倒産　235
冬至　204
党首　224
搭乗　209
搭乗券　209

当選　225
盗難　230
豆腐　220
同盟　227
同盟国　227
通り魔　230
得意先　235
特別国会　224
匿名の手紙　232
時計台　212
図書券　216
トタン板　217
トタン屋根　217
途中下車　211
特急　210
取扱説明書　240
取扱注意　240
取り締まり　233
トロッコ列車　210

な
内閣　224
内閣総辞職　224
内需　228
内職、副業　235
内線番号　236
内容証明郵便　223
流しのタクシー　222
流れ作業　234
茄子[なす]　220
雪崩[なだれ]　205
納豆　220
生放送　237
ナンバープレート　222
難民　227
二階だてバス　211
ニコチン依存症　231
二重人格　230
二段ベッド　214
日給　234
(日本の)予備校　208
入国カード　209
俄[にわか]雨　204
大蒜[にんにく]　220
葱[ねぎ]　219
ネグリジェ　213
熱帯雨林　203
熱帯低気圧　205
熱波　204
年功序列　234
粘着テープ　214
能力給　234
のぞき見する人　230
上り列車　210
ノミ行為　232
糊　214
乗り換え駅　211
乗越運賃　222

は
梅雨前線　204
排ガス規制　202
排気ガス　202
売春　233
背任罪　231
白菜　220
鋏[はさみ]　214
パセリ　220
パチンコ屋　229
発癌物質　203
発行部数　237
発泡スチロール　218
バブル崩壊　229
バリカン　214
半熟卵　221
ビーフストロガノフ　221
ピーマン　220
非関税障壁　228
ひき逃げ事故　233
尾行　233
(飛行機の)定期便　210
ビザ申請　209
肘掛[ひじかけ]　214
肘掛椅子　214
ひったくり　230
ビニール　218
火の元　218
日雇い労働者　234
ビュッフェ　210
雹[ひょう]　204
美容院　229
氷山　205
漂白剤　215
比例代表制　225
ピロシキ　221
ピンセット　214
フィランソロピー　234
富栄養化　202
蕗[ふき]　219
不況　228
不時着　209
部長　235
部長代理　235
物価指数　228
物価スライド制　228
プッシュホン　223
不定期貨物船　210
筆ペン　215
埠頭　210
不動産会社　229
吹雪　205
踏切　222
不用品即売会　218
ブラジャー　213
フラッシュ撮影　215
ブランド商品　214
フリーダイヤル　223
フルブライト奨学金　207
プレハブ　218
ブロッコリー　219
フロンガス　203
不渡り手形　235
文書偽造　232
平野　206
平和維持軍　227
ペーパーテスト　207
別荘　218
ヘドロ　203
ベニヤ板　217
ヘロイン　231
返却いたしません　238
弁護士の依頼人　235
偏差値　207
返信用封筒　223
保育園　207
貿易赤字　228
貿易黒字　228
貿易自由化　228
貿易収支　228
貿易不均衡　228
貿易摩擦　228
放火　232
放火犯人　232
箒[ほうき]　214
法事　217
法人税　227
防犯ベル　223
報復措置　227
ほうれん草　220
ボーイ長　211
ホーバークラフト　210
ホームページ　236
ホームページへのアクセス　236
ボールペン　215
補欠選挙　225
保険外交員　229
保険代理店　229
母校　208
保護貿易主義　228
募集　238
募集広告　236
保守政権　225
保守政党　224
ポタージュ　221
ぼったくり　230

歩道橋　222
ポトフ　221
哺乳ビン　213
掘り出し物　218
ボルシチ　221

ま

マークシート方式テスト　207
マイクロバス　211
マイナスイオン　205
マイレージサービス　209
窓ガラス　217
魔法ビン　216
マリファナ　231
丸暗記　208
マルチまがい商法(=ねずみ講)　233
マルチ商法　233
○×式テスト　207
万引き　230
岬　206
水玉模様　214
水割りウイスキー　219
味噌　220
霙[みぞれ]　204
密航者　232
三つ葉　219
密猟　232
見習い　235
ミニバイク　222
身代金　232
身の回り品　209
耳掻き　213
民営化　226
民芸品　212
民宿　211
無差別殺人　230
無断欠席　208
鞭打ち症　233
無党派層　225
ムニエル　221
名産品　212
名所　212
名勝　212
芽キャベツ　220
目玉焼き　221
免税品　212
申し込み(結婚等の)　239
申し込み(決闘等の)　239
申し込み(要求すること)　239
申し込み(和平等の)　239
申込書　239
申込用紙　239
申し込む(新聞等の購読を)　239
モーニングコート　213
模擬試験　207
目撃者　233
目的地　212
持ち寄りパーティ　218
求む　238
物置　218
喪服　213
もやし　220

や

焼き芋　221
焼き魚　221
焼きそば　221
焼き鳥　221
焼き肉　221
焼畑農業　203
焼き林檎　221
薬物依存　231
薬物乱用　231
薬味　219
野党　224
宿屋　211
家主　218
屋根裏部屋　217
山の芋　220
結納　217
誘拐　232
有機栽培　203
有給休暇　235
有権者　225
郵便番号　223
有料道路　212
床上浸水　204
床下浸水　204
輸出助成金　228
輸出代理店　229
湯葉　220
百合根　220
湯沸かし器　216
溶岩　206
溶岩流　206
幼児教育　207
幼稚園　207
洋服だんす　214
予算案　226
酔っ払い運転　233
与党　224
予備校　208
予約する　239
四輪駆動車　222

ら

酪農　229
ラジオ体操　237
乱気流　209
欄間　218
リアス式海岸　206
立食パーティ　210
離乳食　213
流動食　213
留年　208
留年生　208
流氷　205
料金所　212
領事　227
領事館　227
領収　240
領収書　240
領収済　240
理容店　229
領土問題　227
両面テープ　214
履歴　238
履歴書　238
臨時国会　224
臨時雇い　235
累進課税　227
留守番電話　223
冷蔵庫　216
冷凍庫　216
冷凍食品　219
レタス　219
列車ダイヤ　211
レトルト食品　219
レポート　207
蓮根[れんこん]　220
レンタカー　211
レンタサイクル　211
連立政権　225
労働条件　234
浪人　208
ロープウェイ　211
露出狂　230
ロッジ　211
露天風呂　212

わ

猥褻罪[わいせつざい]　230
賄賂　231
山葵[わさび]　219
わな　233
蕨[わらび]　220
割引運賃　222
割増運賃　222
ワンマンバス　211

●著者略歴●
石井　隆之（いしい　たかゆき）
TAC言語文化研究所所長、近畿大学講師、摂南大学非常勤講師、Z会TOEIC通信教育プログラム顧問、ベルリッツTOEFL/TOEIC講座顧問、言語文化学会事務局長、大学英語文化学会会長、通訳ガイド研究会会長、英検準1級面接委員、国際教育交流協会留学試験面接委員。専門は英文法で、興味は英単語。この両分野の最高峰に登りつめることを目標としている。英文法道と英単語道を提唱し、共に自称7段。
著書に、「〈CD付き〉TOEIC TEST これ1冊で730点突破」「TOEIC TEST 990点満点英文法」（明日香出版社）、「CD BOOK　TOEIC TEST リスニング徹底攻略」（ベレ出版）などがある。

著者に対する質問やメッセージは下記まで。
TAC 言語文化研究所
〒573-0106　大阪府枚方市長尾台
1-2-3
TEL　072-858-6946
FAX　072-859-8617
e-mail　englight@arion.ocn.ne.jp

⊙ご意見をお寄せください⊙
ご愛読いただきありがとうございました。本書の読後感・御意見等を愛読者カードにてお寄せください。また、読んでみたいテーマがございましたら積極的にお知らせください。今後の出版に反映させていただきます。
編集部☎(03)5395-7651

CD BOOK TOEIC® TEST990点満点英単語

2001年6月30日　初版発行
2003年4月10日　第16刷発行

著　　者　石井隆之
発 行 者　石野誠一

明日香出版社
〒112-0005 東京都文京区水道2-11-5
電話(03)5395-7650(代表)
(03)5395-7654(FAX)
郵便振替00150-6-183481
http://www.asuka-g.co.jp

■スタッフ■　**編集**　早川朋子／藤田知子／小野田幸子／小早川幸一郎／金本智恵　**営業**　小林勝／北岡慎司／浜田充弘／渡辺久夫／奥本達哉／平戸基之　**総務経理**　石野栄一

印刷　三松堂印刷株式会社
製本　根本製本株式会社
ISBN 4-7569-0421-1 C2082

乱丁本・落丁本はお取り替えいたします

編集担当　小野田幸子

検定

<CD付き>
TOEIC TEST　これ1冊で730点突破

石井隆之

本体価格 1800円　ISBN4-7569-0117-4

730点レベルは海外要因に求められる最低スコアです。TOEIC受験者がとりあえず目標にするスコア。この1冊で十分、リスニング、リーディングテストに対応できます。

<CD付き>
TOEIC TEST　これ1冊で860点突破

植田一三

本体価格 2000円　ISBN4-7569-0128-X

TOEICのAランク（860点）をめざす人のための本。リスニング、リーディング、英単語、文法、模擬試験がこの1冊にまとめられています。高得点をめざす人には必須の本です。

CD BOOK　フレーズで覚える
TOEIC TEST必修単語1600

晴山陽一

本体価格 2000円　ISBN4-7569-0136-0

単語はフレーズで覚えるほうがずっと記憶に残りやすく、使い方もわかり、効率的に記憶していくことができます。CDは全単語が訳付きで収録されています。この1冊で得点アップ確実のよりぬきのTOEIC単語集です。

TOEIC TEST　リーディング完全攻略

石井辰哉

本体価格 1600円　ISBN4-7569-0162-X

本書は、知識を詰め込むのではなく、テクニックと問題の解き方を解説していきます。全国1位、最高得点985点の著者が、TOEICリーディングを攻略するための高得点テクニックを伝授します。受験者必須の1冊です。

TOEIC TEST　文法完全攻略

石井辰哉

本体価格 1600円　ISBN4-7569-0149-2

TOEIC985点取得、全国1位になった著者が書いた、TOEIC文法の攻略本です。多彩な例文は実戦力と読解力を確実につけ、本文中の単語はすべて必須のものばかりです。100点～170点アップ確実です。

CD BOOK　TOEIC TEST
リスニング完全攻略

佐野一郎

本体価格 2000円　ISBN4-7569-0225-1

TOEIC のPart 1から Part 4まではリスニング問題です。各パートの出題形式に慣れ、効果的なトレーニングをすることによりネイティブのスピードに追いつきリスニング力を伸ばすことができます。ＣＤ付で２色刷です。

TOEIC(R) TEST990点満点英文法

石井隆之

本体価格 1800円　ISBN4-7569-0335-5

TOEICは、スコアがある程度高い人でも、文法問題はあと一歩のところで点を落としてしまうことが多い。でも、英語の基礎となる文法力がしっかりしていれば、文法だけでなくすべてのセクションに強くなれます。